高等职业教育新形态系列教材

职业发展与就业指导
（第2版）

主　编　杜学森　孟　恬
副主编　许彩兰　李　坤

北京理工大学出版社
BEIJING INSTITUTE OF TECHNOLOGY PRESS

版权专有　侵权必究

图书在版编目（CIP）数据

职业发展与就业指导/杜学森，孟恬主编. --2 版. --北京：北京理工大学出版社，2022.7
ISBN 978-7-5763-1458-8

Ⅰ. ①职… Ⅱ. ①杜… ②孟… Ⅲ. ①大学生—职业选择—高等职业教育—教材 Ⅳ. ①G717.38

中国版本图书馆 CIP 数据核字（2022）第 117588 号

出版发行／北京理工大学出版社有限责任公司
社　　址／北京市海淀区中关村南大街 5 号
邮　　编／100081
电　　话／(010) 68914775（总编室）
　　　　　(010) 82562903（教材售后服务热线）
　　　　　(010) 68944723（其他图书服务热线）
网　　址／http://www.bitpress.com.cn
经　　销／全国各地新华书店
印　　刷／唐山富达印务有限公司
开　　本／787 毫米 × 1092 毫米　1/16
印　　张／18　　　　　　　　　　　　　　　　责任编辑／江　立
字　　数／318 千字　　　　　　　　　　　　　　文案编辑／江　立
版　　次／2022 年 7 月第 2 版　2022 年 7 月第 1 次印刷　责任校对／周瑞红
定　　价／49.00 元　　　　　　　　　　　　　　责任印制／施胜娟

图书出现印装质量问题，请拨打售后服务热线，本社负责调换

前　言

　　高等职业教育是高等教育的一个重要类型，以促进就业和适应产业发展需求为导向，以立德树人为根本任务，践行"产教融合、校企合作、工学结合、知行合一"的办学要求，旨在培养理想信念坚定，德、智、体、美、劳全面发展，具有一定的科学文化水平、良好的人文素养、职业道德和创新意识、精益求精的工匠精神、较强的就业能力和可持续发展的能力，掌握专业知识和技术技能，适应职业和职业群要求的高素质复合型技术技能人才。

　　党的二十大报告提出："促进高质量充分就业"，要实现更加充分、更高质量就业，如何指导学生自我认知、科学规划、合理就业，满足社会对人才的需求，满足毕业生的可持续发展，是高职高专教育的中心任务。

　　本书按照《教育部关于职业院校专业人才培养方案制订与实施工作的指导意见》要求、大学生职业发展与就业指导课程教学要求、社会人才需求规律、高职教育的教学规律和高职高专院校的工作实际，设计和选择教学内容、教学方法及教学策略。

　　本书从高职高专学生的职业道德、职业精神、就业理念、就业准备、就业方法的角度对学生如何更好地做好职业发展规划以及合理就业进行指导，全书内容包括立德树人、塑造精神、知己知彼、卧薪尝胆、主动出击、积极应对、学会适应、做好规划八个模块，在每一个教学单元中采用了"想一想""学一学""测一测""做一做""看一看"等多样的教学方式，体现了问题导向、过程引领、学以致用，旨在提高学生学习的主动性、积极性和创造性。

　　本书由天津滨海职业学院杜学森、孟恬担任主编，由石家庄理工职业学院许彩兰，天津市中小企业协会执行会长、天津市滨海新区中小企业协会会长、天津重钢机械装备股份有限公司董事长兼总经理李坤担任副主编。

　　在本书编写过程中参考、吸收、采用了国内外众多学者的研究成果，在此表示衷心的感谢！

　　由于编者水平有限，书中不妥之处在所难免，敬请广大读者批评指正。

编　者
2022 年 7 月

目录

开　篇 / 1

模块一　立德树人 / 8

　　单元1　以德为本，全面发展 / 8
　　单元2　做好自己，服务社会 / 20

模块二　塑造精神 / 30

　　单元1　职业精神 / 30
　　单元2　职业精神典范 / 38

模块三　知己知彼 / 48

　　单元1　认知高等职业教育 / 48
　　单元2　自我认知 / 61
　　单元3　认知就业形势与就业政策 / 103

模块四　卧薪尝胆 / 124

　　单元1　就业与择业理念 / 124
　　单元2　构建自己的专业能力体系 / 135

模块五　主动出击 / 151

　　单元1　就业信息获取途径与方法 / 151

单元2 求职前的准备 / 171

模块六 积极应对 / 193

单元1 笔试与面试技巧 / 193
单元2 求职策略 / 211

模块七 学会适应 / 227

单元1 如何适应职业角色 / 227
单元2 融入职场文化 / 237

模块八 做好规划 / 256

单元1 认知职业生涯规划 / 256
单元2 学会职业生涯规划 / 268

参考文献 / 282

开 篇

一、什么是就业指导

就业是指具有劳动能力且有劳动愿望的人参加社会劳动，并获得相应的劳动报酬或经营收入。

就业指导可分为狭义和广义两大类。狭义的就业指导，是指给要求就业的劳动者传递就业信息，是劳动者和用人单位沟通的桥梁。广义的就业指导，则包括预测要求就业的劳动力资源的社会需求量，汇集、传递就业信息，培养劳动技能，组织劳动力市场以及推荐、介绍、组织招聘等与就业有关的综合性社会咨询、服务活动等。在我国，就业指导还应包括就业政策引导，以及与之相应的思想教育工作。

就业指导作为一种专门性的社会服务工作和研究课题，最早起源于美国。早在 1894 年美国加州工艺学校就有人推行就业指导。后来，在德国、苏格兰等一些西方资本主义国家也相继开展了专门的职业指导活动。在美国，就业指导的创始人帕金斯首先使用了就业指导的概念，1909 年他出版了《选择职业》一书。1911 年美国的哈佛大学首开先河，在大学中开设了就业指导课。在我国，早在 1916 年清华大学就开始着手筹备这项工作，1923 年正式成立了职业指导委员会，拉开了我国高校就业指导工作的序幕，1925 年还出版了《职业指导实施》一书，记录下我国开展就业指导工作的历史。

就业指导的主要任务是：①帮助择业者充分了解自己的个性特点，例如个人的爱好、性格、知识、能力等，从而使自己对自己有全面、理性的认识。②帮助择业者了解社会不同职业的岗位要求，例如职业的分类、岗位的内容、岗位的知识和能力要求等。③帮助择业者根据自身的个性特点选择合适的职业，也就是通常我们所说的实现人职相配，从而完成择业者的择业任务。

随着我国就业形势的日趋严峻和市场经济竞争的日臻激烈，就业者面临的压力势必越来越大，若要在就业竞争中取胜，拥有一定的技巧是十分必要的。

二、为什么要进行大学生的就业指导

就业指导有利于大学生的职业发展。择业是人生关键的问题之一，它直接影响到个人的前途和发展，如果处理不好，将使人生的道路上出现波折。因此，职业的选择，是对未来发展成才道路的选择。人的一生绝大部分精力都用在工作上，如果所从事的职业与自己的兴趣相投，与自己的能力相符，就会乐此不疲、不断努力、奋发成才，在职业实践中实现自己的价值；反之，如果对自己所从事的职业不感兴趣，工作就不可能安心，更谈不上事业的发展和个人的成就。

由于大学毕业生涉世不深、社会经验不足，对国情和社会缺乏深刻的了解和认识，对自己究竟适合什么工作缺乏客观、科学的分析和判断，以致面对眼花缭乱的职业岗位举棋不定、无所适从。面临职业选择时，应该怎样分析主客观条件，权衡利弊，在市场竞争日益加剧的环境下把握机会，找到一个比较满意的工作岗位，以便能心情愉快地走向社会，已经成为大多数毕业生思考的焦点问题。因此，大学生在走向社会之前了解社会上有什么职业以及相关职业的要求和规范是非常必要的。

开展就业指导，可以帮助毕业生根据社会需要和职业要求正确认识自我、分析自我，进行切合实际的职业规划，学习求职技巧，培养职业适应能力和发展能力。首先，就业竞争实际上就是综合素质的竞争。通过向学生展示用人单位在选择人才时对从业人员的品德、素质的综合要求，激发学生的自我塑造意识，引导学生树立正确的职业理想和职业观，从而使学生懂得人生的价值在于创造，培养学生开拓进取的创业精神和高尚的职业思想境界。其次，职业选择的过程实际上也是职业准备的过程。通过分析职业对从业人员素质的要求，可以帮助学生树立明确的学习目标，增强学习的目的性和自觉性，从而使学生学会主动而有针对性地选择学习课程、制订学习计划、学习从业技能等，以培养良好的职业道德，提高专业知识水平和从业技能。最后，大学生的就业成功与否，还与其素质状况直接有关。通过心理测试、特性分析等手段，让学生在了解社会、了解自己的基础上，学会发挥自己的特长，不断发展自己的个性和潜能，培养择业的决策能力，从而使学生能够根据现实选择适合自己的职业，增强应对挫折的心理承受能力，顺利地实现从学生到职业人的转变，从而取得事业上的成功。

就业指导有利于营造"和谐就业"的新局面。大学生就业不仅是大学生自身的问题，也是社会问题，更是构建社会主义和谐社会的重要元素。目前，我国就业人数急剧增加，大学生的就业工作也遇到了前所未有的压力和挑战，它是一个涉及全局的重大问题，关系到广大人民群众的切身利益，关系到经济的稳步发展和社会的和谐稳定。因此,大学生自身和谐发展和充分就业,是整个社会和谐发展的重要环节,也是构建社会主义和谐社会的具体体现。

就业指导可以为大学生个人走向职业成功提供最有效的途径和方法。就业指导应着重加强对大学生的思想政治教育工作,积极有效地开展毕业教育、就业教育、创业教育,引导学生树立正确的世界观、人生观和价值观,自觉把个人理想同国家与社会的需要紧密结合起来。就业指导应适时转变就业指导模式:从"短期促销模式"向"发展式生涯辅导"转变,重视对大学生职业生涯发展规划的指导;从求职指导向创业指导转变,变被动的求职者为主动的事业创造者。必须针对大学生的特点,突出院校特色,朝着全程化、全员化、专业化、信息化方向开展就业指导。充分发挥学生会、学生社团及其他学生群体对大学生的自我教育、自我服务、自我发展、自我完善功能,努力提高毕业生的市场就业竞争水平。

大学生和谐就业是一个长远目标,也是一个社会性的新课题,只有形成和谐就业的局面,才能推动社会主义和谐社会的全面实现。面对新形势、新任务,要积极稳妥地做好大学毕业生的就业工作,妥善解决当前存在的诸多现实问题,必须以科学发展观为统领,学会运用"和谐"的方法和理念来开展就业指导:一方面,通过就业指导,强化以人为本的理念,帮助毕业生树立正确的价值观和择业观,不断提升自身就业、创业和职业转换能力;另一方面,通过就业指导,充分发挥政府、市场、企业与高校的合力,共同构筑互利双赢的和谐合作关系,最大限度地帮助毕业生顺利就业和充分就业。

三、大学生就业指导包括哪些内容

大学毕业生就业指导是引导学生成长成才,帮助毕业生了解国家的就业方针政策,树立正确的就业观念,保障毕业生顺利就业的有效手段,其主要内容包括以下几个方面:

1. 就业理论指导

理论指导是就业指导的重要内容,主要是对大学生进行思想教育,引导学生树立正确的人生观、人才观、择业观和就业观,帮助大学生科学认识和正确对待就业。这是由我们国家的性质和高等教育的培养目标所决定的,也是大学生就业工作所要求的。要重点解决好以下几个问题:

(1) 指导学生树立正确的成才观

就业是大学生由学校走向社会的转折点,但就业所反映的,不仅是找到用人单位,而且涉及大学生本身的素质准备。因为大学生本身的素质,直接关系到事业的成功与否。因此,就业观念要解决的基本问题是如何成为适应社会发展的技术技能人才。也就是说,职业设计应该成为大学生从进入高校时就开始关注的问题。就业的理论指导和大学生的学习目的教育应该融为一体,贯穿于学习阶段的全过程。

(2) 指导学生树立正确的择业标准

总的来说,当前大学毕业生的择业标准呈现多样化的趋势。指导毕业生就业的基本原则是把个人理想与国家需要结合起来,从实际出发,适应社会发展的要求。通过理论指导,可以避免和纠正大学生在择业中的短视行为,使其能正确处理社会需要与个人成才、事业与生活、个人与集体等各种关系,真正做到以事业为重,服从国家需要,勇于到西部地区、基层第一线去发展成才,报效祖国。正确的择业标准,是建立在科学的世界观、人生观、价值观基础上的。就业指导中的思想教育是大学生思想政治教育的继续和深入,能够帮助大学生在社会主义市场经济条件下,理性地选择职业,同时做好艰苦奋斗、乐于奉献、勇于创业的思想准备。

(3) 指导学生确立高尚的求职道德

市场经济是法制经济,也是道德经济。大学生的道德修养和个人的信誉,对其成才和发展是极为重要的,在求职过程中也同样重要。通过理论指导,使大学生在就业过程中,做到实事求是、诚实正直、与人为善、讲究信誉。求职道德是大学生素质的重要展示,是给用人单位留下的第一个印象。高尚的求职道德有助于培养高尚的品行,使人终身受益。求职的不道德则会失去用人单位的信任。一个人的不道德,有时不仅影响到他个人,甚至也会对他所在的学校产生不利的影响,给同校其他求职者和用人单位之间带来障碍。

2. 就业政策法规指导

政策指导是就业指导的前提。大学生就业政策是国家制定的高层次人力资源配置准则的体现,是调控、约束、引导毕业生择业行为的基本依据。任何人都可以在就业政策允许的范围内自由择业。

(1) 就业政策指导

通过就业政策指导,使学生了解国家制定的全国性的就业改革、有关部门和省市制定的行业性和区域性就业政策以及所在学校制定的具体实施意见,按相关规定就业。关于毕业生就业工作的方针,教育部文件明确规定:要贯彻统筹安排、合理使用、加强重点、兼顾一般和面向基层,服务于生产、建设、管理、服务一线的方针。在保证国家需要的前提下,贯彻学以致用、人尽其才的原则。就业政策的指导应该在大学毕业生择业前进行。

（2）劳动法规指导

《中华人民共和国劳动合同法》（以下简称《劳动合同法》）是调整劳动关系的基本法律。大学生就业的实质是与用人单位建立劳动合同关系。劳动法规指导可以帮助大学毕业生依法办事，用劳动法维护自身的权益，履行应尽的义务。如《劳动合同法》规定，妇女享有与男子平等的就业权利。又如"违反法律、行政法规的劳动合同；采取欺诈、威胁手段订立的劳动合同"为无效合同等，这些都是大学生应掌握的。

（3）就业工作程序指导

毕业生就业工作程序指导一般从毕业生在校最后一学年开始。对大学毕业生进行就业工作程序的指导，有利于大学毕业生在规定的时间段内收集信息、参与双向选择、进行毕业鉴定、办理报到手续等，从而不影响学校正常的教学秩序和学生的学习。

在学生就业中，一些毕业生由于对就业政策缺乏了解，择业时在思想上往往带有很大的随意性和盲目性。只有通过就业指导、广泛宣传就业政策，才能引导毕业生走出择业的"误区"，才能使毕业生根据国家需要并结合个人实际，有针对性地选择职业。

3. 就业心理指导

学生在走向就业市场、参与"双向选择"的过程中，由于主观上的不稳定性和不成熟性、客观上的诸多制约因素及就业的压力和困惑，在择业时容易产生矛盾心理。例如，患得患失、急躁焦虑、临阵怯场、缺乏自信以及自卑自弃等。随着就业竞争的日趋激烈，大学生的择业心理问题日益凸显，各种心理障碍和心理疾病，不利于大学生顺利走向社会。因此，运用心理学的原理和方法，针对大学生心理发展特点和择业中暴露出来的心理问题，进行择业心理教育与指导，是十分重要的。

（1）对择业心理的指导

对大学生而言，就业是从职业理想到社会现实的转变。良好的心态，充分的心理准备是非常重要的。大学生应该面对现实，一切从实际出发，处理好理想与现实的关系。一般来说，大学生在择业时都有较高的心理期望值，这是正常的，但脱离现实、好高骛远的想法是不正确的。对大学生的择业心理指导要解决的，就是帮助大学生做好既要有远大理想又要艰苦奋斗的心理准备，正视社会，适应社会。

（2）增强心理承受力的指导

在择业过程中会碰到各种障碍，遭受各种挫折。因而，指导大学生正确对待挫折，增强心理承受力是很重要的。在择业中若遇到以下两种情况时，可能会产生心理不平衡：一是在自己的评价和来自社会的评价不相一致时产生的；二是在自己与同校同学的比较和同社会从业人员的比较不相一致时产生的。要帮助大学生既有自信又能正确估计自我，保持良好的心理素质。

（3）心理健康的指导

对大学生进行心理健康的指导具有普遍的意义。大学生的心理和生理的成熟程度发展不平衡，自我心理调节能力的发展明显滞后。进行及时、有效的心理健康教育与指导，不仅有助于毕业生做好择业心理准备，而且有助于心理问题的预防和解决；不仅有利于大学生正确认识自我，根据自己的个性心理特征设计择业目标，也有利于大学生尽快适应职业，完成角色转换，实现人生价值。

4. 就业信息指导

就业信息指导是指学校通过多种渠道收集和掌握社会需求信息，通过整理、归纳和分析，预测就业动态和人才的供需矛盾，了解和掌握用人单位对人才素质的要求，并及时将信息传递给学生，以对他们的求职择业起到帮助和导向作用。此外，在学生就业中，往往存在因收集信息不全面而被假象迷惑的现象。就业信息是求职择业的基础。获得的就业信息越广泛，求职的视野越开阔；就业信息运用得越好，求职成功率就越高。因此，对大学生进行信息指导是就业指导不可缺少的内容。

（1）对国家宏观就业形势的分析指导

国家宏观的就业形势关系到劳动力市场的供需关系，这与毕业生能否充分就业密切相关。某一类专业人才市场的供需情况，又直接影响该类专业毕业生的就业。帮助大学生了解就业形势，有利于毕业生做出合理的就业定位，使其主观期望符合社会的实际，能够及时、顺利地就业。

（2）对收集具体就业信息的指导

这类指导是帮助毕业生提高收集信息和利用信息的能力。信息是我们这个时代的重要资源，收集的有效信息越多，选择的余地越大；充分、准确地掌握和利用有效信息有助于毕业生做出满意的就业选择，在一定程度上，也直接影响到毕业生事业的发展。

5. 就业技巧指导

求职是一门艺术，有许多技术和技巧，求职技巧的好坏有时对学生能否成功就业产生直接的影响，求职技巧的指导，具有较强的实用性。在"公平竞争，择优录用"的原则指导下，用人单位主要通过自荐、面试、笔试等方式来筛选人才，因此，指导大学生掌握求职的方法与技巧对保证求职的成功具有重要的意义，可以帮助毕业生提前做好充分的准备。

（1）自荐技巧的指导

在招聘过程中，自荐是首要环节。自荐的方式很多，主要是递送自荐材料。自荐技巧的指导可以帮助大学生和用人单位进行有效沟通，使大学生能真实地介绍自己，充分地展示自己的能力和潜力。所以自荐的技巧是自我展示而不是自我拔高，是一种艺术而不需花哨。

（2）面试技巧的指导

一般情况下，面试是招聘录用中必经的环节。用人单位能直接考察求职者的情况。在面试过程中，掌握一定的技巧，是成功面试的策略，也是作为求职者应有的技能。作为求职者的大学毕业生，接受面试技巧的指导，才能在面试时有充分的准备，有针对性地答辩和应对。指导大学生学习面试技巧，不仅有利于大学生就业，而且能使大学生学到更多的人际交往的知识。

（3）求职礼仪的指导

求职者的礼仪是重要的。首先，衣着应该端庄大方。其次，举止礼貌，能够体现求职者的涵养。最后，要表现热情，热情能给人以好感，也能反映求职者的精神状态。求职礼仪的指导可以帮助大学生充分体现出应有的文明、礼貌和修养。因此，礼仪的指导不仅对大学生求职很重要，对体现大学生的素质也很重要，良好的礼仪应该在日常生活中养成。

模块一　立德树人

知识目标：

掌握立德树人的重要意义；熟悉立德树人的内涵及其对新时代大学生的要求。了解德智体美劳各要素的内容及其关系。

能力目标：

学会正确分析影响人生职业发展的重要因素；学会正确的价值判断与选择；能够从工作、学习、生活等多方面践行社会主义核心价值观，培养学生以及未来职业人的人格修养的理念、思维、情怀和责任感。

素质目标：

培养学生崇尚高尚、担当负责、追求卓越的精神情怀。培养学生主动学习、主动实践、团结合作的信心和勇气。

单元1　以德为本，全面发展

【想一想】

1. 什么是德，为什么说做人要首先立德？
2. 请找一找历史上知名的案例，说说德与能的关系。

【学一学】

一、德的含义

作为"职业发展与就业指导"课程，为什么课程的开始要讲德呢？是因为经常有企业的主管对学校说，学生知识的学习、能力的培养固然重要，但学生的做人是更重要的，如对工作的责任心、敬业精神等，而做人首先要立德，一定要搞好德育的教育。

康德说："有两样东西，我对它们的思考越是深沉和持久，它们在我心灵中唤起的惊奇和敬畏就会日新月异，不断增长，这就是我头上的星空和心中的道德定律。"

从德的字形来看，德是行动，是习惯，是做法，表示人与人之间、人与自然之间、人与自己的内心之间的关系处理。德字的意思有以下几种解释：

（1）直视所行之路的方向，遵循本心、本性。顺乎自然，是德；本无我，是德；舍欲之得，得德。

（2）德的本意是顺应自然、社会和人类客观规律，不违背自然规律去发展社会，提升自己。

（3）德，就是舍，就是为他人、为社会做事，舍己为人为德。

（4）德，是要践行的，是要行动的，而这个行动，要受到监督。这个监督者，对内是自己的内心，对外就是自然规律。

中国古代的《素书》把"道、德、仁、义、礼"五者作为一体。道者，人之所蹈（遵循），使万物不知其所由（不能离，不能超越）。德者，人之所得，使万物各得其所欲。在心为德，在施为行。

孔子说：君子怀德，小人怀土，君子怀刑，小人怀惠。朱熹解释说：怀，思念。怀德，谓存其固有之善，怀土，谓溺其所处之安。怀刑，谓畏法。怀惠，谓贪利。小人趣向不同，公私之间而已。

《易经》解释说："赞助天地之化育"即为德，人要像天地一样无私，让万物各得其所，让你周围的人各有所得，帮助你周围的人尽展其能，这就是德。

心中有德，并尽力行之，心动决定行动，所以，德是做出来的，不作为就不会有德。

新时代，德又赋予了新的含义。习近平总书记指出，社会主义核心价值观，其实就是一种德，既是个人的德，也是一种大德，是国家的德、社会的德。

二、德的内容

一般分为公德和私德。

公德，是指有关社会公众的安宁和幸福的行为。社会公德的内容是对公共生活中的方方面面提出的基本规范和要求。在我国现代社会中，社会公德的主要内容为：

（1）文明礼貌。社会公共生活中人与人之间应该和谐相处，举止文明以礼相待。自觉杜绝说脏话、随便猜疑、欺骗他人等恶习。这是处世做人最起码的要求。

（2）助人为乐。助人为乐、见义勇为是社会成员在公共生活交往中用以调整相互关系的最一般的行为规范之一。在公共生活中，人与人之间应该团结友爱，相互关心，相互帮助。爱人者人恒爱之，信人者人恒信之。现实生活中不可能人人都时时快乐、事事顺心，难免会遇到这样和那样的困难和问题，总有需要人帮助、救济的时候。这就需要人们之间互相帮助，扶危济困，乐善好施，以助人为乐。对不法行为，每个公民都应当分清是非，挺身而出，斗智斗勇，见义勇为，都有责任和义务自觉维护社会治安。

（3）爱护公物。爱护公共财物是社会公德极其重要的内容。尤其在公共场合更要注意这一点。要爱护国家及公共财产不受侵犯。

（4）保护环境。为了保持社会公共生活的环境整洁、舒适和干净，保障社会成员的身体健康，每个公民都应当讲究公共卫生、保护生活环境，这也是社会公共生活中人们应当遵循的最基本的行为规范。讲究公共卫生，创造优美环境，是人身心健康的重要保证，也是社会风尚的一个重要方面，体现出一个民族的文明程度和精神面貌。

（5）遵纪守法。法律是对公民行为的必要约束及规范，是对道德的补充。自觉遵守法律法规、纪律，是社会公德最基本的要求。公共生活中人们要能顺利地进行社会活动，就必须要有规矩可循，就必须遵循一定的行为规范。每个社会成员既要遵守国家颁布的有关法律、法规，也要遵守特定公共场所的有关规定。人们只有依照法律、法规及纪律的有关规定行事，才能不妨碍他人的正常活动，也保障自己所要从事的某项活动；才不会给社会和他人造成损失和伤害，保持社会公共生活相对稳定与和谐，并保证社会的健康发展。遵纪守法反映了人们的共同要求，体现了人们的共同利益。每个社会成员都应自觉提高法律意识、增强法纪观念，自觉用法纪来指导和约束自己的行为，自觉履行法纪规定的义务，敢于并善于运用法律武器同各种违法乱纪现象作斗争，并能正确运用法纪手段保护自己的合法权益不受侵犯，真正做到知纪懂法，遵纪守法。

（6）遵守规则。社会公德作为人类社会生活中最起码、最简单的行为准则，是和广大人民群众的切身利益密切相关的，是适应社会和人的需要而产生的。它对人们的社会生活具有特殊且广泛的社会作用。每个社会成员都应该自觉遵守社会公德。

遵守社会公德是维护社会公共生活正常秩序的必要条件；遵守社会公德是成

为一个有道德的人的最基本要求；社会公德建设是精神文明建设的基础性工程，也是精神文明程度的"窗口"。

习近平总书记指出，必须加强全社会的思想道德建设，激发人们形成善良的道德意愿、道德情感。今天，现代化进程马不停蹄，社会文明建设也驶上了"快车道"。守护公德，理应出于内心的道德戒律，而不是做给人看，更不是有利可图。如果每次都要靠惨痛的教训"撞过南墙才回头"，提升文明素质的代价未免太大。这种道德自觉，并不来自玄奥的说教，恰恰是父母的言传身教、老师的谆谆教诲和身边人的率先垂范构成的良好社会风尚，为每个人定下了道德的基调。

道德是社会关系的基石，是人际和谐的基础。在道德践履的路上，没有人可以置身事外。以良好风气的软引导呼唤公德，以制度法律的硬约束护佑公德，文明的沃土就不会沙化。更关键的是你我共同呵护，点点滴滴磨砺道德自觉，危急关头果断施以援手，这样，社会公德就不会遭遇破窗效应，文明的幼苗就能长成参天大树。

私德。私德是私人生活中的道德规范，指个人品德、修养、作风、习惯以及个人生活中处理爱情、婚姻、家庭问题、邻里关系的道德规范。私德通常以家庭美德为核心。

追求社会公德就是追求大真理，追求私德就是追求小真理。显然损公（德）肥私（德）是不得人心的，显然公德必然战胜私德，因为公德是人心所向——随着人类文明的发展，社会公共道德水平必然也会水涨船高。

三、立德树人的含义

"立德树人"从字面上可以理解为：立德和树人。何谓"立德"？意思为树立德行。《左传》载"太上有立德，其次有立功，其次有立言，虽久不废，此之谓不朽"，意思是说，最上等的是树立德行，其次是建立功业，再其次是创立学说。即使过了很久也不会被废弃，这就叫做不朽。

何谓"树人"？意思是培养人才。《管子权修》："一年之计，莫如树谷；十年之计，莫如树木；终身之计，莫如树人。"意思是说："（做）一年的打算，没有赶得上种植庄稼的；（做）十年的打算，没有赶得上栽种树木的；（做）一生的打算，没有比得上培养人才的。培植以后一年就有收获的，是庄稼；培植以后十年才有收获的是树木；培植以后百年才有收获的，是人才。"

立德是树人的前提和基础。对于青年学生来说，是逐步形成人生观、世界观、价值观的关键时期，"扣好人生的第一粒扣子"非常重要。

教育是国之大计，党之大计。

培养什么样的人,是教育的首要问题。我国是中国共产党领导的社会主义国家,这就决定了我们的教育必须把培养社会主义建设者和接班人作为根本任务。这是新时代教育工作的根本任务,也是教育现代化的方向和目标。

立德树人关系党的事业后继有人,关系国家前途命运,是全社会的共同责任和义务。不管什么时候,为党育人的初心不能忘,为国育才的立场不能改。教育承载着国家的未来、人民的期盼,从家庭到学校,从政府到社会,都要齐心协力、相向而行,切实把立德树人融入各领域各方面各环节,落到实处、抓出实效。

教育的本质是使人成人,职业教育的本质是使人成能人,高等职业教育是大学教育,大学之道,在明明德,在亲民,在止于至善。立德树人,在于培养人的光明德行,使之成为具有崇高的理想、坚定的信念、负责的精神、卓越的才干的时代新人,追求并达到人的至善至美,服务国家、服务社会、服务人民。

四、做德智体美劳全面发展的人

在德的方面,青年大学生就是要有理想、有抱负、有担当。习近平总书记号召广大青年应以实现中华民族伟大复兴为己任,不辜负党的期望、人民期待、民族重托,不辜负我们这个伟大时代。

第一,新时代中国青年要树立远大理想。青年的理想信念关乎国家未来。青年理想远大、信念坚定,是一个国家、一个民族无坚不摧的前进动力。新时代中国青年要树立对马克思主义的信仰、对中国特色社会主义的信念、对中华民族伟大复兴中国梦的信心,到人民群众中去,到新时代新天地中去,让理想信念在创业奋斗中升华,让青春在创新创造中闪光!

第二,新时代中国青年要热爱伟大祖国。对每一个中国人来说,爱国是本分,也是职责,是心之所系、情之所归。对新时代中国青年来说,热爱祖国是立身之本、成才之基。当代中国,爱国主义的本质就是坚持爱国和爱党、爱社会主义高度统一。

第三,新时代中国青年要担当时代责任。时代呼唤担当,民族振兴是青年的责任。在实现中华民族伟大复兴的新征程上,应对重大挑战、抵御重大风险、克服重大阻力、解决重大矛盾,迫切需要迎难而上、挺身而出的担当精神。新时代中国青年要珍惜这个时代、担负时代使命,在担当中历练,在尽责中成长,让青春在新时代改革开放的广阔天地中绽放,让人生在实现中国梦的奋进追逐中展现出勇敢奔跑的英姿,努力成为德智体美劳全面发展的社会主义建设者和接班人!

第四,新时代中国青年要勇于砥砺奋斗。奋斗是青春最亮丽的底色。新时代中国青年要勇做走在时代前列的奋进者、开拓者、奉献者,毫不畏惧面对一切艰难险阻,在劈波斩浪中开拓前进,在披荆斩棘中开辟天地,在攻坚克难中创造业绩,用青春和汗水创造出让世界刮目相看的新奇迹!

第五,新时代中国青年要练就过硬本领。青年是苦练本领、增长才干的黄金时期。当今时代,知识更新不断加快,社会分工日益细化,新技术新模式新业态层出不穷。这既为青年施展才华、竞展风采提供了广阔舞台,也对青年能力素质提出了新的更高要求。新时代中国青年要增强学习紧迫感,如饥似渴、孜孜不倦地学习,努力学习马克思主义立场观点方法,努力掌握科学文化知识和专业技能,努力提高人文素养,在学习中增长知识、锤炼品格,在工作中增长才干、练就本领,以真才实学服务人民,以创新创造贡献国家!

第六,新时代中国青年要锤炼品德修为。人无德不立,品德是为人之本。止于至善,是中华民族始终不变的人格追求。新时代中国青年要自觉树立和践行社会主义核心价值观,善于从中华民族传统美德中汲取道德滋养,从英雄人物和时代楷模的身上感受道德风范,从自身内省中提升道德修为,明大德、守公德、严私德,自觉抵制拜金主义、享乐主义、极端个人主义、历史虚无主义等错误思想,追求更有高度、更有境界、更有品位的人生,让清风正气、蓬勃朝气遍布全社会!

在智的方面,智是人才素质的基础。智是大学生从事社会主义现代化建设的实际本领,是能否成为对国家、对人民有用的人才的重要基础。在智育方面,青年大学生要掌握系统的全面的科学基础知识和技能,发展智力,养成科学态度和勇于探索的精神。在专业教育中则要求培养掌握本专业所需要的基础理论、专业知识和实践能力,发展分析问题、解决问题的能力。

当今世界,信息爆炸,新知识层出不穷。现代的学习者正逐渐地由知识的接受者向智慧的吸收者转变。因此,德智体美劳的"智",在新的时代条件下,我们要更关注的是智慧。

智慧(狭义的),它是生物所具有的基于神经器官(物质基础)一种高级的综合能力,包含:感知、知识、记忆、理解、联想、情感、逻辑、辨别、计算、分析、判断、文化、中庸、包容、决定等多种能力。智慧让人可以深刻地理解人、事、物、社会、宇宙、现状、过去、将来,拥有思考、分析、探求真理的能力。与智力不同,智慧表示智力器官的终极功能,与"形而上谓之道"有异曲同工之处,智力是"形而下谓之器"。智慧使我们做出导致成功的决策,有智慧的人称为智者。

我们经常会看到,由于互联网云资源的存在,我们身边的很多年轻人似乎无所不知，但不能转变成行为，不能转变成一种思维方式。他不缺知识，但是缺智慧。缺生活的智慧、生命的智慧，缺很多方面的智慧。因此，在"德智体美劳"这五个字面前，我们如何在未来的教育中把"智力"变成"智慧"，这是一个非常大的挑战。

在体的方面，"体者，载知识之车，寓道德之所"。健康关乎我们每个人能否实现人生出彩，它是我们共同追求的理想。实现国民健康长寿，是国家富强、民族振兴的重要标志，也是国家致力的目标。

一个肌体健康的民族，才能为实现自己的梦想而奋斗，才能精神抖擞地屹立于世界民族之林。旧中国，中国人被洋人讥讽为"东亚病夫"，羸弱的身躯与破碎的山河相伴，蹒跚而行。有识之士对国人身体羸弱有切肤之痛，尤其是本该活力无限的青少年，梁启超曾大声疾呼："少年强则国强。"青年毛泽东也曾在《新青年》杂志上刊文，大声疾呼"欲文明其精神，必先野蛮其体魄。苟野蛮其体魄矣，则文明之精神随之"。

健康的体魄、健康的身心、健康的精神，是大学生为祖国和人民服务的基本条件，是中华民族旺盛生命力的体现。在体育方面，青年大学生要了解体育运动的基本知识，掌握科学锻炼身体的基本技能，积极参加体育锻炼，养成锻炼身体的良好习惯。身体健康，才能胜任今天的学习任务和明天的工作职责。达·芬奇说过"运动是一切生命的源泉"。

在美的方面，美育，又称美感教育，即通过培养人们认识美、体验美、感受美、欣赏美和创造美的能力，从而使我们具有美的理想、美的情操、美的品格和美的素养。

古希腊哲人苏格拉底、柏拉图、亚里士多德等，都规定教育的内容不仅要有哲学、科学、道德、体育，而且要有美育。音乐教育尤其受到柏拉图的重视，以音乐"作为滋养""浸润心灵"，使性格变得"高尚、优美"，因此要成为必修课。亚里士多德更全面地总结了艺术审美教育的功能："教育""净化""精神享受"，认为音乐和诗能提高认识、陶冶感情、审美娱乐、振奋精神。这些基本观点，成为西方古代美育传统的思想基础，产生了深远的影响。

我国学校美育的基本任务是：①培养学生充分感受现实美和艺术美的能力。包括培养学生充分感受自然界的美，培养学生对社会美的正确观点和感受社会美的能力，培养学生感受艺术美的能力等。②使学生具有正确理解和善于欣赏现实美和艺术美的知识与能力，形成他们对于美和艺术的爱好。③培养和发展学生创造现实美和艺术美的才能和兴趣。要使学生学会按照美的法则建设生活，把美体现在生活、劳动和其他行动中，养成他们美化环境以及生活的能力和习惯。

在劳的方面，劳动教育，使学生树立正确的劳动观点和劳动态度，热爱劳动和劳动人民，养成劳动习惯的教育，是人德智体美劳全面发展的主要内容之一。生产劳动是人类社会赖以生存和发展的基础，是人类最基本的实践活动。在原始社会中，人人都要劳动才能生存。在阶级社会中，出现了体力劳动与脑力劳动的分离与对立，剥削阶级把体力劳动者作为剥削和压迫的对象。在社会主义中国，实现了生产资料公有制，消灭了剥削与压迫，劳动人民当家作主，劳动是每一公民的光荣义务。各尽所能按劳分配是社会主义的基本原则。每一个公民都应该以自己的辛勤劳动对社会主义现代化建设作出贡献。

劳动教育的主要内容是：①树立学生正确的劳动观点，使他们懂得劳动的伟大意义。了解人类的历史首先是生产发展的历史，是劳动人民创造的历史；懂得辛勤的劳动是建设社会主义和共产主义的根本保证；劳动是公民的神圣义务和权利；懂得轻视体力劳动和体力劳动者，是数千年来剥削阶级思想残余；懂得把脑力劳动同体力劳动相结合的重要意义。②培养学生热爱劳动和劳动人民的情感。养成劳动的习惯，形成以劳动为荣、以懒惰为耻的品质。抵制好逸恶劳、贪图享受、不劳而获、奢侈浪费等恶习的影响。③学习是学生的主要劳动，教育学生从小勤奋学习，将来担负起艰巨的建设任务。并教育学生正确对待升学、就业和分配。

十八大以来，习近平总书记在多个场合强调了劳动的价值、歌颂了劳动的伟大，指出要加强对广大青少年的劳动教育，多次表明"劳动是人类的本质活动"、劳动创造世界等观点，不仅继承了马克思主义劳动观点，还站在战略高度，把劳动与开创中国特色社会主义新时代、实现中国梦联系起来，明确提出"社会主义是干出来的，新时代也是干出来的""实干才能梦想成真"，拓宽了劳动视野，开辟了马克思主义劳动思想新范畴。

习近平总书记在全国教育大会上还明确提出了"要形成更高水平的人才培养体系"的战略任务。无论是培养数以千万计的高素质专门人才和一大批科技创新人才，还是培养数以亿计的高素质劳动者，劳动教育都是培养更高水平人才的关键工程。这是由劳动教育的长期性、多维性和融通性的特质所决定的。劳动教育的长期性指它是一项永恒的教育。因为劳动伴随着人类始终，它是人类和人类社会生存和发展的基础。有劳动就有劳动教育，它是人一辈子的教育，不是一时一事的教育。劳动教育的多维性指它的培养目标的多维，主要有劳动观念、劳动态度、劳动习惯和品质、劳动情感、劳动知识、劳动技能（技术素养）、劳动思维（包括创新意识和创造力）七方面的培养目标。劳动教育的融通性指它的功能、它与其他四育的关系，可以用以下五句话来概括，即"以劳树德，以劳增智，以劳强体，以劳育美，以劳创新"。

时代呼唤英才，希望在于青年。全面建设小康社会和实现社会主义现代化需要大学生的参与。中华民族的伟大复兴需要大学生去奋斗，青春只有在为祖国和人民的真诚奉献中才能更加绚丽多彩，人生只有融入国家和民族的伟大事业才能闪闪发光。21世纪的大学生，要进一步认清自己的历史使命，明确成才的目标，确立为国家、为民族奋斗的志向，努力成长为对党和国家、对人民有所贡献的人。

【测一测】

1. 当人工智能都成为一种现实的时候，我们现在的劳动能力要体现在（   ）

  A. 体力上　　　B. 知识上　　　C. 智慧上

2. "运动是一切生命的源泉"是谁说的？（   ）

  A. 毛泽东　　　B. 蔡元培　　　C. 达·芬奇

3. 德的真正含义是（   ）

  A. 心中所想　　　B. 要有作为　　　C. 服务他人

【做一做】

全班分成五个组，分别对德、智、体、美、劳五个方面，通过查找名人名句、相关阐述等，做出专题学习汇报的PPT，在全班选代表进行交流。

【看一看】

1. 乡村创新公德建设

江西省九江市武宁县官莲乡东山村积极发挥新时代文明实践中心这一基层社会治理平台作用，通过建设"公德银行"，采取积分制、"公德贷"等有效形式，深入推进移风易俗，大力倡导文明风尚，走出了一条新时代"五美"乡村新路子。

东山村是武宁县首个建立新时代文明实践站的行政村。实践站每个月都会公布文化菜单，涉及读书、舞蹈、唱歌等多种形式。村民朱传英经常一大早就和姐妹们到活动室跳广场舞，朱传英说："我们村里的文化活动比较多，姐妹经常在一起唱唱歌跳跳舞，丰富了我们的生活，还可以获得公德积分。"

朱传英口中的"公德积分"，其实是东山村"公德银行"采取积分制评比模式产生的产物。村民可以通过新时代文明实践站的文化菜单自由挑选文艺活动，每参加一项便可以获得相应分值。

武宁县官莲乡东山村村委会副主任，魏明伟介绍说：自从实行这个公德银行积分评比以来，大家都在比谁家的积分多一点。通过评比，东山村的村民素质、乡风文明都为之一新。

此外，东山村还成立"公德银行"理事会，由理事会对村民在"思想进步、邻里和睦、律己守法、移风易俗、清洁卫生、敬老爱亲、热心公益、扶助感恩"等8个方面进行评比，并把积分存入村民的"公德银行"账户。通过导入银行管理模式，村民不仅可以用积分兑换生活用品，还可以换取银行的授信额度。

村民毕延义种植了500多亩果树苗木，想要扩大种植规模却苦于缺乏资金，于是他想到了自己的"公德银行"账户。毕延义公德银行的积分80多分，得到了银行的信任，贷款了10万元，搞橘子园产业，改善了家庭经济的困难。

自"公德银行"开建以来，东山村共有239户参与评比，并以积分兑换信用贷款1400多万元。

无独有偶，在湖南省邵阳市新邵县大新镇申塘村，经村民代表表决通过，成立了全镇首家公德超市，并向村民公布了积分管理实施办法。这是大新镇加强基层治理创新，推进乡村文明新风建设的又一创举！

据悉，设立"公德超市"就是以"做公德""储公德"为主题，模仿普通银行"设账号""存款""兑现"等管理体制。村里每户家庭均设立一个公德账号，里面详细记录家庭成员、出生年月、联系电话等基本信息。根据村民在公德方面的表现，给予村民奖励分或扣分，村民结余积分可兑换食盐、牙膏、洗涤用品等，一月一评比，一季一兑付。公德分较高的村民，要广泛宣传其典型事迹，同时作为优先评选"文明家庭""好儿媳""好公婆"等的重要依据，在需要的时候可以作为要求村里帮助其解决实际困难的凭证。

举直扬善正风俗，敦厚民风传千里。大新镇以弘扬践行社会主义核心价值观为引领，依托新时代文明实践所（站）这一基层社会治理平台，积极推进公德教育，大力倡导文明风尚，为乡村振兴提供坚强的道德文明支撑。

2. 艰难的抉择

南非东伦敦一个偏远小镇上，有一对夫妇。男人叫乔治，女人叫海伦。乔治在小镇北部的农场干活，每天早出晚归。海伦因为怀了孩子，便待在家里安胎。

这天，乔治像往常一样开着吉普车出了门。农场离家有50多公里，中途要经过一段长长的山道。这段山道崎岖难行,并且周围也没有村庄,荒无人烟。乔治开着车在山道上慢慢行驶着,突然兜里的手机响了。"乔治,快回家……我,我肚子疼得要命,我们的孩子可能要早产了……"

听到妻子的话,乔治立刻慌了神。他们的家地处偏僻,连个邻居都没有,离镇医院又远,这可怎么办?

上次海伦到医院做过检查,医生推测说海伦有可能早产或难产,没想到离预产期还有一个多月,医生的推测就应验了。乔治知道,如果不能及时去医院,恐怕母子不保。

"亲爱的,别担心,我马上就赶回去!"时间就是生命,乔治扔下手机,立刻掉转吉普车往回赶。

这时,有人突然从后边大喊着追了上来,并绕到前面,扑到了车头上。

拦车的是个中年黑人,他哭丧着脸哀求道:"先生,求求你,救救我儿子吧!"

原来,他叫安东尼,今天天气晴朗,他带妻子和儿子出来郊游。没想到,不幸从天而降——安东尼的越野车由于刹车失灵,竟从山道上滚下了谷底!安东尼9岁的儿子因为顽皮,没有系安全带,此刻生死不明,安东尼夫妇则只是一点点擦伤。

乔治知道,从这里去镇上只有20多公里,可是如果先回家接上妻子再到镇医院的话,路程就长了!乔治陷入了难以抉择的境地——倘若他帮助安东尼,那妻子海伦就有生命危险,可要是先折回去接海伦,安东尼的儿子就可能因为时间耽搁太长失血而亡。就在乔治犹豫不决时,安东尼竟然双膝一软,跪在了车前。乔治真想告诉安东尼,自己的妻子也正处在危险中,但他还是从车上走下来,一把将安东尼拉起来:"你儿子在哪儿?"

安东尼立刻带乔治来到前边不远处,从山道边往下看,果然有一辆越野车翻倒在山谷下面,一个男孩儿正躺在地上。两人走下去,乔治俯身看了看,小男孩儿浑身是血,脸色苍白,显然是失血过多,而身上和腿上多处重创还在不断地流血,乔治只看了一眼就再也看不下去了。

安东尼带着哭腔告诉他:"虽然已经打了急救电话,但是救护车来回一趟会多花一半的时间,到那时只怕孩子就没救了!"车祸发生后,他和妻子分头行动,他守在山道上等车,而他的妻子则抄山道小路赶去了最近的村庄。

乔治一听,暗叫不妙,他知道从这儿横穿一座山岭,最近的就是他的家,附近除了他们根本就没有邻居,只有他有一辆吉普车。

"快把孩子弄上车!"乔治高声喊道。

经过一番思想斗争，他终于做出了这个艰难的选择——救安东尼的孩子！

安东尼连忙把孩子抱起来，乔治启动吉普车，飞快地向镇医院方向赶去。

他一边开车，一边抓起手机，不断拨打家里的电话，希望能通过电波鼓励海伦坚持住。第一次，电话通了，海伦痛苦的呻吟声像针一样扎在乔治的心里："你在哪儿？"

乔治强忍着眼泪说："亲爱的，对不起，你再坚持一会儿。"

隔了十几分钟，乔治第二次拨打家里的电话，海伦的声音已经十分微弱。乔治强忍着眼泪，不断地对着听筒呢喃："亲爱的，原谅我，我不能见死不救，愿上天保佑……"

因为争取了足够的时间，安东尼的儿子很快脱离了生命危险。而此时的乔治，虽有一丝宽慰，但更多的是对妻子的担心。他第三次拨打了家里的电话，但这一次没有人接听！泪水瞬间从他的眼睛里滚落下来，他知道，没人接电话，很可能是海伦已经出了意外！

乔治发疯一样地往家里赶，安东尼也执意跟着上了车。

乔治一路上风驰电掣。快到家门口时，他们突然听到哇哇的婴儿啼哭声。

乔治第一个冲了进去，看到的是这样一幅画面——他的妻子海伦平安无恙地睡在床上，身上盖着被子，床头的襁褓里躺着刚生下不久的婴儿，而床边守着的是个一脸疲惫的妇女，她正轻声哄着孩子。

乔治又惊又喜。这时，跟进来的安东尼走过去，一把抱住那位妇女，激动地告诉她："亲爱的，我们要感谢乔治的帮助，我们的儿子没事了！"安东尼一五一十将儿子获救的经过讲了一遍。

原来她就是安东尼的妻子玛丽。玛丽是个妇产科医生，出车祸后，她抄山道近路，原本是想到这里找车的。在经过乔治家门前时，听到了海伦痛苦的呻吟，进去一看，发现海伦胎位不正，又是早产，如果不进行专业的接产，必定会有生命危险。

"对不起，乔治。"玛丽有些歉疚地说，"当时我很难选择，不知道是先救海伦还是先为儿子继续找车，好在最后一刻我没有选错。"

乔治泪花闪动，却是脸上一红："说对不起的应该是我，当时安东尼向我求助时，我也犹豫不决。"

"可你们最后都没有违背良心。"安东尼总结说。

乔治俯身看看已经熟睡的海伦，又看看襁褓中可爱的孩子，流下了幸福的眼泪。

单元2 做好自己，服务社会

【想一想】

1. 自己是谁？高考的目的是什么？如果说是为了上大学，那么上大学的目的呢？
2. 只有服务社会，才能成就自己，你同意这个观点吗？为什么？

【学一学】

一、认识你自己

苏格拉底在哲学观点上自成一体，作为一个旷世的思想家、哲学家，苏格拉底为古希腊文明塑造了他人难以企及的思想高度。

几千年前古希腊奥林匹斯山上的德尔斐神殿里有一块石碑，上面写着"认识你自己"。苏格拉底将其作为自己哲学原则的宣言，具有深刻的背景和重要的意义。

苏格拉底认为，认识自己就是认识心灵的内在原则，亦即认识德性。这里的"德性"原指事物的特性、品格、特长、功能，具体到人就是"人的本性"。"善"是自然万物的内在原因和目的，具体到人身上，就是"德性"。

苏格拉底留下了很多格言，其中有一句是"认识你自己"，这也是苏格拉底最爱说的一句话。苏格拉底特别爱用这句话来教育他的学生。

我们都知道，人生有三大终极问题：我是谁？我从哪里来？我要到哪里去？

我们经常会问自己："我为什么而活着？我活着的动力是什么？"

人生有太多值得我们思考的问题了，又由于我们自己百思不得其解，而又产生了更多新的问题，一环套一环，我们就会陷入其中而不能自拔，接着就惆怅、忧郁。

在问题叠着问题的时候，我们只要回到苏格拉底的那句格言"认识你自己"，很多问题往往就能解决了。

认识了你自己，你就知道你是谁；

认识了你自己，你就知道你从哪里来；

认识了你自己，你就知道你要到哪里去。

可能你会说，这不是诡辩吗？我还是没认识我自己呀！

这就引起了新的问题：怎样才能认识我自己？

这要从苏格拉底的另外一句格言来回答:"未经审察的人生不值得过。"所以说,苏格拉底认为,要认识你自己,首先就要经常对自己进行审察。曾子曰:"吾日三省吾身,为人谋而不忠乎?与朋友交而不信乎?传不习乎?"可见审察自己确实是个功夫活,经常审察自己的内心,你才能知道自己是谁。

审察完自己之后,要通过周围的环境,才能定义我们自己。就像我们要定义一件物品,就要定义它的位置、颜色、形状等属性。列宁说物质是通过人的意识所摄写与反映,但是又不以人的意志而转移的一种客观存在。

说白了,物质不是意识,但是必须通过意识才能认识物质。人不是环境,但要通过环境才能认识人。

我们是爸妈的儿女,是兄弟的兄弟,是朋友的朋友,我们又是社会大家庭的成员,这些相互关系,就定义了我们自己。

作为人,我们有着太多的角色与属性,所以审察自己是个多角度全方位的过程。

作为人,我们是不断进步不断成长着的,所以审察自己又是个长期的过程。

总之,要认识世界,首先要认识你自己,要认识你自己,就要像锻炼身体一样不断审察自己。

一个人对自身的认识也就是他关于德性的认识,一个人如果对德性有了认识,有了这方面的知识,那么对自身的认识便会更进一步,就知道自己是谁,该干什么。这就是他提出该观点的主要目的,强调知行合一、真善一体的道理。进而启发人们去努力地认识自己,去追求真理、正义、明智、勇敢等德性,完善自己的德性,然后成为一个真正的人。

人民日报《让爱国主义情怀激荡精神力量》中指出:"中国成其为中国,正在于有千千万万中国人生于斯、长于斯,情感系于斯、认同归于斯。深沉的爱国主义、浓厚的家国情怀,早已融入民族心,铸就民族魂。犹记1935年,著名教育家张伯苓在南开大学开学典礼上问了3个问题:你是中国人吗?你爱中国吗?你愿意中国好吗?其言谆谆,其意切切,正在于要振奋起师生的爱国斗志。这3个问题,是历史之问,更是时代之问、未来之问。走出流血牺牲、生死考验的语境,走出神州陆沉、存亡绝续的背景,仍然需要我们一代一代这样问下去、答下去,才能为'中国号'巨轮破浪前行提供最深厚的底气、最有力的支撑。"

张伯苓的三问,是教育学生认识你自己的最好例证。因为知道了你是中国人、你爱中国、你愿意中国好,接下来你就应该知道怎么去做了。"认识环境""认识了自己"之后,重要的是"努力去干"。怎样去干?张伯苓提出了三个要点,要公、要诚、要努力。要公是价值观,是方向;要诚、要努力是态度和作风。

二、青年大学生的使命和担当

所谓使命，古指使者奉命出行，后引申为肩负重大的任务和责任。人们在社会中生活，不仅要走完自己的人生历程，还要完成各种各样的人生任务。其中，人们担负的重大的历史任务和重大的历史责任就是人的历史使命。

历史使命不能超越具体的社会历史条件，而是在一定社会历史条件下产生，又随着社会历史条件的变化而变化。马克思曾说过："作为确定的人，现实的人，你就有规定，就有使命，就有任务，至于你是否意识到这一点，那都是无所谓的。这个任务是由于你的需要及其与现存世界的联系而产生的。"不同时代的青年面对不同的历史课题，承担着不同的历史使命。当代大学生承担的是建设中国特色社会主义、实现中华民族伟大复兴的历史使命。

中国共产党的创始人之一李大钊同志说过，青年要"为世界进文明，为人类造幸福，以青春之我，创建青春之家庭，青春之国家，青春之民族，青春之人类，青春之地球，青春之宇宙，资以乐其无涯之生"。

全国广大青年要深刻了解近代以来中国人民和中华民族不懈奋斗的光荣历史和伟大历程，坚定不移跟着中国共产党走，勇做走在时代前列的奋进者、开拓者、奉献者，让青春在为祖国、为人民、为民族的奉献中焕发出绚丽光彩！

"志当存高远"要以国家富强、人民幸福为己任，胸怀理想、志存高远，投身中国特色社会主义伟大实践，并为之终生奋斗。心中有阳光，脚下有力量，为了理想能坚持、不懈怠，才能创造无愧于时代的人生。

有信念、有梦想、有奋斗、有奉献的人生，才是有意义的人生。当代青年建功立业的舞台空前广阔、梦想成真的前景空前光明，广大青年应在实现中国梦的伟大实践中创造自己的精彩人生。

三、怎样才能做好自己，服务社会

（一）树立远大理想，塑造崭新形象

当代大学生承担着历史的重任，是社会上富有朝气、充满生命力的群体。良好的形象不仅是大学生成才的一个重要方面，也是社会对大学生的要求。同学们要适应时代要求，自觉地塑造积极健康向上的崭新形象。

理想远大，热爱祖国。当代大学生应当树立为振兴中华而勇于奉献的形象，把自己的崇高理想具体落实到建设中国特色社会主义事业上来，始终以国家富强

和人民幸福为己任。同学们生逢报效祖国和人民的极好历史机遇，理应树立起"舍我其谁"的豪情壮志和坚定信念，把为振兴中华做贡献作为自己不懈奋斗的目标！

追求真理、善于创新。当代大学生应当发挥朝气蓬勃、思维敏捷、敢为人先、最少陈旧观念、最多创造活力的诸多优势，坚持追求真理的精神，不断夯实科学文化知识基础，掌握善于创新的技能，努力提高持续创新能力，使自己成为祖国和人民需要的、富有创新精神的高素质人才。要善于从马克思主义理论中汲取营养，树立科学的世界观，把握正确的方法论，努力做科学探索和创新的先锋。

德才兼备、全面发展。当代大学生要掌握扎实的专业基础知识和最前沿的科学文化知识，以造福国家人民。没有坚实的科学知识，就不能发展经济，更谈不上建设社会主义现代化。同时，要坚持以德为先，德才兼备。中国古代的思想家司马光说："才者，德之资也；德者，才之帅也。"就是说，只有用"德"来统帅"才"，才能保证"才"的正当发挥；只有以"才"支撑"德"，才能真正有益于国家和人民。目前社会上出现的社会腐败和高科技犯罪等现象，为人们敲响了正确把握德才关系的警钟。对当代大学生来说，"德"绝不是可有可无的。德才兼备是衡量大学生全面发展的一个重要标准。

视野开阔、胸怀宽广。当代大学生应当学会以开阔的视野观察不断发展的中国，观察日新月异的世界；用宽广的胸襟向历史学习，向人民群众学习。新时代的大学生，要把个人的"小我"融入国家和集体的"大我"之中，在维护和实现国家与人民利益的过程创造个人的辉煌人生。

（二）培养社会责任感

用爱国情怀、民族精神，激发社会责任感。纵观历史，爱国主义历来是激励人民团结奋斗的一面旗帜，是振奋民族精神、增强民族凝聚力、推动人类社会历史前进的精神动力。个人的前途和命运，总是同祖国民族的兴衰荣辱戚戚相关的。作为当代大学生应该家事国事天下事，事事关心，应该正确判断世界发展趋势，深入了解中国国情，深切关爱祖国的前途和命运，不负时代重托，肩负历史使命，把实现自己的人生价值同祖国的需要结合起来，充分发挥自己的聪明才智，把力量用在民族复兴的伟大事业上，建设祖国，报效祖国，这是社会责任感的集中而又具体的体现。

用崇高信念、远大理想，培养社会责任感。理想信念是人生的精神支柱，是社会责任感的源泉和精神动力，社会责任感是实现理想的条件。理想与责任是互相联系的，远大的共产主义理想信念，能激发大学生的社会责任。培养社会责任感就要从具体工作做起，从一点一滴做起，在具体的活动中培养。作为社会的一分子，每个人既享有一定的权利，又必须承担一定的责任和义务，既从社会中获取，又要为社会奉献。权利与责任和义务是统一的。没有无权利的义务，也没有无义务的权利。不讲责任和义务的思想是错误的。当代大学生只有树立伟大的共产主义理想，坚定共产主义信念，才能自觉形成高度的社会责任感。

（三）用集体观念、团队精神，增强社会责任感

集体主义能够培养当代大学生的人生态度，能够激励人的社会责任意识。集体主义是以社会主义集体为价值目标，以个性发展为前提的。它可以密切集体与个人的利益关系，增强个体的主人翁责任感，然而个体对社会，个体对他人的责任离不开人的自我责任意识。个体对自我的责任意识，是个体对社会、对他人有责任感的内在基础。很难设想，一个对自己不负责任的人能为社会、为他人负责任。自我责任意识，意味着个体的自律和对善的追求。每个成员应该发扬团队精神，培养集体观念，自觉承担责任，履行义务，人人为我，我为人人。逐步培养自己作为一个集体成员的责任心，尽到自己的责任。

（四）诚实做人、守信办事，树立社会责任感

诚信属于道德范畴，是一条做人的基本原则，是人与人进行社会交往的重要砝码，在市场经济条件下，社会对人的诚信要求越来越高。维护诚信的最佳办法是让每个人不讲诚信的行为，都在个人信用史上留下污点，使不守信用者意识到不守信用的代价在一生当中难以承受。在诚信时代，就是让守信用者享受诚信的回报，让不守信用者自食苦果。

【测一测】

1. 培养学生的能力，关键是培养他们的（　　）
   A. 想象力和创新力　　　　　　B. 想象力和创造力
   C. 文化水平和素质　　　　　　D. 辨别力和创造力
2. 高校的办学思想应当是（　　）
   A. 以下都是　　　　　　　　　B. 挖掘潜力
   C. 一切为了学生的发展　　　　D. 尊重个性
3. 理想信念是一个人的（　　）
   A. 精神之钙　　B. 文化水平　　C. 综合素质

【做一做】

1. 可通过深入企业调研，也可以走访优秀毕业生，一个未来合格的技术技能人才应该具备什么条件？写一份1 000字以上的调查报告。

2. 搜集我国不同时期的党和国家领导人对青年提出的希望与要求，与全班同学分享。

【看一看】

1. "时代楷模"——张桂梅

"只要我还有一口气，我就要站在讲台上，倾尽全力，奉献所有，九死亦无悔。"2021年6月29日，在"七一勋章"颁授仪式上，张桂梅发言时讲到这句话便提高了音量。

而观看直播的全国观众将目光也聚焦在她贴满膏药的手上——正是这双手，把近2 000名求学的农村女孩带出了大山。

她创办了中国第一所免费的女子高中——云南省丽江华坪女子高级中学。在这里，学生每天早上5点多起床，夜里12点后休息；3分钟之内要从教室赶到食堂，吃饭不超过10分钟。

张桂梅笃信这套管理办法足够磨炼学生的意志。"铁腕"模式就是抓学习，对于这些已远远落后在"起跑线"上的孩子来说，这是她能找到的最好的加速剂。她始终是学校里最早起、最晚睡的"擎灯人"。

张桂梅总是隐藏起脆弱的一面，把最严厉的一面展现在学生面前。一次，学生米兰考试不理想，去找张桂梅谈心。张桂梅就把自己的手伸给米兰看。那双手每天折磨得她疼痛难忍、睡不好觉。只有贴上膏药，她的手指关节才能勉强动弹。

尽管已经64岁，但近12年来，她几乎是个没怎么好好休息的"狠人"。此外，她身上还有肺气肿、肺纤维化、小脑萎缩等23种疾病。

她在12年里走过约11万公里的家访路，共接收近2 000名农村女孩入学。"那个山好大好大，有的女孩是家里祖祖辈辈出来的第一个高中生。"她一一劝说那些经济拮据或有重男轻女观念的家庭，"高中我们不收一分钱；上大学，我们也能帮忙；她想念啥，我们都帮。"

祖籍在辽宁的张桂梅从17岁就到云南支边，后随丈夫一同在大理白族自治州喜洲一中任教。1996年，丈夫被确诊为胃癌晚期，张桂梅倾尽家中积蓄为他治病，但最终丈夫还是撒手而去。

后来,张桂梅辗转到华坪县中心中学任教。但不到半年时间,她被查出子宫肌瘤,足有5斤重。当时的张桂梅绝望极了,同事们都鼓励她"放心治疗";当时的华坪县县长还劝慰她说:"你别怕,我们再穷都会救活你。"那时,华坪县发出倡议为张桂梅募捐。一名家住山里的妇女把仅有的5元钱回程路费都捐了。不久后,张桂梅熬过了生死关头。

"他们把我救了,我活着能为他们干些什么?"从那以后,她几乎把捡回的这条命都给了华坪县。尽管她无儿无女,但自从2001年起义务担任华坪县儿童福利院院长,那里的孩子都叫她"老妈"。

她逐渐发现,班上的女学生越来越少,有人干脆不来学校了。一个家庭有限的教育机会一般只留给男孩。大山女孩的惯常命运,就是早早嫁人生子、干农活儿。她们生下的女孩,依然不被重视,甚至遭到遗弃。

在张桂梅看来,一个受教育的女性,能阻断贫困的代际传递。她决定办一所给山里女孩上的免费高中。虽然她没有资金、没有管理学校的经验,而这个想法在当时的人看来也并不成熟,但她却铁了心要干。

2002年,张桂梅干了一件"疯狂"的事,她把自己获得的所有奖状证书都打印出来,摆在昆明街头"募捐"。她当时单纯地期待着,云南有那么多人,每个人捐5元、10元,建学校的钱就有了。但有人以为她是骗子,甚至放狗咬她。5年过去了,她只筹集到1万多元。

2007年,因为要去参加党的十七大,华坪县特意为张桂梅拨了几千元经费用于购置参会正装,但她却把钱给了儿童福利院。自己却穿着旧衣服进京,她甚至没发现自己的裤子已经破了洞。十七大召开期间,媒体关注到了这位穿着破洞裤子的党代表,也开始关注她想创办女子高中的故事。

后来虽说学校办起来了,但因为环境艰苦、学生底子差,没多久,17名教师中有9名离开。细心的张桂梅发现,留下的教师中有6名是中共党员。她因此执拗地相信:"要是放在战争年代,剩一个党员,阵地都不会丢掉,而我们有6个人。"

因为经费紧缺,他们就在学校二楼画了一面党旗,把入党誓词写在上面,还没宣誓完,几个人都哭了。"我把党的声誉看得很重,把共产党员这个称号看得很重。"张桂梅说,她最爱唱"红梅赞"、爱看《红岩》和歌剧《江姐》。她把党章和红歌歌词带到华坪女子高级中学,教给女孩们。"我一定要做'焦裕禄式'的人。"她至今仍然记得,自己在入党申请书里写过这样一句话。即便把半生都用来改写大山女孩的命运,张桂梅仍然谦虚地称自己"是一名普通教师"。

10年来，在张桂梅的带领和全校师生家长的共同努力之下，华坪女子高级中学的教学成果丰硕可喜：2011年第一届毕业生参加高考时，96名学生中有69人的成绩超过本科线，一本上线率4.26%。到了2020年，全校159名高考生中有150人的成绩上了本科线，一本线以上考生占总考生数的44%。

"我生来就是高山而非溪流，我欲于群峰之巅俯视平庸的沟壑。"这是张桂梅给学校定下的校训，她鼓励女孩们要有自信，也有野心，希望她们"在山沟沟里也能看到外面精彩的世界，看到美好的未来"。张桂梅得知有两名女生参军去西藏，她竟有些不舍。"你们为什么选择这个地方？"张桂梅问。"不是您告诉我们的吗？"女孩们回答道，"祖国哪里需要，我们就上哪里去。

2. 芳华无悔——黄文秀

黄文秀，1989年4月出生，中共党员，广西壮族自治区百色市委宣传部理论科原副科长、乐业县新化镇白坭村党支部原第一书记。曾荣获感动中国2019年度人物、全国脱贫攻坚楷模等荣誉称号，七一勋章获得者。2019年6月，因公殉职，她的一生，定格在芳华绽放的30岁，把生命奉献给了脱贫攻坚事业。

2016年毕业季。位于人生十字路口，不少同学都在为找一个不错的就业机会操心。北京师范大学法学硕士研究生毕业的黄文秀也有许多选择，但她没有留恋都市的繁华，毅然回到自己的家乡——革命老区百色，作为优秀选调生进入市委宣传部工作。

百色位于广西西部，自然条件较差，是广西脱贫攻坚的主战场之一。2018年3月26日，黄文秀响应组织的号召，到乐业县偏远的百坭村担任第一书记。百色市委宣传部干部科科长何小燕回忆："单位就驻村工作征求她意见时，她毫不犹豫答应了。她父亲患癌症病重的事一句也没提，当时我们都不知道。"

有同学问过她，为什么要放弃在大城市工作的机会，偏偏回到贫穷的家乡？她回答："很多人从农村走了出去就不想再回去了，但总是要有人回来的，我就是要回来的人。"

黄文秀为什么坚持要做那个"要回来的人"？百坭村贫困户黄仕京与黄文秀有一段对话。

黄仕京问："大家都说你是北京毕业的研究生，你为什么到我们这么边远的农村工作？"黄文秀说："百色是脱贫的主战场，我有什么理由不来呢？我们党是切实为群众谋发展谋幸福的党，我是一名共产党员，这就是我的使命。"

每当进入雨季，广西百色大石山区时常遭受洪涝、塌方、山体滑坡等自然灾害侵袭。2019年6月16日晚，电闪雷鸣、暴雨倾盆，一条从百色市通往乐业县的山路被突如其来的山洪淹没。黄文秀在驾车返回乐业的途中遭遇山洪，不幸遇难。

车窗上的雨刮高频地刮动，车灯下却看不清前行的路，只有滚滚洪水从眼前涌过……从黄文秀用手机最后拍下的画面，可以看到当时的情景是何等危险。

在单位的工作群里，同事们纷纷给黄文秀留言："太危险，赶快掉头！""注意安全！""不要走夜路……"然而，凌晨1点以后，群里再也没有了黄文秀的回复，她的电话也拨打不通……

很多同事一直关注着黄文秀的消息，大家的心都紧紧地揪着。同事成明说，17日一早得知凌云县路段发生塌方，有车辆被山洪冲走，她和几个同事立即赶去塌方现场，此时黄文秀的名字已出现在失联人员名单中。

救援一直在紧张地进行，等待的时间是煎熬的，黄文秀的家人、同事、朋友、村民的内心仍然抱有希望。然而，6月18日传来的却是噩耗。

北师大硕士毕业，放弃在大城市的工作机会，回到家乡革命老区百色；她选择到贫困村担任第一书记，把双脚扎进泥土，为群众脱贫攻坚殚精竭虑；她忍痛告别重病卧床的父亲，深夜冒雨奔向受灾群众，面对危险坚定前行，不幸遭遇突如其来的山洪，年轻的生命永远定格在扶贫路上……

山路太远，黄文秀将私家车开到村里当工作车用。2019年3月26日驻村满一年之际，汽车仪盘表的里程数正好增加了两万五千公里，当天她发了一个微信朋友圈："我心中的长征！"

黄文秀曾对朋友说："长征中，战士死都不怕，在扶贫路上，这点困难怎么能限制我前行？""作为驻村第一书记，不获全胜，绝不收兵！"

在黄文秀任职白坭村第一书记的一年多时间，带领全村通过易地扶贫搬迁脱贫18户56人，教育脱贫28户152人，发展生产脱贫42户209人，贫困发生率从22.88%降至2.71%；村级集体经济收入达6.38万元，实现翻倍增收。她坚持扶贫与扶志相结合，注重乡风文明建设，白坭村获得百色市2018年度"乡风文明"红旗村荣誉称号。

"芳华虽短，但灿烂地绽放过，馨香永存！"黄文秀去世后，她的朋友李黎看着文秀的画作，忍不住泪流满面。黄文秀留下的两幅画，一幅是父亲背着小女儿的素描，画面温馨动人；另一幅水彩画上，金黄的向日葵正迎着阳光绽放。

模块一　立德树人

📖 **职业素质反思：**

你的责任担当能力如何？

　1-1　自我评估　　1-2　自我反思

模块二　塑造精神

知识目标：

了解塑造职业精神需要具备的条件，掌握工匠精神的科学内涵，理解劳动光荣、技能宝贵、创造伟大的真实意义和价值。

能力目标：

无论做什么事，人都需要一种精神，具备一种应有的精神状态。通过本模块的学习，使学生具备感知精神力量的情感，提升自我激励、主动学习职业精神、劳动精神、劳模精神、工匠精神的自觉性和能力水平，能够结合自己所学专业把职业精神融入工作的每个细节之中。

素质目标：

培养积极心态，鼓励学生干事创业的热情、激情、感情，培育专注、专心、专业、精心、细致的工作态度与风格。

单元1　职业精神

【想一想】

1. 不辞职就找下家，属于缺乏职业精神的表现吗？
2. 你认为优秀员工必备的职业精神是什么？

【学一学】

职业，在人生中占有极其重要的地位，不仅是谋生的手段，更是实现个人理想、人生价值，回报社会、报效祖国的平台。要想获得个人职业的成功，只有专业技能是不行的，还必须要有良好的职业精神。对于当代大学生来说，良好的职业精神，是立足社会的基础，是施展个人才能的基础，是实现人生理想的基础。

一、何为职业精神

职业精神与人的职业活动紧密相连，是一个人在工作中的职业道德、理想、态度、责任、技能作风的综合表现。它是在特定的职业实践基础上逐渐形成的，是一个人职业生活的能动表现，与他所从事的职业紧密相连，具有自身职业特征，并反映其职业素质；它总是鲜明地表达职业根本利益、职业责任、职业行为上的精神要求。作为具有自身特殊性的职业精神，大体由八个因素构成，即职业理想、职业态度、职业责任、职业技能、职业纪律、职业良心、职业信誉和职业作风。这八个因素从八个特定方面反映出社会主义职业精神的特定本质和基础，同时又相互配合，形成严谨的职业精神模式。

在社会主义市场经济条件下，职业精神的实践内涵主要体现在以下四个层面：一是敬业。敬业是职业精神的首要内涵，是从业者对职业的尊敬和热爱。它承载着强烈的主观需求和明确的价值取向，构成从业者实践活动的内在尺度，规定着职业实践活动的价值目标并体现从业者的责任感、事业心。二是勤业。俗话说"业精于勤，荒于嬉"，职业精神必须落实到勤业上，不仅要端正职业态度、强化职业责任，还要努力提高职业能力。三是创新。创新是一个民族的灵魂，是一个国家兴旺发达的不竭动力，是经济和社会发展的主导力量。职业发展的动力也在于创新，我们要善于发现职业路上的新情况、新问题，根据客观情况的变化勇于创新。四是立业。立业就是要成就某种事业，就是要心怀全局、立足本职，脚踏实地、胜任工作，勇于拼搏、敢为人先。

二、职业精神的要素

职业理想。社会主义职业精神所提倡的职业理想，主张各行各业的从业者，放眼社会利益，努力做好本职工作，全心全意为人民服务、为社会主义服务。这种职业理想，是社会主义职业精神的灵魂。一般来说，从业者对职业的要求可以概括为三个方面：维持生活、完善自我和服务社会。这三个方面在社会主义初级阶段的职业选择中都是必需的。社会主义社会的公民在选择职业时应该把服务社会放在首位。因为，只有从社会的整体利益出发，分别从事社会所需要的各种职业，社会才能顺利地前进和发展。也只有在这个基础上，广大社会成员包括从业者自身，才能过上幸福的生活。

职业态度。树立正确的职业态度是从业者做好本职工作的前提。职业态度具有经济学和伦理学的双重意义，它不仅揭示从业者在职业生活中的客观状况，参与社会生产的方式，同时也揭示他们的主观态度。其中，与职业有关的价值观念对职业态度有着特殊的影响。一个从业者积极性的高低和完成职业的好坏，在很大程度上取决于他的职业价值观念。职业伦理学研究表明，先进生产者的职业态度指标最高。因此，改善职业态度对于培育社会主义职业精神有着十分重要的意义。

职业责任。这包括职业团体责任和从业者个体责任两个方面。例如，企业是拥有生产经营所必需的责、权、利的经济实体。在国家与企业的责、权、利关系中，责是主导方面。现代企业制度不仅正确划分了国家与企业的责、权、利，将三者有机地结合起来，而且也规定了企业与从业者的责、权、利，并使三者有机地结合起来。这里的关键在于，要促进从业者把客观的职业责任变成自觉履行的道德义务，这是社会主义职业精神的一个重要内容。

职业技能。在社会主义现代化建设中，职业对职业技能的要求越来越高。不但需要科学技术专家，而且迫切需要千百万受过良好职业技术教育的初级及中级技术人员、管理人员、技工和其他具有一定科学文化知识和技能的熟练从业者。没有这样一支劳动者大军，先进的科学技术和先进的设备就不能成为现实的社会生产力。我国经济建设的实践证明，各级科技人员之间以及科技人员和工人之间都应有恰当的比例，生产建设才能顺利进行。良好的职业技能具有深刻的职业精神价值。

职业纪律。社会主义职业纪律是从业者在利益、信念、目标基本一致的基础上所形成的高度自觉的新型纪律。从业者理解了这个道理，就能够把职业纪律由外在的强制力转化为内在的约束力。从根本上说，社会主义职业纪律可以保障从业者的自由和人权，保障从业者发挥主动性和创造性。因此，职业纪律虽然有强制性的一面，但更有为从业者的内心信念所支持、自觉遵守的一面，而且是主要的一面，从而具有丰富的精神内涵。自觉的意志表示和服从职业的要求，这两种因素的统一构成了社会主义职业纪律的基础。这种职业纪律是社会主义法规性和道德性的统一。

职业良心。这是从业者对职业责任的自觉意识，在人们的职业生活中有着巨大的作用，贯穿于职业行为过程的各个阶段，成为从业者重要的精神支柱。职业良心能依据履行责任的要求，对行为的动机进行自我检查，对行为活动进行自我监督。在职业行为之后，能够对行为的结果和影响作出评价，对于履行了职业责任的良好后果和影响，会得到内心的满足和欣慰；反之，则进行内心的谴责，表现出内疚和悔恨。

职业信誉。它是职业责任和职业良心的价值尺度，包括对职业行为的社会价值所做出的客观评价和正确认识。从主观方面看，职业信誉是职业良心中知耻心、自尊心、自爱心的表现。职业良心中的这些方面，能使一个人自觉地按照客观要求的尺度去履行义务，宁愿做出自我牺牲也不愿违背职业良心，做出可耻、毁誉和损害职业精神的事情。在这个意义上，职业信誉鲜明地体现着"全心全意为人民服务"的职业理想和主人翁的职业态度。从客观方面说，职业信誉是社会对职业集团和从业者的肯定性评价，是职业行为的价值体现或价值尺度。同时，职业信誉又要求从业者提高职业技能，遵守职业纪律。社会主义职业精神强调职业信誉，更重视把社会的客观评价转化为从业者的自我评价，促使从业者自觉发扬社会主义职业精神。

职业作风。它是从业者在其职业实践中所表现的一贯态度。从总体上看，职业作风是职业精神在从业者职业生活中的习惯性表现。社会主义职业作风具有潜移默化的教育作用。它好比一个大熔炉，能把新的成员锻炼成坚强的从业者，使老的成员永远保持优良的职业品质。职业集体有了优良的职业作风，就可以互相教育，互为榜样，形成良好的职业风尚。

三、培养职业精神的意义

（一）加强大学生职业精神培养是社会发展的需要

新时代党的教育方针提出明确要求，"教育必须为社会主义现代化建设服务、为人民服务，必须与生产劳动和社会实践相结合，培养德智体美劳全面发展的社会主义建设者和接班人"。而今天的大学生将是明日走上各行各业的中坚力量，是明天社会的栋梁，是未来发展的潜在人才资源，大学生的职业精神将在一定程度上决定着他们在未来工作中面对责任与挑战的态度，直接影响着工作成效、社会效益。高等教育肩负着为建设中国特色社会主义事业培养可靠建设者与接班人的历史使命，要加强对当代大学生的职业道德教育，指导学生进行职业生涯设计，帮助学生成为德才兼备、全面发展的人，这样才能在社会主义现代化建设事业中持续发挥其创造精神，作出应有的贡献。

（二）加强大学生职业精神培养是人的可持续发展的需要

可持续发展强调发展过程的持久性、连续性和可再生性。大学生的可持续发展是指在不超越学生智力、体力承载能力的基础上，在不影响大学生完整个性和独立人格形成的前提下，寻求思想品德素质、科学文化素质、创新素质、劳动技能素质和心理身体素质等全面提高的途径，从而实现可持续发展。我们强调可持续发展，这是人文关怀的体现，是现代教育理念的集中体现；但从实践的角度，大学生在教育过程中必须培养一种可持续发展的能力，才能实现全面协调可持续发展。职业生涯活动将伴随一个人的大半生，拥有成功的职业生涯，才可能实现可持续发展；而一个人如果缺乏职业精神，将不利于职业生涯的发展，缺乏职业生涯的可持续发展，也就谈不上人的可持续发展。

（三）加强大学生职业精神培养是企业成长发展的需要

一个企业要想长盛不衰，必须有一种精神作为支撑，而以敬业为核心的职业精神正是企业持续发展的不竭动力。这种职业精神蕴涵着使命感、责任感、团队合作精神、主人翁精神和良好的职业道德，它能帮助我们克服工作中遇到的种种困难，促进企业的成长，对企业的科学发展起着至关重要的作用。同时，职业精神作为企业文化的一部分，是企业的无形资产，是企业生存和发展的重要支柱，与企业经营目标的实现、社会形象的树立都息息相关。实践证明，职业精神决定着企业的软实力，影响着企业发展的质量，左右着企业发展的速度。

四、培养当代大学生的职业精神

（一）践行社会主义核心价值观，坚持自我价值与社会价值的统一

在马克思主义者看来，一个人最大的价值就是以他的实践和理论推动社会向新的阶段变革，推动历史车轮的前进。一个人如果逆历史潮流而动，企图阻碍历史潮流前进，那就是历史和社会的罪人，无论自我价值和社会价值都是负价值。一个人的人生观、价值观直接影响到他的职业价值观，要让大学生认识到个人价值目标应与社会发展目标相统一，个人目标应服从于社会的主导目标；只有将自我价值和社会价值统一起来的事业才是成功的事业，才可能获得个人职业生涯的持续发展。在职业价值观的树立过程中，应当与时俱进，既要承认个人价值，又要防止个人利益至上的价值观。在这个过程中，应以社会主义核心价值观为指导思想，来确立自己的择业观、就业观，以热爱祖国、服务人民、崇尚科学、辛勤劳动、团结互助、诚实守信、遵纪守法、艰苦奋斗为荣，到基层去，到祖国和人民需要的地方去，脚踏实地、无私奉献，实现自己的职业理想。

（二）正确认识自我，进行职业生涯规划

正确地认识自己，客观地评价自己，对接人待物、处理问题以及对事业的发

展和生活的美满都会有极大的好处。认识自我,要尽量客观、准确、全面,将自我评价与他人评价结合起来,也可借助心理测试、霍兰德职业倾向测试等,避免因为个人认识或个人动机出现较大误差。认识自己的理想、价值观、兴趣爱好、能力、性格等心理特点,认识自己的优势、劣势、发展潜能。

在客观形势分析、正确认识自我的基础上,根据自己的职业倾向,确定最佳的职业奋斗目标,进行职业生涯规划,以增强职业发展的目的性与计划性,解决职业生涯的困扰。规划的重点在职业准备、职业选择、职业适应三个阶段。大学生要对职业进行物质、心理、知识、技能等各方面的充分准备,还要根据各方面的分析与自己的职业目标合理客观地对职业作出选择,提高择业信心,培养职业精神,快速成为一个成功的职业者。

(三) 职业精神的培养融入各门专业课程的学习中

职业教育的每一门专业课程内容都源自实际的企业工作的需要,所谓课程标准与职业标准对接,教学内容与工作内容对接,教学过程与生产过程对接。学生在学习专业课程的过程中,应该具备两个身份:一是学生的身份;二是企业准员工的身份。通过专业课程的学习、专业技能的训练,与企业实际工作进行无缝对接,要切身感受工作氛围,既巩固课本知识,又模拟企业实际进行操作,能更快更好地达到工作岗位的要求。在掌握专业知识、职业技能的同时,也要增强职业认同感、归属感,树立职业理想、端正职业态度、明确职业责任。自觉培养敬业精神、责任意识。

(四) 通过社会实践活动,培养大学生职业精神

大力开展社会实践活动,将理论与实践相联系,在实践中用心体会什么是职业精神以及职业精神对一个人职业生涯的意义。通过参观、实习、见习、社会调查、义务劳动、志愿者活动、企业实践等形式培养职业精神;通过亲身经历,切身体会"今天工作不努力,明天努力找工作"的危机意识以及"干一行,爱一行"的敬业精神,学生在校期间应该更多地接触社会,了解国情,服务人民,提高自身的综合素质,与社会接轨,培养职业精神。"一个人能力有大小,但只要有这点精神,就是一个高尚的人,一个纯粹的人,一个有道德的人,一个脱离了低级趣味的人,一个有益于人民的人。"个人职业生涯能否取得成功,在很大程度上也取决于是否有这点"精神",是否能在职业活动中践行这种"精神"。当代大学生不仅是知识精英,还要有更高的追求,通过实践树立职业理想,培养职业精神,从现在做起,从小事做起,落实于一点一滴的学习、工作、生活中。

【测一测】

1. 职业精神是（　　）
   A. 职业誓言　　　B. 职业理论　　　C. 职业行为
2. 职业精神的实践内涵体现在（　　）
   A. 敬业　　　B. 勤业　　　C. 创新　　　D. 立业
3. 我们常说职业院校的学生要具备"双身份"，是指（　　）
   A. 既是新生也是老生　　　B. 既是学生也是老师
   C. 既是学生也是员工

【做一做】

以"最美的职业精神榜样"为题，搜集整理3~5个职业精神的楷模，做成PPT，谈谈你对职业精神的认识。

【看一看】

1. 最美司机

最美司机吴斌：生命的最后关头，他依旧坚守在岗位上！

在我们的身边有着许多英雄，他们的职业可能并不相同，但若是能在发生危险的时候，做好自己的本职工作，避免人民的生命遭受伤害，这便是英雄。而我们今天要说的，便是一位兢兢业业的客车司机，若非是那次意外车祸，恐怕很少有人会知道，在杭州，有着这样一位令人敬佩的司机。而他的名字叫吴斌。

说起吴斌，还是要从那次不幸说起。在2012年的5月底，吴斌兢兢业业地驾驶着自己的客车从无锡出发，返回杭州。这条线路他已经驾驶了数年，对于路线可谓是非常的熟悉。但就是这次驾驶，却出现了意外。这位九年零事故的优秀司机，意外遭遇了不幸。当吴斌行驶在高速上时，原本空无一物的视线中，一个黑点却在不断地放大。而在吴斌察觉不妙的时候，已经来不及了。一块黑色的铁块击穿了车前的玻璃，狠狠地砸中了他的腹部。而吴斌在一阵颤抖之后，感受到了腹部传来的剧痛。而这时，他明白自己的伤势严重，客车很可能会失去控制。

而就在这样的危急关头，他死死地握住了方向盘，将右腿伸直，踩住了刹车。而客车就这样刹住了，停在了路边。据事后出警的民警观察说，客车的刹车印是笔直的，这也意味着吴斌在遭受着剧痛时，也稳稳地将客车停了下来。而吴斌在停下车后,及时地疏散了车上的群众,在完成了这些后,他便倒在了自己的岗位上,昏厥了过去。

当时的情况其实是万分凶险的,我们在监控中可以清晰地看见,铁块飞速而来,一瞬间便击穿了挡风玻璃,砸中了正在驾驶的司机吴斌。而这一次撞击连挡风玻璃都击穿了,可见它的速度是非常快的,而这也给司机带来了严重的伤害。在被送到医院后,吴斌被查出肝脏、胆囊多处破裂,而肋骨有多处出现了向内的骨折,脾脏大量出血。在这样的情况下,他还能将车稳稳地停在路边,实在是令人敬佩。

2013年9月26日,浙江省人民政府追授吴斌省劳动模范称号,浙江省总工会授予其省五一劳动奖章。杭州市总工会追授吴斌为"市杰出职工"。

2013年9月26日被评为第四届全国道德模范——全国敬业奉献模范。

2. "蓝领专家"孔祥瑞

以岗位为课堂,勤奋学习,矢志创新。这是天津港人眼中的孔祥瑞。

作为人们熟知的全国劳动模范,40多年来孔祥瑞从一名港口工人成长为一名"蓝领专家"。他组织实施了220多项技术创新项目,获得10项国家专利,为企业创造经济效益超亿元。

这些年来,天津港的货物吞吐量飞速增长,已经从千万吨跃升至超过5亿吨,如今正在向世界一流的绿色智慧枢纽港口迈进。

"以前设备跟不上,压船是常事,眼看着门机出故障自己却不会修,心里甭提多着急了。"孔祥瑞说。

门机设备是保障港口生产、提高装卸效率的关键设备。从事装卸工作以来,孔祥瑞就把门机的基本性能和所有技术参数烂熟于心,每天记录设备运行状况,发现问题随时向专业维修人员讨教。几年下来,孔祥瑞不仅能操作,还掌握了维修技术。

"可以没有文凭,但不能没有知识。"孔祥瑞就这样把生产现场当课堂,把同事当老师,把死知识变成了活知识,又把活知识变成了真本事。

2001年,在天津港建设亿吨大港的过程中,孔祥瑞所在的装卸队承担了2500万吨货物的装卸任务。设备还是这些设备,人还是这些人,可任务量却增加了近30%。

孔祥瑞组织技术骨干集体攻关,通过"抓斗起升、闭合控制合二为一"的创新,成功挤出了15.8秒,每台门机平均每天多装卸480吨,使全年装卸任务完成了2717万吨,超过预定目标。这一操作法推广到天津港各码头。

2006年天津港"北煤南移"战略加快推进,孔祥瑞踏上了新岗位。在天津港南疆港区，他迎来了世界最先进的煤炭连续作业生产线。在没有先例借鉴、一片空白的情况下，孔祥瑞主动请缨，勇于担当，组织编写了全国港口第一本系统设备故障维修技术指南，将日常保养和维修的442项做法加以总结归纳，供一线工人解决"疑难杂症"，实用性强，深受欢迎。

2012年，天津港成立了"孔祥瑞劳模创新工作室"，负责难题攻关，培养后备力量。身教重于言传的孔祥瑞，在天津港带出了一批年轻的"港口工匠"和技术能手，他用自己的成就证明了知识型工人的价值。

单元2　职业精神典范

【想一想】

1. 当原材料、生产线、设备、产品设计图都一样，但生产出来的产品质量却不同时，原因出在哪里？
2. 你理解的工匠精神是什么？

【学一学】

劳模精神、劳动精神、工匠精神一直以来受到社会各界的广泛关注。中共中央、国务院联合印发的《新时期产业工人队伍建设改革方案》强调，大力弘扬劳模精神、劳动精神、工匠精神，引导产业工人爱岗敬业、甘于奉献，培育健康文明、昂扬向上的职工文化。可见，新时代职工文化建设是弘扬劳模精神、劳动精神、工匠精神的有力抓手。

我们应该以习近平总书记关于劳模精神、劳动精神、工匠精神的系列重要讲话作为重要遵循，以党和国家的重要政策文件精神为指导，深刻领会科学内涵及其相互关系，通过大力弘扬劳模精神、劳动精神、工匠精神，建设知识型、技能型、创新型劳动者大军，从而推动实现中华民族伟大复兴的中国梦和建设社会主义现代化强国的新时代目标。

一、劳模精神

劳模精神是劳模之所以成为劳模，而在平凡岗位上做出不平凡业绩所坚持坚守坚定的基本信念、价值追求、人生境界及其展现出的整体精神风貌。"劳动模范身上体现的'爱岗敬业、争创一流、艰苦奋斗、勇于创新，淡泊名利、甘于奉献'的劳模精神，是伟大时代精神的生动体现。"总体上看，这一表述一方面道出了劳模之所以能在广大劳动者群体中脱颖而出的根本原因，另一方面也为广大劳动者群体提出了奋斗的目标和方向。六个词汇中，爱岗敬业是本分，争创一流是追求，艰苦奋斗是作风，勇于创新是使命，淡泊名利是境界，甘于奉献是修为。做一个守本分、有追求、讲作风、担使命、有境界、有修为的人，是每一位劳模的精神风范，更是每一位劳动者应该追求的目标。

二、劳动精神

劳动精神是每一位劳动者为创造美好生活而在劳动过程中秉持的劳动态度、劳动理念及其展现出的劳动精神风貌。"我们要在全社会大力弘扬劳动精神，提倡通过诚实劳动来实现人生的梦想、改变自己的命运。"劳动是财富的源泉，也是幸福的源泉。人世间的美好梦想，只有通过诚实劳动才能实现；发展中的各种难题，只有通过诚实劳动才能破解；生命里的一切辉煌，只有通过诚实劳动才能铸就。

劳动是国家发展的动力，是民族复兴的基石。伟大的时代需要伟大的精神，伟大的精神来自伟大的人民。中华民族历来就有勤劳勇敢、自强不息的优良传统，辛勤劳动、诚实劳动、创造性劳动的理念和劳动最光荣、劳动最崇高、劳动最伟大、劳动最美丽的价值观。中华人民共和国历史上涌现出了一大批热爱劳动的先进典型，像不怕苦不怕累、艰苦奋斗的铁人王进喜；"高标准、严要求、行动快、工作实、抢困难、送方便"的纺织工人赵梦桃；带领团队埋头苦干20余载，建成500米孔径射电望远镜（FAST）的中国天眼之父南仁东；把高铁干成中国名牌的于延尊等。在他们身上、在长期的劳动实践中沉淀下来的精神，是社会发展的动力源泉。

弘扬劳动精神就是要弘扬勤劳勇敢、爱岗敬业、诚实守信的实干精神。勤劳勇敢是指有毅力、有勇气、有胆量的劳动。爱岗敬业是指尊重劳动、崇尚劳动、热爱劳动，做到辛勤劳动、勤奋工作。诚实守信是指脚踏实地、恪尽职守，遵守法律法规和政策，遵循职业道德和标准。勤劳勇敢、爱岗敬业、诚实守信的实干精神，是劳动精神的内涵。

弘扬劳动精神，就是要弘扬锐意进取、建功立业、甘于奉献的奋斗精神。劳模精神是劳动精神的升华。锐意进取是指意志坚决地追求上进。建功立业是指建立功勋、成就大业。甘于奉献是指在劳动中忘记"小我"，不计较个人得失，时时铭记祖国需要。锐意进取、建功立业、甘于奉献的奋斗精神，是劳动精神的更高体现。每一个劳动者都应牢记"幸福是奋斗出来的"，生命不息、奋斗不止，在劳动中实现美好的未来。

弘扬劳动精神，就是要弘扬精益求精、严谨专注、追求卓越的创新精神。精益求精是指以高品质的要求对自己的产品，不惜花时间精力、精雕细琢、注重细节，把一件事情做到极致。严谨专注是指耐住寂寞、经住诱惑，不达目的绝不放弃。追求卓越是指为了质量而孜孜不倦、乐此不疲。精益求精、执着专注、追求卓越的创新精神，是劳动精神的专业要求。新时代劳动者要勇于创新、追求品质，为推动"质量强国"提供源源不竭的动力。

三、工匠精神

工匠精神，是一种职业精神，它是职业道德、职业能力、职业品质的体现，是从业者的一种职业价值取向和行为表现。工匠精神的内涵包括以下几方面：

（1）敬业。敬业是从业者基于对职业的敬畏和热爱而产生的一种全身心投入的认认真真、尽职尽责的职业精神状态。中华民族历来有"敬业乐群""忠于职守"的传统，敬业是中国人的传统美德，也是当今社会主义核心价值观的基本要求之一。早在春秋时期，孔子就主张人在一生中始终要"执事敬""事思敬""修己以敬"。"执事敬"，是指行事要严肃认真不怠慢；"事思敬"，是指临事要专心致志不懈怠；"修己以敬"，是指加强自身修养保持恭敬谦逊的态度。

（2）精益。精益就是精益求精，是从业者对每件产品、每道工序都凝神聚力、精益求精、追求极致的职业品质。所谓精益求精，是指已经做得很好了，还要求做得更好，"即使做一颗螺丝钉也要做到最好"。正如老子所说，"天下大事，必作于细"。能基业长青的企业，无不是精益求精才获得成功的。

（3）专注。专注就是内心笃定而着眼于细节的耐心、执着、坚持的精神，这是一切"大国工匠"所必须具备的精神特质。从中外实践经验来看，工匠精神都意味着一种执着，即一种几十年如一日的坚持与韧性。"术业有专攻"，一旦选定行业，就一门心思扎根下去，心无旁骛，在一个细分产品上不断积累优势，在各自领域成为"领头羊"。在中国早就有"艺痴者技必良"的说法，如《庄子》中记载的游刃有余的"庖丁解牛"、《核舟记》中记载的奇巧人王叔远等。

（4）创新。"工匠精神"还包括追求突破、追求革新的创新内蕴。古往今来，热衷于创新和发明的工匠们一直是世界科技进步的重要推动力量。新中国成立初期，我国涌现出一大批优秀的工匠，如倪志福、郝建秀等，他们为社会主义建设事业做出了突出贡献。改革开放以来，"汉字激光照排系统之父"王选、"中国第一、全球第二的充电电池制造商"王传福、从事高铁研制生产的铁路工人和从事特高压、智能电网研究运行的电力工人等都是"工匠精神"的优秀传承者，他们让中国创新重新影响了世界。

从本质上讲，工匠精神是一种基于技能导向的职业精神，它源于劳动者对劳动对象品质的极致追求，它具有精益求精、专注执着、严谨慎独、创新创造、爱岗敬业以及情感浸透、自我融入的基本内涵，既表现了极致之美的品质追求，又体现了敬业之美的精神原色，更展现了创造之美的价值升华。工匠精神是劳模精神的重要构成要素，也是劳模精神当代品格的核心体现。工匠精神充分凸显了新时代劳模精神爱岗敬业、精益求精、追求卓越的精神品质和价值导向，可以说，工匠精神是对劳模精神的重要深化和丰富发展。

不同的行业都需要工匠精神，对农业生产来说，工匠精神是工业经济时代的一种产物，它是一种精致化生产的要求，它对农业生产同样适用。从农业生产来讲，实际上就是从源头保证食品安全，从种植开始，原料、化肥、土地等要保证安全，还有就是它的品质和质量，这里也需要工匠精神。

对企业发展来说，工匠精神就是要求企业如同一个工匠一样，琢磨自己的产品，精益求精，经得起市场的考验和推敲。工匠精神的核心是企业要追求科技创新、技术进步。如果说企业是国家的经济命脉所在，那么一个以科技创新、技术进步为主体的企业，就是民族振兴的动力源泉，是国家财富增加的源泉所在。

工匠精神落在个人层面，就是一种认真精神、敬业精神，其核心是：不仅仅把工作当作赚钱养家糊口的工具，而是树立起对职业敬畏、对工作执着、对产品负责的态度，极度注重细节，不断追求完美和极致，给客户无可挑剔的体验。将一丝不苟、精益求精的工匠精神融入每一个环节，做出打动人心的一流产品。与工匠精神相对的，则是"差不多精神"——满足于90%，差不多就行了，而不追求100%。我国制造业存在大而不强、产品档次整体不高、自主创新能力较弱等现象，多少与工匠精神稀缺、"差不多精神"显现有关。

工匠精神落在企业家层面，可以认为是企业家精神。具体而言，表现在几个方面：第一，创新是企业家精神的内核。企业家通过从产品创新到技术创新、市场创新、组织形式创新等全面创新，从创新中寻找新的商业机会，在获得创新红利之后，继续投入、促进创新，形成良性循环。第二，敬业是企业家精神的动力。有了敬业精神，企业家才会有将全身心投入到企业中的不竭动力，才能够把创新当作自己的使命，才能使产品、企业拥有竞争力。第三，执着是企业家精神的底色。在经济处于低谷时，其他人也许选择退出，唯有企业家不会退出。

四、劳模精神、劳动精神、工匠精神的关系

劳模精神和劳动精神的关系是部分和整体的关系。从主体上看，劳模精神的主体是劳模群体，劳动精神的主体是所有劳动者，而劳模群体是广大劳动者群体

中的佼佼者和杰出代表，也是广大劳动者学习的榜样和楷模。劳模的本意也就是劳动者的模范。劳模群体是劳动者群体中的一部分。从这个意义上讲，劳模精神也是劳动精神的一部分。劳动精神是做一名合格的劳动者应该有的精神，劳模精神则是成为劳模必须有的精神。做劳动者不合格，做劳模更不可能。没有劳动精神，也很难有劳模精神。所以，劳动精神应该成为所有劳动者都必须拥有的精神。劳模精神也是所有劳动者都应该学习的精神。二者也是方向和基础的关系，劳模精神是方向，劳动精神是基础。

劳模精神和工匠精神的关系是外力和内力的关系。劳模精神是所有劳动者都应该学习的精神，是影响和引领每一位劳动者从平凡走向不平凡的外力。劳模精神从外部影响每一位劳动者学先进、做先进。工匠精神则是每一位劳动者都应该具有的精神，是激发和激励每一位劳动者不断自我挑战和自我超越的内力。工匠精神从内部唤醒每一位劳动者不断成为最好的自觉。劳模精神是超越别人的精神，因为他们超越了很多劳动者脱颖而出。工匠精神是超越自己的精神，世上最大的对手不是别人，而是自己。工匠精神是让劳动者成为自己的"劳模"，劳模精神是让劳动者成为别人的"模范"。工匠精神点亮了自己的生命，劳模精神则照亮了别人的生命。

劳动精神和工匠精神是共性和个性的关系。劳动精神是所有劳动者的共性，每一位劳动者都应该有劳动精神。工匠精神则揭示了不甘于平庸的劳动者的个性，是成就优秀劳动者的必要条件。个性不仅是产品和企业的核心竞争力，也是劳动者的核心竞争力。这里所说的劳动者的个性主要是指劳动者在自我超越过程中彰显出的个人优势及其精神状态，也就是工匠精神。换句话讲，没有工匠精神的劳动者很难有出色的成就和骄人的业绩。精益求精、追求极致是践行工匠精神的核心，也是成就杰出劳动者的根源。当然，如果工匠精神成就的劳动者不仅大大超越了过去的自己，也大大超越了别人，在企业、行业、全国乃至全世界都成为最优秀的劳动者。那么，他就会成为别人学习的榜样和楷模，最终就会成为劳模，劳模精神也随之产生。

按照马克思主义的基本观点，劳动创造了人本身。劳动精神是成为人的精神，工匠精神是成为更加优秀的人的精神，劳模精神则是成为影响别人的人的精神。成为人、成为更加优秀的人、成为影响别人的人，就是一种逐步递进的关系。党和国家现在大力弘扬劳动精神、工匠精神、劳模精神，目的就在于让每一个人都热爱劳动，成为自食其力的劳动者，更要成为优秀的劳动者，甚至成为广大劳动者群体中的佼佼者和大家学习的榜样。

五、践行工匠精神

工匠精神是工匠们在长期职业实践过程中养成的良好职业素养、彰显的特有职业品质。这种素养和品质是职业精神的萃取，是优秀文化的凝练，是成就工匠的深层次逻辑因由，是一种向上引领使人们追梦出彩的精神资源。正是在这个意义上，工匠精神成为职业教育育人的价值标准，成为职业教育人才"质检"的衡量标尺。它是引领职业教育人才培养方向的新共识、新规范、新目标。

培养学生的工匠精神，核心在践行，关键在于明了和锁定工匠精神所蕴含的目标维度。只有首先确立要实现的培养目标，培养过程才会有方向、有定位、有远方，才能瞄准标高，凝心聚力，逐梦前行，而这样的目标就是怀匠心、铸匠魂、守匠情、践匠行。

怀匠心。匠心，即能工巧匠之心，它是指精巧、精妙的心思，本质上就是创新之心。成语中的匠心独运或独具匠心，指的就是这样的灵明独到之心。匠心是工匠精神的第一要素，是工匠精神的核心价值和灵魂。因为心是精神之宅、智慧之府、载体之本。古人强调："运用之妙，存乎一心。"可见，心是神明，心是主宰。反之，失去匠心，工匠就沦为庸匠，精神也就随之贬值，沦为低阶的、不足为道的存在。换言之，工匠精神如果抽掉了匠心的内涵，只剩形而下的操作，恐怕离匠气也就不远了。所以培育学生怀持匠心，生成匠意、匠思、匠智，亦即培养学生的创新精神和创新品格，是培养工匠精神的首要任务。

铸匠魂。工匠之魂是什么？是德，是人的品德、品行、品格。德是工匠精神的支柱。古人说："才者，德之资也；德者，才之帅也。"可见，工匠之才是由工匠之德统领的。有学者强调："人因德而立，德因魂而高。"德，就是工匠精神的统领与根本，是工匠精神的内涵和灵魂。因而培养工匠精神必须铸匠魂、立匠德。人有了德之魂，才能立世生存、行之久远。这就是康德所说的："德行就是力量。"反之，人若失去德之魂，就只能算是躯壳和皮囊。所以，身为学生，必须积极追随践行立德树人的"育人铸魂"工程，与劳模精神和工匠精神相结合，培养自身的职业道德、职业精神、职业素养。要主动搜集和学习具有育人效应的大国工匠、大师劳模们的成长案例，与德育课程、专业课程的学习相结合，做到在职业学习的过程中，眼中有标杆、心中有榜样、效学有依托，真正成为追寻大师、德技双修的人。

守匠情。匠情之情是情怀之意，是人们对事物怀持的或投射的积极、崇高、富有正能量的情感与态度的总和。守匠情，即怀持和坚守工匠情怀，这种情怀内在地包含了人的价值取向和职业态度，是工匠精神的重要组成部分。工匠情怀包括热爱情怀、敬畏情怀、家国情怀、担当情怀、卓越情怀等。这些情怀在大国工匠、非遗大师身上都有突出体现。培养工匠精神，就是要培养崇高的家国情怀、职业的敬畏情怀、负责的担当情怀、精益的卓越情怀，学习大国工匠身上的这些优秀品质，树立正确的价值观和职业态度，这样才能真正得大师真传、汲精神滋养，将自己磨砺锻造成大写的人。

践匠行。匠行是指工匠们做事的行为和行动。培养工匠精神不是因为它是热点和时尚，不是为了蹭热点、追时尚、贴标签才随之起舞，而是需要真抓实做、大力践行的。践匠行需要明了匠行基于深厚的历史和文化内涵生成的独到的行为特征：执着、精技、崇德、求新等。如高凤林的火箭发动机焊接精确控制到头发丝的五十分之一；大飞机首席钳工胡双钱生活艰窘，蜗居30平方米斗室30年，却创造了加工数十万个飞机零件无次品的奇迹。这就是匠行的真髓、真谛、真义。培养工匠精神就是要按照这样的准则和标杆，培养脚踏实地专注做事的精神，培养精益求精、追求卓越的境界，培养遵道守德、无私敬业的品格，这样才能成长为德润身、技立世、品高端的深受欢迎的人才。

【测一测】

1. 工匠精神在中国的政策元年是（　　）
   A. 2014 年　　　B. 2015 年　　　C. 2016 年　　　D. 2017 年
2. 从信仰层面看，工匠精神追求的终极目标是（　　）
   A. 自我价值的实现　　　　　　B. 尊重的需要
   C. 安全的需要　　　　　　　　D. 生理的需要
3. 劳模精神、劳动精神、工匠精神的关系是（　　）
   A. 劳模精神是方向
   B. 劳动精神是基础
   C. 工匠精神是追求极致、完美的、更加优秀的人的精神

【做一做】

请从网络上重新看一遍《大国工匠》的影片，写出1 500字以上的心得体会在班中交流，认识什么是工匠精神、新时代的大学生如何弘扬工匠精神。

【看一看】

1. 让世界爱上中国造

模块二　塑造精神

一个小焊点，直径只有3毫米，格力的焊接工却要在4秒钟的时间里将其焊接完美，既不漏气，又要保持管道畅通，甚至连焊瘤的大小都要微乎其微……焊接这个手艺看似简单，但在格力，一点小小的瑕疵可能就会导致空调的质量出现重大问题。每一个焊接点的位置、角度、轻重，都需要经过缜密思考，这是每一个格力焊工必须面对的问题。

2009年，当阳剑第一次在合肥格力工厂里看到生产线时，他瞬间被焊接时跳动的火花"迷"住了，"太帅了，简直是挥洒自如，别人眼里觉得焊接好像很枯燥，我看到那一刻就喜欢上了这个工作。"即使对这个工作充满热爱，将自己的所有精力都用来跟着师傅学习，但第一次焊接实操就让阳剑摔了个跟头，"第一次烧管子，就被我烧断了。师傅说我流程都掌握了，就是'火候'掌握得不行。"为了掌握这个"火候"，阳剑在生产线上埋头练了半个月，"简单来说焊接会遇到三种火焰，你得了解每种火焰的功能。我们做焊接主要是用到其中一种火焰，可以说怎么焊、焊多长时间，都是毫厘之间的事情。"

当然只是了解火焰还不行，在格力，焊接工艺对于空调的质量起着非常关键的作用。空调系统的正常运行，依赖于冷媒在压缩机、铜管内的循环往复和热交换，而将循环管道连接起来的主要手段就是焊接工艺。"焊接有八大缺陷，每一个缺陷都必须避免，尤其是空调制造，一旦焊点出现问题，冷气会泄漏，空调质量就受到影响，所以稍微不慎就前功尽弃。"

作为一名焊工，阳剑对工作有着自己的要求。很多时候焊接只要保证质量好就可以了，但在阳剑这里，美观也不能忽视，"比如焊瘤，是焊接里常见的，可能不影响产品使用，但是作为一名焊工，应该避免一些直径过大的焊瘤，尽量做到完美。"

实际上，在格力工作过几年的焊工，都对工作要求苛责而完美。格力工厂里，大部分焊工的火焰钎焊的焊漏率达到万分之一以下，优秀焊工的火焰钎焊的焊漏率更是降低在十万分之一。每一台空调上的焊点少则几十，多则几百，任何一点的泄漏都将影响空调制冷。为此，格力电器提出了"零缺陷"目标管理，要求焊工在焊接前，将工件进行清洗烘干；在焊接过程中，严格监测温度，控制火焰和时间；焊接后，解剖试件确认焊接强度和质量；焊接工件均要通过目测、耐压测试、真空箱氦检、卤素检漏等多种检测，确保无漏点；焊点要做到光滑平整，无一点疤痕。

做一名合格的格力焊工需要具备哪些能力？必须有上进心，技术上要精益求精；对完美的空调工艺，有一种超乎寻常的追求。同时因为焊接这个工作的特殊性，对人的情绪要求很高，如果状态不好很容易出现操作失误，"在外人看来这是一份枯燥的工作,但对我来说每一个焊点都必须全力以赴,付出我的全部身心,根本没有心情去考虑这是不是一件枯燥的事情。"阳剑坦言。

可以说,正是格力在焊接等工艺上的精益求精,并拥有先进的工艺技术和一大批像阳剑这样技术娴熟的工人,从而有效保证了空调的质量。精益求精、不断进步,是格力每一位"匠人"对工艺的完美追求。

2. 航空手艺人

"零件制造,是飞行安全最基本的保障,绝不能出差错,99.99%和100%是天壤之别,是生与死的差别,容不得半点疏忽。"

37年,加工过数十万个飞机零件,从没出现过一个次品。

他就是中国商飞上海飞机制造有限公司高级技师,现任中国商飞上海飞机制造有限公司数控机加车间钳工组组长,胡双钱。

从小就有飞机梦、航空情怀的胡双钱给自己定下的目标:"一定要当一名航空技术工人,造出世界一流的飞机。"而今天他做到了,从"运10"到ARJ21-700,再到C919飞机,经过他手制造的有数十万个零件,没有出过半点差错,这就是"工匠精神"。

从他身上,我们看到了大国工匠的爱岗敬业精神。中国自主研制的大型喷气式客机C919试飞前夕,胡双钱接到了一个特急任务,在边距只有几毫米的夹角上打出6个丝米精度的孔,精度要求极高,时间只有12个小时,这在常人看来几乎是难以完成的任务。但胡双钱临危受命,带领团队顶住压力,通宵工作,测量、计算、打孔……终于在天亮前提前圆满完成了任务。在困难面前,他没有退缩,而是选择迎难而上,这与他心中对航空事业的执着密不可分,更彰显出一名老党员对爱岗敬业独特的理解。

从他身上,我们看到了大国工匠淡泊名利的高贵品质。在胡双钱正准备为中国大飞机制造业大展身手的时候,"运10"由于种种原因最终下马,工厂陷入低谷期。由于工作量骤减,连买煤供电的钱都拿不出来,但面对私人企业诱人的高薪,胡双钱却丝毫没有动摇,他坚信,工厂还会造自己的大飞机,为了梦想,他留了下来。在低谷期,虽然只能接一些零活,但胡双钱依旧静下心来埋头工作,利用这段时间专心练习技术,等待工厂复兴的那一天。正是对梦想的坚守、不断的坚持、超然物外的淡泊名利精神,才能造就今日的成功。

从他身上,我们看到了大国工匠最严谨的工作态度。在C919大飞机的零部件中,最大的将近5米,最小的比曲别针还小,精度要求在十分之一毫米级,对工人的技术要求极高。胡双钱苦练技术,常常一周有六天把自己关在数控机加车间里,打磨、钻孔、抛光……利用边角废料练习手感,熟悉每一件工具设备。他还发明"反向验证法""对比复查法"等工作法,总结成册在车间推广。因为从无差错,他连续13年获得厂里质量信得过岗位。30多年里,他用实际行动诠释着一名技术工人对工作的热爱,用精益求精的态度续写着无差错的传奇。

工匠精神,更是工匠的良心,是用心去生产每一件产品。像胡双钱这样的大国工匠还有千千万万,正是他们在工作中严谨、耐心、精益求精和淡泊名利的精神,在清贫中对梦想矢志不渝的坚守,才让我国制造业历久弥坚,以昂扬的姿态屹立在世界之巅。

职业素质反思:

你对劳模精神的认知认同与践行程度如何?

2-1-1 自我评估

2-1-2 自我评估

2-1-3 自我评估

2-2 自我反思

模块三　知己知彼

知识目标：

了解高等教育、职业教育与高等职业教育培养目标和特征，认知就业形势与就业政策；熟悉知识、素质与能力的特征、功能与关系；理解性格与气质的含义与分类，深度理解兴趣、态度、习惯与职业发展的关系；掌握SWOT分析自我认知评估方法。

能力目标：

具备自我认知的能力，可通过SWOT分析方法评估自我职业竞争力。

素质目标：

培养自我认知意识，通过良好的个人兴趣、习惯的养成提高职业素质。

单元1　认知高等职业教育

【想一想】

1. 选择是一种责任，每一个人都要对自己的选择负责，你既然选择了职业教育，请问你对高等职业教育的"高等""职业""教育"如何理解？你要做好哪些准备？

2.《读大学，究竟读什么？》一书中说："大学生和非大学生最主要的区别绝对不在于是否掌握了一门专业技能。如果是这样的话，那大学和技校也就没有什么两样了。"你怎么理解这句话？你认为，大学应该读什么？

【学一学】

一、什么是高等职业教育

自改革开放以来，中国经济社会飞速发展，特别是进入 21 世纪以后，更是日新月异，受世人瞩目。伴随着改革开放，中国的高等职业教育在近十年的发展中不断壮大，已经成为中国高等教育的半壁江山，为中国的经济建设快速发展提供了有力的人力资源支撑。

但是，什么是高等职业教育？究竟应如何在整个教育体系中定位它？它与高等教育、职业教育的关系如何？对此类问题的认识，不仅有助于我们加深对高等职业教育的理解，也有利于高职大学生更好地接受高等职业教育。

（一）高等教育

1. 高等教育的概念

"高等教育"这个概念，在不同的历史时期、不同的国家，它的含义是不同的。在美国和日本，中学后的教育都称为高等教育；而在有着悠久的高等教育历史传统的欧洲国家，高等教育的含义较为严格，并不把中学毕业后所受的各种形式的教育都称为高等教育。例如，英国在 1963 年以前，高等教育只是指大学（University）而言，中学毕业后学习某项专业技术，只能称作进一步教育，而不能算作高等教育。概念上的区别反映了各国对高等教育的学术水平、学术地位的不同看法和要求。在我国，高等教育是学制体系中的第三个阶段，亦即最高阶段，是在完全的中等教育基础上进行的各种层次、各种形式的专业教育的总称。1998 年 8 月 29 日颁布的《中华人民共和国高等教育法》第十五条指出："高等教育包括学历教育和非学历教育。高等教育采用全日制和非全日制教育形式。国家支持采用广播、电视、函授及其他远程教育方式实施高等教育。"现阶段我国已初步建立了多层次、多形式的高等教育体系。在教育层次方面，有专科教育、本科教育、研究生教育三个层次；在办学形式方面，有全日制的高等学校和部分时间制的高等学校（如业余大学、广播电视大学、函授大学等）；在培养目标方面，有培养学术型人才的教育、培养工程型人才的教育和培养技术应用型人才的教育三种不同类型。

2. 我国高等教育的类别

（1）普通高等教育

普通高等教育是在完成中等教育的基础上进行的专业教育，是培养高级专门人才的主要社会活动。普通高等学校指按照国家规定的设置标准和审批程序批准举办的，通过全国普通高等学校统一招生考试（统招生），招收普通高中毕业生为主要培养对象，实施高等教育的全日制大学、独立学院和职业技术学院、高等专科学校。

普通高等教育主要包括全日制普通博士学位研究生、全日制普通硕士学位研究生（包括学术型硕士和专业硕士）、全日制普通第二学士学位、全日制普通本科、全日制普通专科（含高职）。这五大类学历教育是国家教育部最为正规且用人单位最为认可的学历教育，学历代码也是按照上述学历层次所编。

（2）成人高等教育

成人高等教育是我国高等教育的重要组成部分。经过多年的实践和探索，形成了成人高等教育改革和发展的总体目标，即：动员社会各方面的力量大力支持、积极兴办多种形式、多种规格的成人高等教育，进一步增强和拓宽社会成员接受高中后教育的机会和渠道，使成人高等教育为经济和社会发展提供更加广泛的服务。高等层次岗位培训、大学后继续教育是成人高等教育的重点，学历教育是成人高等教育的重要组成部分。

（3）高教自学考试

高等教育自学考试，简称自考。高等教育自学考试是对自学者进行的以学历考试为主的高等教育国家考试，是个人自学、社会助学和国家考试相结合的高等教育形式，是我国社会主义高等教育体系的重要组成部分。其任务是通过国家考试促进广泛的个人自学和社会助学活动，推进在职专业教育和大学后继续教育，造就和选拔德才兼备的专门人才，提高全民族的思想道德、科学文化素质，以适应社会主义现代化建设的需要。

（4）电大开放教育

电大开放教育是相对于封闭教育而言的一种教育形式，其基本特征为：以学生和学习为中心，取消和突破对学习者的限制和障碍。比如开放教育对入学者的年龄、职业、地区、学习资历等方面没有太多的限制，凡有志向学习者，具备一定文化基础的，不需参加入学考试，均可以申请入学；学生对课程选择和媒体使用有一定的自主权，在学习方式、学习进度、时间和地点等方面也可以由学生根据需要决定；在教学上采用多种媒体教材和现代信息技术手段等。

（5）远程网络教育

远程网络教育是一种新兴的教育模式，目前，教育部批准具备招生资格的试点网校全国有68所。远程网络教育和传统教学方式不同，学生通过网上课件（或是光盘课件）来完成课程的学习，通过电子邮件或发帖子的方式向教师提交作业或即时交流，另有一些集中面授。当前，国内外流行的慕课（大规模在线开放课程）为远程网络教育的发展提供了丰富的资源支持。

（二）职业教育

"职业教育"是我国现阶段一种比较笼统的说法，与我国其他历史时期和各发达国家的叫法都不一样，如我国古代的学徒教育、专业技术教育和近代引进的实业教育（Industrial Education），又如现代英国的多科技术学校（Polytechnics）教育、美国的社区学院（Community College）教育、法国的短期技术教育、德国的"双元制"和高等专科学校教育等。从某种意义上说，它们都属于职业技术教育，因为它们都具有较强的实用性，旨在为地方经济建设培养应用型、实用型人才。联合国教科文组织在《关于技术与职业教育的建议》中建议使用"技术与职业教育"（Technical and Vocational Education）的概念。

《中华人民共和国职业教育法》（以下简称《职业教育法》）颁布和实施后，在国务院及有关行政部门的正式文件中已用"职业教育"这个名词。

一般来说，职业教育就是对就业者所进行的一种不同水平的专门知识和专门技能的教育，即在普通教育的基础上，对国民经济各部门和社会发展所需要的劳动力进行有计划、有目的的培训和教育，使他们获得某种专门劳动知识和劳动技能。它具有以下几个特点：第一，职业教育的培养目标是为了满足社会发展不同阶段、国民经济各部门中应用型专门人才的需求。就我国现阶段而言，一般强调培养生产第一线的应用型人才；第二，职业教育的办学和管理模式不再是单纯的学校模式，主张企业、行业、社会和个人的广泛参与；第三，职业教育的教学强调基本理论以"必需、够用"为度，注重实践性教学，重视学生应用能力的培养。

（三）高等职业教育

1. 高等职业教育的含义

高等职业教育（简称高职教育）是高等教育的重要组成部分，是以培养具有一定理论知识和较强实践能力，面向基层、面向生产、面向服务和管理第一线职业岗位的技术技能专门人才为目的的职业教育，是职业教育的高等阶段，是高等教育的一个类型。

"国际教育标准分类"（简称 ISCED）把高等职业教育归为高等教育。联合国教科文组织制订的"国际教育标准分类"，自 1976 年正式公布以来，已得到许多国家的认可和推行。1997 年联合国教科文组织又对"国际教育标准分类"进行了修订。"标准分类"将教育分为7个等级：学前教育为0级；小学教育为1级；初中教育为2级；高中教育为3级；高中与大学之间有一段补习期教育为4级；大学教育为5级；研究生教育为6级。"标准分类"将大学教育（5级）分为以学术性为主的教育（5A）和以技术性为主的教育（5B）。"标准分类"对以学术性为主的教育（5A）描述为："课程在很大程度上是理论性的，目的是为进入高级研究课程和从事工程要求的职业做充分的准备。""标准分类"对以技术性为主的教育（5B）描述为："课程内容是面向实际的，是分具体职业的，主要目的是让学生获得从事某个职业或行业或某类职业或行业所需的实际技能和知识，完成这一级学业的学生一般具备进入劳务市场所需的能力和资格。"由此分析，ISCED中5B与我国当前的"高等职业教育"，从层次、类型、目标、课程上看都具有相似的特征。于是，高等职业教育（5B）作为第5级教育中"更加定向于实际工作，并更加体现职业特殊性"的一种特定类型，与普通高等教育（5A）相对，便有了分类标准上的依据。总之，高等职业教育既是高等教育也是职业教育的重要组成部分，是以为生产、服务、管理第一线培养技术技能型人才为目标的职业教育，是职业教育的高等阶段。

2. 高等职业教育的属性

事物的性质，即事物内在的本质属性，是一事物区别于他事物的根本原因。高等职业教育的性质，即高等职业教育内在的本质属性，是高等职业教育有别于其他教育的根本原因。

（1）高等职业教育属于高等教育，而不是次高等教育，更不是中等教育

《职业教育法》规定："职业学校教育分为初等、中等、高等职业学校教育。"其中，"高等职业学校教育根据需要和条件由高等职业学校实施，或者由普通高等学校实施"。《中华人民共和国高等教育法》也指出："本法所称高等学校是指大学、独立设置的学院和高等专科学校。其中包括高等职业学校和成人高等学校。"《中共中央、国务院关于深化教育改革全面推进素质教育的决定》更明确指出："高等职业教育是高等教育的重要组成部分。"因此，高等职业教育在层次上属于高等教育，而不是次高等教育，更不是中等教育。

（2）高等职业教育属于技术技能型教育，而不是学科型、工程型教育

教育类型是由社会需要的人才类型所决定的。在社会的科学、技术、经济运行的链条中，存在着三个重要的转化：一是将自然规律和社会规律转化为学科体系，二是将学科体系转化为图纸方案，三是将图纸方案转化为产品、商品和财富。三个转化对应三个工作：科学研究工作、工程设计工作、技术应用工作。三个工作对应三种人才：科学研究型人才，代表人物如牛顿、爱因斯坦、杨振宁、

陈景润等；工程设计人才，代表人物如爱迪生、詹天佑等；技术应用型（技术技能型）人才，代表人物如比尔·盖茨、史玉柱等。科学研究型人才由大学的理科专业来培养；工程设计型人才由大学的工科专业来培养；技术应用型人才由职业技术高校（高职学院）来培养。高等职业教育在类型上属于技术应用型教育，而不是学术型教育。

（3）高等职业教育属于终身教育，而不是终结教育

国际 21 世纪教育委员会在题为《教育——财富蕴藏其中》的报告中指出：所谓终身教育，是指与生命有共同外延并已扩展到社会各个方面的一种连续性教育。因此，任何层次、任何类型的教育都只是终身教育的一个部分。但由于高等职业教育的特殊性，在终身教育体系的构建中，高等职业教育具有非常重要的地位和作用：一是高等职业教育在职前教育和学历教育中，对全面提高学生素质，教会学生如何学习，培养学生可持续发展的能力具有直接的、长期的影响；二是高等职业教育可以从单纯的职前教育向职后教育培训延伸，在劳动者的在岗培训、转岗培训中发挥作用；三是高等职业教育可以由学历教育扩展到非学历教育，为各类人才的继续教育做贡献，从而最终将终结教育推进到终身教育。

二、高等职业教育的人才培养目标

（一）培养目标

高等职业教育的人才培养目标，体现在专业的人才培养方案中，基本内容是以立德树人为根本任务，践行"产教融合、校企合作、工学结合、知行合一"的办学要求，旨在培养理想信念坚定，德、智、体、美、劳全面发展，具有一定的科学文化水平，良好的人文素养、职业道德和创新意识，精益求精的工匠精神，较强的就业能力和可持续发展的能力，掌握专业知识和技术技能，能够面向某种行业、某个职业群（或技术领域），从事某专业的技术技能工作的高素质复合型技术技能人才。

（二）基本要求

1. 德育为先

（1）树立社会主义核心价值观

"十八大"报告提出，倡导富强、民主、文明、和谐，倡导自由、平等、公正、法治，倡导爱国、敬业、诚信、友善，积极培育社会主义核心价值观。这是对社会主义核心价值观的最新概括。"十八大"报告用 24 个字，分别从国家、社

会、公民三个层面，提出了反映现阶段全国人民"最大公约数"的社会主义核心价值观，为培育核心价值观奠定了基础。

（2）坚定政治信念

形成正确的世界观、人生观、价值观，坚定中国共产党领导、社会主义制度的信念和信心；发扬民族精神、时代精神、爱国情感和改革创新精神。

（3）优良的道德品质

践行社会主义核心价值观，具有团结互助、诚实守信、遵纪守法、艰苦奋斗的良好品质，树立社会主义民主法治、自由平等、公平正义理念，做社会主义合格公民。恪守职业道德，积极工作，认真负责。

2. 能力为重

优化知识结构，丰富社会实践，强化能力培养。着力提高学习能力、实践能力、创新能力，学会知识技能、学会动手动脑、学会生存生活、学会做人做事。在具有必备的基础理论知识和专门知识的基础上，重点掌握从事本专业领域实际工作的基本能力和基本技能；具备较快适应生产、建设、管理、服务第一线岗位需要的实际工作能力；主动适应社会，开创美好未来。

3. 全面发展

加强知识与文化修养，坚持文化知识学习和思想品德修养的统一、理论学习与社会实践的统一、全面发展与个性发展的统一。加强身心修养，牢固树立健康第一的思想，拥有健康的心态、强健的体魄、坚强的意志；培养良好的审美情趣和人文素养。重视安全、注重可持续发展，将德育、智育、体育、美育、劳育有机融合，提高学生综合素质，使学生成为德智体美劳全面发展的社会主义建设者和接班人。

三、高等职业教育的主要特点

高等职业教育以促进就业和适应产业发展需求为导向，其特点有以下几个方面：

（1）培养目标的实用性

以市场需求为目标，以培养实际操作能力为核心，面向生产、建设、管理和服务一线培养技术技能专门人才。

高等职业教育是在高中文化基础上，以达到胜任一定的职业岗位要求为目标，主要培养能把科研与开发设计成果转化到生产工艺或实际生产中去、能把领导和决策者意图贯彻到实际业务中去的以工艺技术人才为主的专业技术人才和具有专科业务知识技能的经营管理者以及某些智能性操作者，也即培养既具有大学程度的专业知识，又具有高级技艺、善于将工程图纸转化为物质实体，并能在现场进行技术指导和管理的工程技术人才和管理人才。就其对所培养的人才要求看，高等职业教育必须具有两重性：高等教育性和职业教育性。前者使它区别于师徒传授的模式，并具有高科技产品工艺技术的驾驭能力；后者又使它有别于一般的大学本科和高等专科教育而构成高等教育中的新的完整体系。高职院校的毕业生具有双重优势：同普通高校的学生相比，他们在出校门之时，就有相当熟练的某种技艺或技能，并能得到社会各行业的考核认可；同中等职业教育的学生相比，他们又有大学的专业理论或专业知识。

（2）专业与课程设置的职业性

高等职业教育的办学特色，是建立在地方经济建设和社会发展对人才的多类型、多品种等多样化需求和学校为满足这种需求所做的全部努力上，在专业设置上是按职业分类，把社会的需要作为专业设置的依据，它填补了普通大学某些专业的空白，因此具有开拓性；针对高职院校面向地方、为地方经济培养人才的办学宗旨设置专业，因此具有针对性；根据经济和社会发展、技术市场和人才市场变化而设置专业，因此具有灵活性；同时特别重视优先设置缺门短线专业，具有专业科类多、变化快的特点。

高职院校的课程设置是以该专业所必须具有的知识和能力为依据，强调所学知识的针对性和实用性。因此，在课程的设计上，不是根据学科知识结构的内部逻辑系统，将课程分解为基础课、专业基础课和专业课，而是按照岗位、职业所需要的能力或能力要素为核心来设置课程的，或者说是以能力培养为中心来展开的。它通过对学生毕业后就业的工作岗位分析，确立所需的能力或能力要素体系，根据能力体系再确定与之对应的课程体系，不再单纯地强调专业知识或专业理论的系统性和完整性，而是强调知识的针对性及实用性，这是由高等职业教育培养目标的特殊性而决定的一种教学方式。

（3）教学过程的实践性

要求学生在校期间完成上岗的实践训练，实训与理论的课时比例为1:1，因而，学生一毕业就能基本实现顶岗工作。

高职教育的一个重要特点是要将技能的强化训练放在极其重要的位置上。因此，教学计划要按照确定的培养目标和规格要求，形成以能力培养为主线的理论教学和实践教学一体化的教学体系。其课程设置的指导思想是控制课程时数，精选课程内容，压缩理论性教学学时，增加实践性教学学时，正确处理好基础理论课、专业基础课和专业课之间的关系。基础理论课是为专业服务的，要强调针对性；专业基础课是直接为专业服务的，旨在培养学生运用基本理论和原理去解决实际问题,要强调适应性;专业课是学生获得专业知识的直接渠道,要强调应用性,更多地接触实际问题。通过核心课程的学习,培养学生具有长期从事某一职业所需的基本技能;通过专业课程的学习让学生掌握某种专业领域内某一特定工作岗位所需的技能。

实践性教学一般应达到教学总时数的1/2,让学生有充分的时间得到实践训练。利用校内实训室或实训基地开展实验、实习、实训教学活动;利用校外实训基地开展顶岗实习活动。一般学生到企业顶岗的时间为半年到一年。

在教学方法上,强调精讲多练,培养学生分析问题、解决问题的能力及自学能力;有的课程提倡进行现场教学、案例教学和讨论式的教学。为了落实技能训练,有些课程在教学上实行"教、学、做"相结合,在这样的课堂上,学生要能看、能摸、能操作,做到在学中做,在做中学,边做边学,教、学、做合一,手、口、脑并用;对学生提出"高标准、严要求、强训练"的教学要求,制定一系列技能考核的数量和质量指标,严格地加以测评。

(4) 养成教育模式培养的针对性

所谓养成教育就是指培养学生正确的人生观、世界观和价值观,良好的行为习惯、道德情感和意志品性的德育过程,是教育工作的基础内容,主要通过外界的约束引导促使学生进行自我教育、自我控制和自我提高。

高等职业教育实行的是以能力为中心,以满足岗位或职业的工作需要或就业需要为导向的素质教育。因此,必须把职业素质教育放在突出的位置上。要适应未来现代化生产的需要,不仅需要较成熟的专业知识和专业技能,而且需要具备适应现代化岗位的各种素质,只有具备了现代工业精神或素质,才能成为现代工业的劳动者。

职业素质有两个层次:一是不论什么专业的学生都必须要具备的一般职业素质;二是由本专业的特殊性所决定的专门的职业素质。属于第一层次的职业素质有:高尚的职业道德、敬业乐业的精神、吃苦耐劳的精神、执着追求的精神、一丝不苟的精神、讲究效率和效益的精神、准确守时的精神、恪守信用的精神、公平公正的精神、遵纪守法的精神、崇尚卓越的精神、团结协作的精神、完全彻底的服务精神等。属于第二层次的职业素质是由各职业或岗位的特殊要求所决定的。

由于高职院校的学生一毕业,就将是各行各业第一线的生产者和管理者,为此良好的职业素质是毕业生立业、创业的基础与根本。

(5) 毕业取证的应用性

实行"1+X"证书制度。即学历证书与若干职业技能等级证书制度。在具体的教学过程中坚持实行正式的学历文凭与岗位操作证书，技能等级证书等标志其能力的证明文件同时并重的原则，鼓励学生一专多能，向能工巧匠型大学生发展。

四、高等职业教育人才培养模式的基本特征

高等职业教育实行的是工学结合、校企合作、顶岗实习的人才培养模式，按照专业与产业、企业与岗位对接；专业课程内容与职业标准对接；教育过程与生产过程对接；学历证书和职业证书对接；职业教育和终身学习对接的要求，设计学生的知识、能力、素质结构和培养方案，使学生具有基础理论知识适度、技术应用能力强、知识面较宽、职业素质高等特点。同时，营造实践教学环境，推进"产业文化进教育，工业文化进校园，企业文化进课堂"；通过开展生产性实训，促进"技能作品""企业产品"和"市场商品"的衔接转换。

学校与社会用人部门结合、师生与实际劳动结合、理论与实践结合是高等职业教育人才培养的基本途径。

五、国外的职业教育是什么样的

（一）德国

德国职业教育的科学研究，正如其职业教育对经济的推动力一样，举世瞩目并始终处于世界领先地位。如果说德国经济腾飞的秘密武器是德国双元制职业教育，那么制造这些秘密武器的是德国高水平的职业教育师资队伍，而促进德国职业教育师资培养的理论基础——职业教育学的发展、改革与创新的，则是德国职业教育的科学研究。在诞生了像黑格尔、康德等世界著名的哲学大家以及马克思、恩格斯这样伟大的科学社会主义创始人的德国，其思辨的传统对职业教育的科学研究产生了极大的影响。正是在这思辨的土壤中，产生了许多极具职业教育特色的理论成果，凸现了职业教育自身的规律。

德语文化圈国家（德国、奥地利、瑞士）将职业教育学作为大学的一门独立学科，集中了大批专门从事职业教育学研究的专家学者，建立了高水平的研究机构，将自洪堡大学开始的教学与科研结合的大学功能发挥得淋漓尽致，既培养了大批高水平的职业教育的师资，又取得了许多具有国际影响力的职业教育科研成果，包括著名的亚琛工业大学、柏林工业大学、达姆施塔特工业大学、慕尼黑大学、汉堡大学、洪堡大学等24所研究型大学，建立了职业教育师资培养机构及相应的职业教育研究所，为德国职业学校和企业职业教育的发展与创新，提供了

强有力的理论支撑。

德国高等职业教育的主要形式为职业学院，招收完全中学毕业生，学制为 3 年，其中 2 年后可分流。其培养目标为职业型高级人才，修完 3 年经国家考试合格者，授予"职业学院工程师（经济师、社会教育工作者）"称号，相当于本科教育；修完 2 年后经考试合格者，授予"工程师助理（经济助理、教育工作者）"，相当于专科教育。

职业学院专业设置集中在工程技术、经济工程、社会服务三大领域，采取"双元制"模式，学生与企业签订职业教育合同，教学分别在学院和企业里进行，3 个月轮换一次。学生在学习期间不仅不交学费，而且每月还可得到由企业提供的生活津贴及法定社会保险。

（二）英国

英国的国家职业资格理事会实施与督导着一个比较全面的职业资格体系，这个体系将目前所有的职业资格归入 5 个资格等级 NVQ LEVEL1～NVQ LEVEL5，从第一级到第五级分别为：熟练工人、技术工人、技术员或监督员、高级技术员或初级管理人员、专业人员或中级管理人员。5 个资格等级与普通教育证书（文凭）的对应关系为：中等教育证书、中等教育证书且成绩 A～C、高级证书、学士学位、研究生学位。每级职业资格都有明确的资格要求，如等同于普通教育研究生学位的 NVQ LEVEL 5 的资格要求是"具有在难以预料的环境中运用相应范围的基础原则和复杂技术的能力；明显表现出很强的独立性和能有效地负责他人的工作和进行材料分配；能负担分析、判断、设计、计划、执行和评估的责任"；等同于普通教育学士学位的 NVQ LEVEL4 的资格要求是"具有在很广泛的环境中履行程度很复杂的技术或专业工作的能力；具有较强的责任心和独立性，能负责他人的工作和进行材料分配等"。

英国是一个学术传统浓厚的国家，重学术轻技术、重学位轻职业资格的观念根深蒂固。英国政府为了大力发展职业教育，在全国范围内大张旗鼓地开展了职业教育的宣传工作，还从教育体制和就业制度入手，大刀阔斧地进行改革。

第一，打通职业教育与学科教育、大学各级学位教育之间的联系，把职业教育摆到与学科教育、各级学位教育完全平等的地位：①政府允许职业技术教育与普通的学科教育之间互相转学。即中学毕业后（16 岁后），学生可以选择进普通学校（ALEVELS）继续学习，也可以选择职业技术学校按 GNVQ 或 NVQ 学习，这三者之间可以互相转学。②接受职业教育获得 GNVQ 高级证书或 NVQ 三级证书者，既可以就业，也可以免试直接升入大学攻读学士学位，还可以继续沿着职业教育的途径取得 NVQ 四级、五级证书，再攻读硕士、博士学位。这从根本上改变了社会鄙视职业教育的传统观念。

第二，在就业制度上突出了职业教育的重要地位。国家规定新就业或重新就业人员，都必须有相应的 GNVQ 或 NVQ 证书；企业的技术岗位只能录用有相应等级的 GNVQ 或 NVQ 证书人员。政府对参与 GNVQ、NVQ 学习与培训的人员，给予经费支持。对企业录用有证人员和实施职业教育制度有成效者，给予表彰奖励，在税收政策上也有一定的优惠。政府还通过调整工资政策，拉开有 GNVQ、NVQ 证书与无证者之间的差距。这些改革措施，有力地冲击了"学位至上"的传统观念。"就业不看文凭（学位），看证书（专业资格）"，"用人主要不是看他懂得什么（学历），而要看他能干什么（技能）"，这种新的就业和用人观念已经被广泛接受，成为社会的共识。

（三）澳大利亚

大力发展高等职业教育，构建高等职业教育体系，是澳大利亚职业教育改革的重点。目前，澳大利亚高等职业教育主要由两类机构实施：一是独立设置的 TAFE 学院。全澳共有 230 多所 TAFE 院校，它们是澳大利亚最大的高等教育系统，是澳大利亚职业教育的主力军。二是大学设立的职业教育部。它们成为澳大利亚从事高等职业教育的重要机构。此外，还有大量的私立高等职业教育培训机构，它们是以 TAFE 学院为主的公立职业教育系统的竞争者和其改革的重要外在推动力量。为了减少教育成本，节省学员学习时间，提高教育培训效益，澳大利亚在过去十年中大力构建大学教育、TAFE 与中学教育之间的"立交桥"，加强了各类证书、文凭、学位之间的相互沟通衔接。澳大利亚在高中阶段也开设有 TAFE 课程，学分进入 TAFE 学院后被认可，以避免重复学习，从而扩大了高等职业教育的对象。澳大利亚高等职业教育体系化，课程结构模块化，证书、就业一体化，办学形式多样化，很好地将普教、成教与高等职业教育连成一体，建立起一种"立交桥"式的义务教育后教育体制，加强了职前与职后，初等、中等与高等教育的衔接，使得受教育者在高中、职教与高职院校、大学和在职培训机构之间自由流动，在全国形成了以 TAFE 为主体的完整的终身教育体系和职业教育网络。

澳大利亚联邦政府规定：在各个行业中，凡是技能要求较高的工作岗位都必须持有职业证书才能就业，即使是大学本科生、硕士生，甚至博士生，也必须取得 TAFE（技术和继续教育）学院的培训证书，才能在生产经营第一线就业。为此澳大利亚建立了全国统一的、与工作岗位相对应的教育和培训证书体系，它包括证书Ⅰ~Ⅳ及普通文凭、高级文凭、第一学位、高级学位。在该证书体系内，低一级与高一级证书之间建有衔接关系，在取得某级证书后，再学习几个模块，即可取得高一级证书。该证书制度和课程内容的模块式结构，使职业教育与普通教育、高等教育相沟通，使就业前教育与就业后教育相联系，体现了终身教育的思想。学生在高中阶段便可完成证书Ⅰ~Ⅱ，然后进入TAFE学院，先前学分得到承认，可直接学习后续的课程模块，从TAFE学院毕业后，也可进入大学学习，其先前课程的全部或部分得到承认，为在大学取得学位创造了条件。

【测一测】

一个英国公司在招聘职员的试卷上出了一个题目："英国每年买几个高尔夫球？"没有其他数据，要求在45分钟内完成。如果你参加应聘，你准备如何来回答这道题？

【做一做】

写一篇"我谈高等职业教育"的短文，制作成PPT演讲稿，与同学们讨论交流一下。

【看一看】

都灵大学的鹰与马

两尊英格兰黑色大理石雕塑，左边是一只飞鹰，右边是一匹奔马，一直默默地矗立在意大利都灵大学的校门前。多少年来，它们代表着都灵大学，迎接着一批批的新生和来客，它们成了都灵大学的标志，甚至校徽上也是这两尊雕塑的图案。

按照我们中国人的思维习惯，飞鹰代表搏击长空，鹏程万里；奔马代表一马奔腾，马到成功。二者都是吉祥的，有意义的。在校门前矗立这两座雕塑，就是校方要鼓励学生像鹰一样搏击长空，像马一样奔腾向前。

可是，如果让了解都灵大学历史的学者来告诉你，当初大学创始者们在校门前矗立这两尊雕塑的初衷，我们会大跌眼镜，原来根本不是我们想象的那回事。

那只飞鹰不是代表搏击长空，鹏程万里，而是一只被饿死的鹰。当初，这只鹰也雄心勃勃，为自己制定了飞遍全世界的宏伟目标。为了这个理想，它苦练各种飞行本领，可是却忘记了学习觅食的本领。当鹰觉得自己已经具备了飞遍全世界的能力时，它就踏上了征程。可是，只飞了5天，因不会觅食，它就在途中饿死了。

而那奔马也不是一匹千里马，而是一匹被剥了皮的马。当这马来到人间后，开始在一个磨坊主家里干活。它嫌主人给它的活多，太累，就乞求上帝给它换一个人家。于是，上帝把它换到了马夫家。可没几天，这马又嫌马夫给它吃的饲料不好，就又乞求上帝给它换主人。上帝又把它换到了皮匠家，皮匠给马的活儿不多，吃的饲料也好，可是没过几天，这马就被皮匠杀了，剥了皮制成了皮制品。

都灵大学的创始人把这两尊雕塑放在大门口，就是要提醒师生们，不要像饿死的鹰那样，志向远大而不切实际，一定要学会劳动和谋生的本领；也不要像被剥皮的马一样，贪图享乐，害怕艰苦，这山望着那山高。只有不怕吃苦，踏踏实实地干，才是在社会上立足的根本。

都灵大学是意大利一所历史悠久的大学，是由一批学法学的学生创办起来的，在国际上也颇有声望。这所大学没有因为历史悠久而守旧，从该校毕业的学生，总能迅速在社会上站稳脚跟。而这要归功于这所大学有别于其他大学的办学方针：随着社会的发展而不断设立新的学科，从而更好地为社会输送有用人才。而这也同校门口的两尊雕塑有关。在学校里，无论是老师还是学生，都有这样的一种理念：真正能把人们从饥饿、贫困和痛苦中解救出来的，是生存和劳动的知识与技能，而不是不切实际的理想和知识。

罗素说："教育就是获得运用知识的艺术。使人生愉快的必要条件是智慧，而智慧可以通过教育而获得。"好的教育表现在两个方面：一是学校教给学生有用的知识；二是培养学生树立"做一个有用的人"的理念。这两者合起来，就是培养有人生智慧的人。如果大学生的所学脱离社会需要，毕业生好高骛远，有理想有抱负，却没有踏实干事的精神；有干一番大事业的雄心壮志，却缺乏吃苦坚持的精神，这种人一到社会上，就会像都灵大学校门前的鹰和马一样，很快败下阵来。

学习的智慧，做人的智慧，说到底，就是教育的智慧。这种智慧，是办学者必须有的，也是每一个学生必须懂得的。

单元2　自我认知

【想一想】

1. 你对哪些事情最感兴趣？你是否投入了极大的热情去做你感兴趣的事？

2. 有人说："应该做的事一定要做，这是理性的；喜欢做的事才去做是感性的，感性应该服从于理性。"你怎样理解这句话？

【学一学】

一、什么是自我认知

（一）自我认知的含义

自我认知也叫自我意识，或叫自我，是个体对自己存在的觉察，包括对自己的行为和心理状态的认知。

自我认知（Self-Cognition）是对自己的洞察和理解，包括自我观察和自我评价。自我观察是指对自己的感知、思维和意向等方面的觉察；自我评价是指对自己的想法、期望、行为及人格特征的判断与评估。自我认知是自我调节的重要条件。

如果一个人不能正确地认识自我，看不到自我的优点，觉得处处不如别人，就会产生自卑心理，丧失信心，做事畏缩不前。相反，如果一个人过高地估计自己，就会骄傲自大、盲目乐观，导致工作的失误。因此，恰当地认识自我，实事求是地评价自己，是自我调节和人格完善的重要前提。

（二）自我认知的作用

自我认知是人对自己身心状态及对自己同客观世界的关系的认知。自我认知包括三个层次：对自己及其状态的认知；对自己肢体活动状态的认知；对自己思维、情感、意志等心理活动的认知。自我认知不仅是人脑对主体自身的意识与反映，而且因为人的发展离不开周围环境，特别是人与人之间关系的制约和影响，所以自我认知也反映人与周围现实之间的关系。自我认知是人类特有的反映形式，是人的心理区别于动物心理的一大特征。自我认知在个体发展中有十分重要的作用。

首先，自我认知是认识外界客观事物的条件。一个人如果还不知道自己，也无法把自己与周围相区别，他就不可能认识外界客观事物。

其次，自我认知是人的自觉性、自控力的前提，对自我教育有推动作用。人只有意识到自己是谁、应该做什么，才会自觉自律地去行动。一个人意识到自己的长处和不足，有助于他发扬优点，克服缺点，取得自我教育的积极效果。

最后，自我认知是改造自身主观因素的途径，它能使人不断地自我监督、自我修养、自我完善。可见，自我认知影响着人的道德判断和个性的形成，尤其对个性倾向性的形成更为重要。

（三）自我认知的内容

自我认知主要包括三种心理成分：

1. 自我认识

自我认识是主观自我对客观自我的认识与评价，自我认识是自己对自己身心特征的认识，自我评价是在这个基础上对自己作出的某种判断。正确的自我评价，对个人的心理生活及其行为表现有较大影响。如果个体对自身的估计与社会上其他人对自己的评价距离过于悬殊，就会使个体与周围人们之间的关系失去平衡，产生矛盾，长此以往，将会形成稳定的心理特征——自满或自卑，不利于个人心理上的健康成长。自我认识在自我意识系统中具有基础地位，属于自我意识中"知"的范畴，其内容广泛，涉及自身的方方面面。进行自我认识训练，重点在于三个方面：第一，让我们能认识到自己的身体特征和生理状况；第二，认识到自己在集体和社会中的地位及作用；第三，认识到内心的心理活动及其特征。自我评价是自我意识发展的主要成分和主要标志，是在认识自己的行为和活动的基础上产生的，是通过社会比较而实现的。由于我们对自己的评价往往不是过高就是过低，大多属于过高型。因此，要提高我们的自我评价能力，就应学会：与同伴进行比较，通过比较做出评价；借助别人的评价来评价自己；一分为二的观点评价自己。由于自我评价是自我认识中的核心成分，它直接制约着自我体验和自我调控，所以，进行自我意识训练，核心应放在自我评价能力的提高上。

2. 自我体验

自我体验是由主体对自身的认识而引发的内心情感体验，是主观的我对客观的我所持有的一种态度，如自信、自卑、自尊、自满、内疚、羞耻等。自我体验往往与自我认识、自我评价有关，也和自己对社会的规范、价值标准的认识有关，良好的自我体验有助于自我监控的发展。

3. 自我监控

自我监控是自己对自身行为与思想言语的控制，具体表现为两个方面：一是发动作用；二是制止作用，也就是支配某一行为，抑制与该行为无关或有碍于该行为进行的行为。进行自我认识、自我体验的训练目的是进行自我监控，调节自己的行为，使行为符合群体规范，符合社会道德要求，并通过自我监控调节自己的认识活动，提高学习效率。为提高自我监控能力，重点应放在"促使一个转变"上，即由外控制向内控制转变。很多学生自我约束能力较低，常常在外界压力和要求下被动地从事实践活动。针对这种现象，应学会如何借助于外部压力，发展自我监控能力。

二、知识、素质与能力

（一）知识

1. 知识的含义

知识，是指人们对某个事物的熟悉程度。它可能包括事实、信息、描述，或在教育和实践中获得的技能。它可能是关于理论的，也可能是关于实践的。在哲学中，关于知识的研究叫做认识论。知识的获取涉及许多复杂的过程：感觉，交流，推理。知识也可以看成构成人类智慧的最根本的因素。

"知识"的"知"字从矢从口。"矢"指"射箭"，"口"指"说话"。"矢"与"口"联合起来表示"说话像射箭，说对话像箭中靶心"。本义是指说得很准（一语中的）。"不知"或"未知"就是指话没有说准，就好像射箭没有击中靶心。箭有没有射准，可以由报靶员证实；话有没有说准，可以由公众检验。例如，18世纪的英国天文学家哈雷声称他知道了哈雷彗星的运行规律，并预报说这颗彗星将于1759年重新出现。后来，在1759年1月21日，人们果然又一次看到了这颗彗星。哈雷说得很准，这就是"知"。

"知识"的"识"，繁体写作"識"字从言从戠，戠亦声。"识（識）"的本义是指用语言描述图案的形状和细节。引申义为区别、辨别。例如，"识字"就是"根据字的形状、结构、笔画认字"。

我们认为，在理解知识的含义时，有必要把作为人类社会共同财富的知识与作为个体头脑中的知识区分开来。人类社会的知识是客观存在的，但个体头脑中的知识并不是客观现实本身，而是个体的一种主观表征，即人脑中的知识结构，它既包括感觉、知觉、表象等，又包括概念、命题、图式，它们分别标志着个体对客观事物反应的不同广度和深度，这是通过个体的认知活动而形成的。一般来说，个体的知识以从具体到抽象的层次网络结构（认知结构）的形式存储于大脑之中。例如，哲学主要对人类社会共同知识的性质进行研究，心理学则主要对个体知识的性质进行研究。

2. 知识的分类

按现代认知心理学的理解，知识有广义与狭义之分。广义的知识可以分为两类，即陈述性知识和程序性知识。

（1）陈述性知识

陈述性知识是描述客观事物的特点及关系的知识，也称为描述性知识。陈述性知识主要包括三种不同水平：符号表征、概念、命题。

符号表征是最简单的陈述性知识。所谓符号表征就指代表一定事物的符号。例如，学生所学习的英语单词的词形、数学中的数字、物理公式中的符号、化学元素的符号等。

概念是对一类事物本质特征的反映，是较为复杂的陈述性知识。

命题是对事物之间关系的陈述，是最复杂的陈述性知识。命题可以分为两类：一类是非概括性命题，只表示两个以上的特殊事物之间的关系；另一类命题表示若干事物或性质之间的关系，这类命题叫概括，如"圆的直径是它的半径的两倍"，这里的倍数关系是普遍的关系。

（2）程序性知识

程序性知识是一套关于办事的操作步骤和过程的知识，也称操作性知识。这类知识主要用来解决"做什么"和"如何做"的问题，可用来进行操作和实践。

策略性知识是一种较为特殊的程序性知识。它是关于认识活动的方法和技巧的知识。例如，"如何有效记忆""如何明确解决问题的思维方向"等。

狭义的知识可以表述为：陈述性知识、记忆性知识、直接表述的知识。

3. 知识的特征

知识的特征见表 3 - 1。

表 3 - 1　知识的特征

序号	知识特征	说明
1	隐性特征	知识具备较强的隐蔽性，需要进行归纳、总结、提炼
2	行动导向特征	知识能够直接推动人的决策和行为，加速行动过程
3	动态特征	知识不断更新和修正
4	主观特征	每个人对知识的理解，都会加入自己的主观意愿
5	可复制/转移	知识可以被复制和转移，可重复利用
6	延展生长特征	知识在应用、交流的过程中，被不断丰富和拓展
7	资本特征	知识就是金钱
8	倍增特征	知识经过传播不会减少，而会产生倍增效应。一个知识两人分享，就至少有两条
9	熟练特征	知识运用越熟练，有效性越高
10	情境特征	知识必须在规定的情景下起作用，人类选择知识一般都会进行情境对比

续表

序号	知识特征	说明
11	心智接受特征	知识必须经过人的心智内化，真正理解，才能被准确运用
12	结果导向特征	知识不但加速过程，也导向一个可预期的结果
13	权力特征	掌握知识的人，即便不在职务高位，也拥有一定的隐性权力
14	生命特征	知识是有产生和实效的过程，有生命长短，不是永久有效的

4. 知识经济

人类已经进入了知识经济的时代。知识经济是指经济增长直接依赖于知识和信息的生产、传播和使用，以高技术产业为第一产业支柱，以智力资源为首要依托，是可持续发展的经济。按照世界经济合作及发展组织的说法，知识经济就是以现代科学技术为核心的，建立在知识和信息的生产、存储、使用和消费之上的经济。

5. 知识爆炸

知识爆炸是指人类创造的知识，主要是自然科学知识，在短时期内以极高的速度增长起来。知识爆炸是人们对当前大量出现并飞速发展的各种知识现象所进行的夸张式描述。据推算，全世界的知识总量将每隔七到十年翻一番。

知识爆炸有两个特征：

第一，与科技或计算机科学有关的新科学不断出现；

第二，传统学科知识边界不断扩展。

（二）素质

1. 素质的含义

《辞海》对"素质"一词的定义为：①人的生理上的原来的特点；②事物本来的性质；③完成某种活动所必需的基本条件。

"素质"一词本是生理学概念，指人的先天生理解剖特点，主要指神经系统、脑的特性及感觉器官和运动器官的特点。素质是心理活动发展的前提，离开这个物质基础就谈不上心理发展。各门学科对素质的解释不同，但有一点是共同的，即素质是以人的生理和心理实际为基础，以其自然属性为基本前提的。也就是说，个体生理、心理的成熟水平的不同决定着个体素质的差异，因此，对人的素质的理解要以人的身心组织结构及其质量水平为前提。

2. 职业素质

职业素质是指从业者在一定生理和心理条件基础上，通过教育培训、职业实践、自我修炼等途径形成和发展起来的，在职业活动中起决定性作用的、内在的、相对稳定的基本品质。由于职业是人生意义和价值的根本之所在，职业生涯既是人生历程中的主体部分，又是最具价值的部分。因此，职业素质是素质的主体和核心，它囊括了素质的各个类型，只是侧重点不同而已。

3. 职业素质的主要特征

（1）职业性

职业素质是一个人从事职业活动的基础，并且总是同职业联系在一起。不同的职业对素质的要求是不同的，例如，医疗卫生工作者的职业素质要求与工程技术工作者的职业素质要求就有很大的不同，它不仅表现在专业素质方面，还表现在职业道德素质要求方面。

（2）内在性

职业素质是一个人接受知识、技术、技能的教育和培养，并通过实践磨炼后的内化、积淀和升华的结果，是一个人能做什么（知识、技能）、想做什么（自我认知、角色定位）和如何做（价值取向、态度、信念）的内在特质的组合。人的职业素质一旦形成之后，它就会存在并表现于主体的一切职业活动和行为中，决定着主体职业活动和行为的效果，它的作用的发挥是一种自觉，在日常生活中，我们经常听到这样的说法，"把这件事交给某某做，有把握，可以放心"，之所以认为有把握，就因为他有了做好这件事情的内在素质。

（3）稳定性

一个人的职业素质是经过较长时间的教育培训，以及在长期从业实践锻炼中逐渐形成和发展的，它一旦形成，便具有相对稳定性。这种稳定性是从业者做好本职工作的基本条件和保证。

（4）整体性

现代社会的职业岗位要求具有复杂性的特点，因此它对从业者的职业素质要求是多方面的，胜任本职工作，不仅要有好的专业技术技能方面的素质，还要有好的思想道德素质和心理、生理素质等。

（5）发展性

现代社会经济、科学技术的发展，必然带来社会职业和职业岗位的发展变化，这种变化不断地对从业者提出新的职业素质要求，因此，从业者要不断地培养、提高自己的素质，以适应社会需要。

4. 职业素质的构成

根据素质在人的职业活动和行为中的不同作用、功能和地位，可以将职业素质划分为五个方面、十种类型。

职业素质的五个方面是：

（1）影响人的职业活动倾向、目的及方向方面的素质

如职业需要、职业动机、职业兴趣、职业理想、职业信念、职业价值观、世界观等。

（2）影响人的职业活动过程调节和控制方面的素质

主要是主体在职业活动中表现出来的职业知识、职业情感、职业意志、职业行为方面的品质。

（3）影响人的职业活动水平、质量和效果方面的素质

如智力、能力、思维方式、思想道德品质、职业态度、职业习惯等。

（4）影响人的职业活动程度的素质

主要是人的体质和健康状况。

（5）体现人的整体形象和面貌方面的素质

如性格、气质、仪容仪表、风度等。

职业素质的十种类型是：

（1）身体素质

指体质和健康（主要指生理）方面的素质。

（2）心理素质

指认知、感知、记忆、想象、情感、意志、态度、个性特征（兴趣、能力、气质、性格、习惯）等方面的素质。

（3）政治素质

指政治立场、政治观点、政治信念与信仰等方面的素质。

（4）思想素质

指思想认识、思想觉悟、思想方法、价值观念等方面的素质。

（5）道德素质

指道德认识、道德情感、道德意志、道德行为、道德修养、组织纪律观念方面的素质。

（6）科技文化素质

指科学知识、技术知识、文化知识、文化修养方面的素质。

（7）审美素质

指美感、审美意识、审美观、审美情趣、审美能力方面的素质。

（8）专业素质

指专业知识、专业理论、专业技能、必要的组织管理能力等。

（9）社会交往和适应素质

主要是语言表达能力、社交活动能力、社会适应能力等。

（10）学习和创新方面的素质

主要是学习能力、创新意识、创新精神、创新能力、创业意识与创业能力等。

美国社会学家亚历克斯·英克尔斯总结的现代人应具备的十二条素质是：

①乐于并准备接受新的生活经验。

②准备也易于接受社会改革和变化。

③对各种意见和态度都有所了解，头脑开放并富于弹性。

④积极地去获取能够形成见解或新态度的知识和事实，不拘泥和因袭传统成见。

⑤乐于面向现在和未来，不愿守旧和复古，时间观念强，守时。

⑥讲求效率，适应来自个人生活、社会生活、国际生活的快节奏。

⑦重视新技术，有接受以技术水平高低来获取报酬的心理准备。

⑧在个人生活和社会生活中善于制订长期计划。

⑨要求教育向更有益于人的方向发展。

⑩尊重别人，注意相互合作。

⑪了解生产及其过程。

⑫对自己生活的这个世界依赖感强烈，人与人之间比较相互依赖。

5. 职业素质的功能作用

（1）立足职场靠素质

某职业学院2000届毕业生小周，在校期间勤奋好学，思想活跃，尤其重视实际能力的培养，毕业的前半年因其专业成绩、操作技能、外语成绩均很优秀，被学校推荐到新加坡一个跨国公司从事模具制造工作。小周在工作中，踏实肯干，吃苦耐劳，与公司里的上司和同事的关系处理得十分融洽，工作得心应手，技术提高很快，两个多月后即能独立制造较复杂的模具。他还利用业余时间自学英语、管理和专业方面的知识，水平提高很快，薪金不但高于同去的其他同学，还高于新加坡籍员工。三年工作期满后，小周决意回到国内发展。他受聘于深圳一家大型模具企业担任业务主管，进公司不到一年，小周又被提升为主管拉美国家的业务主管，经常来往于美国、智利、澳大利亚等国洽谈业务，年薪20余万元，公司免费提供住房一套。小周成为公司十分倚重和看好的高级管理人才。

另一方面，小周结合自己的职场拼搏经历，总结出了立足职场应具备的10种基本职业素质要求。

①善于学习，努力学习。要有胜任岗位工作需要的知识和能力结构，尤其是专业知识和专业技能要强，实际动手操作的能力和解决实际问题的能力要强。

②有较强的纪律观念、事业心、责任感和良好的工作态度、敬业精神、奉献精神，这些是企业非常看重的。

③反应能力要强。思路敏捷是顺利完成工作任务，成功处理复杂事务的必备素质。思路敏捷、反应敏捷的人在工作和处理问题时往往能洞察先机，在时机的掌握上快人一步，促使事情成功。

④人际交往和应对能力较强。人是在社会中生活的，职业活动也是一种群体活动，因此人际交往须臾缺少不得，善于沟通和交往，提高谈吐应对能力，既是交往交际的需要，又可以反映出一个人的学识和修养，赢得人们的信任和尊重。

⑤良好的身体和心理素质。身体健康的人工作起来体力充沛、精神焕发，有战胜困难的勇气和毅力，对前途乐观进取，能担负起较重要的工作和任务。在日常工作和活动中，越是能坚持到最后一刻的人，才越是能成功的人。

⑥培养团队精神。自觉地参加团体活动，并要在其中尽心、尽力、尽责，能理解、宽容、帮助他人，善于与团体内其他成员一起有效地、和谐地工作和生活。

⑦要有强烈的进取心和求知欲望。为学之道，不进则退，社会经济不断在发展，科学技术不断在发展，职业岗位的内涵要求也在不断发展，不努力学习新知识、新技术，就会失去自己的发展空间。

⑧要有好的品格和操守。一个人再有学识，倘若在品行操守上不能把握住分寸，则极有可能对企业和社会造成损害甚至危害。知识能力不强是"次品"，品行、品格不好是"废品"，说的就是这个道理。

⑨养成好的生活习惯和生活方式。在一定程度上，生活习惯和生活方式影响甚至决定了一个人的职业和事业的进步与发展，一个勤劳、朴素、生活有规律的人，干起工作来就能实事求是、踏实勤奋、认真负责、富于进取。这些是企业员工应具有的最基本的素质。

⑩谦虚热情，善于适应环境，不怨天尤人。谦虚是一种美德，而热情是待人接物的前提，也是做好工作的前提。

（2）事业成功靠素质

在世界化工行业，台塑董事长王永庆在台湾是一个家喻户晓的传奇人物。他把台湾塑胶集团推进到世界化工工业的前50名。王永庆15岁小学毕业后，到一家小米店做学徒。第二年，他用父亲借来的200元钱做本金自己开了一家小米店。为了和隔壁那家日本米店竞争，王永庆颇费了一番心思。

当时大米加工技术比较落后，出售的大米里混杂着米糠、沙粒、小石头等，买卖双方都是见怪不怪。王永庆则多了一个心眼，在每次卖米前都把米中的杂物拣干净，这一额外的服务深受顾客欢迎。

王永庆卖米多是送米上门，他在一个本子上详细记录了顾客家有多少人、一个月吃多少米、何时发薪等。算算顾客的米该吃完了，就送米上门；等到顾客发薪的日子，再上门收取米款。

他给顾客送米时，并非送到就算。他先帮人家将米倒进米缸里。如果米缸里还有米，他就将旧米倒出来，将米缸刷干净，然后将新米倒进去，将旧米放在上层。这样，米就不至于因陈放过久而变质。他这个小小的举动令不少顾客深受感动，铁了心专买他的米。

就这样，他的生意越来越好。从这家小米店起步，王永庆最终成为台湾工业界的"龙头老大"。后来，他谈到开米店的经历时，不无感慨地说："虽然当时谈不上什么管理知识，但是就认为为了服务顾客做好生意，有必要掌握顾客需要，没有想到，这一点小小构想，竟能作为起步的基础，逐渐扩充演变成为事业管理的逻辑。"

这个故事告诉我们：同样是卖米，为什么王永庆能将生意做到这种境界呢？关键在于他用了心！用心去研究顾客，研究顾客的心理，研究顾客的需要，研究如何去满足顾客的需要。不单纯卖给顾客简单的产品，而是将顾客的需求变成自己的服务项目，与产品一同给予顾客。

由此我们更可以看出服务的价值。顾客从其他米店也可以买到米，但从王永庆的米店里买米，会感觉自己的所得是超于产品价值的，这超出的价值便是服务。令人感动的服务绝不仅仅是微笑能涵盖的，它融合在每一个工作的细节里。而贯穿始终的一个问题就是：你是否在与顾客交往的每一个环节上都细心地为顾客的方便与顾客的利益着想了？我们应该明白的是：在如今技术高度发展、产品趋同的形势下，一个企业如果想存活并发展，就一定要有超越产品的、能让顾客愿意为之捧场的理由。只有乐于把方便给予他人，把利益给予他人，把温暖给予他人，把服务给予他人，才能塑造出企业独特的魅力，赢得顾客心。

后来，王永庆总结了经营成功的八个秘诀：

①追根究底：对问题不追究到水落石出，绝不罢休。

②务本精神：凡事只求根本，只求合理，不问结果。

③瘦鹅理论：忍饥耐饿，坚韧不屈，等待机会的到来。

④基层做起：脚踏实地，按部就班，从基层做起，成功的机会就越大。

⑤实力主义：学历不等于实力，实务经验愈丰富，成功的机会就越大。

⑥切身感：制定让员工有切身感的管理制度，发挥员工最大潜能。

⑦价廉物美：坚持供应价廉物美的原料给下游客户，才能使企业得以蓬勃

发展。

⑧客户至上：买卖双方唇齿相依，给客户利益自己才能有最大利益。

美国纽约医学院的森姆·詹纳斯教授，在对全球200名完全依靠自己白手起家的富翁做过问卷调查后，发现他们在性格（事实上性格也是职业素质的组成部分）和职业素质方面有四大共同特征，他称之为"白手兴家的百万富商共通个性"。他认为，任何人如果能够培养出这些性格和职业素质的话，都可以在商界或其他领域获得成功。这四大特征是：

①必须对创业充满浓厚兴趣，工作赚取的钱储存积累起来，日常生活则要坚持朴素无华。

②一心一意为工作卖力，每星期做足7天，永不准备退休。

③工作要有极大的忍耐性和坚毅精神，不因偶遭挫折便气馁，坚持既定的信念。

④不因工作的贵贱而取舍，只要是有社会需要，而又不是为非作歹的工作，一般人不屑于干的，都乐于接受，并努力把它做好。

（3）事业发展靠素质

孟子在个人成才和事业发展的问题上有两句传颂千古的精辟论述："天将降大任于斯人也，必先苦其心志，劳其筋骨，饿其体肤，空乏其身，行拂乱其所为，所以动心忍性，增益其所不能"，"富贵不能淫、贫贱不能移、威武不能屈"。前一段讲的是成功与奋斗的关系，艰难困苦，玉汝于成，是心理素质磨炼问题，尤其是意志、毅力、坚定性、心理承受力等品质；后一段是讲成功与个人修养的关系，核心是思想道德素质，是思想品德修养问题。这两段话之所以流传千古，千百年来被人们反复引用，就在于它回答了人人都关心和追求的"如何才能成功""成功后如何才能进一步发展"等问题。因为"创业难，守业难，进一步发展难上加难"。

在个人成长问题上，李凯城在《向毛泽东学管理》中说："领导用你，敢把急难险重任务交给你，就是最好的培养！这既是信任，也是栽培。因为如果你的工作没做好，领导是要承担责任的。所以，遇到这样的机会，千万不要往后缩，也不要怕苦、怕累、怕挨批。"

走出校门的高职高专学生，首先面临的是如何较为顺利地进入职场，如何在职场上站稳脚跟继而在事业上取得成就。其次所要考虑的则是个人的职业生涯如何发展、个人的事业如何发展。应对这些问题的核心在于对自己有全面的认识和把握，这样才能顺应社会发展的潮流、趋势和需要，审时度势，培养和提高自己的职业素质，从而使自己能够在职场的拼搏中处变不惊，稳操胜券。

（三）能力

1. 能力的含义

能力，就是指顺利完成某一活动所必需的主观条件。能力是直接影响活动效率，并使活动顺利完成的个性心理特征。能力总是和人完成一定的活动相联系在一起的。离开了具体活动，既不能表现人的能力，也不能发展人的能力。

个人的能力不同，成就也就不同，人的能力越大，成就也会越大。

2. 能力的分类

当一个人的能力和工作的要求相匹配时，最容易发挥自己的潜能，并且获得一种满足的感觉。相反，当一个人去做自己力所不及的工作时，就会感到焦虑，甚至产生挫败感。而当一个人能力超出工作要求太多时，又容易感到工作缺乏挑战，比较乏味。因此，在选择职业时，我们同样要寻求个人能力与职业技能要求的适配。我们需要清楚能力有哪些分类，从而清楚自己具备什么样的能力、职业又要求什么样的能力。

能力按照其获得的方式（先天具有与后天培养），可以分为"能力倾向"和"技能"两大类。

（1）能力倾向

能力倾向是指上天赋予每个人的特殊才能，如音乐、运动能力等。它是与生俱来的，不过也有可能因未被开发而荒废。因此，这是一种潜能。比如，在中国14亿人中，虽然不是每个人都能像刘翔一样跑得那么快，但一定有一些人同样具备像刘翔那么好的节奏感和身体的协调能力，只是他们从来没有机会去发展这方面的天资。遗传、环境和文化都可以影响到天赋的发展。

关于人的天赋，传统的智力理论通常以语言能力和数理逻辑能力为整体评判的标准，也就是人们常说的 IQ。1983 年，美国哈佛大学教授、发展心理学家加德纳（Gardner）提出了多元智力论（the Theory of Multiple Intelligences）。他认为，智力是多元的——是由同样重要的多种能力而不是一两种核心能力构成的，而且各种能力不是以整合的形式存在，而是以相对独立的形式表现出来的。他的研究表明，人类至少有七种不同的智能：言语——语言智力、逻辑——数理智力、视觉——空间智力、音乐——节奏智力、身体——动觉智力、交往——交流智力和自知——自省智力。这七种智力在个人的智力结构中处于同等重要的地位，每个人都同时拥有这七种智力，但它们在每个人身上以不同的方式、不同的程度组合，从而使得每个人的智力各具特点。例如，周恩来、爱因斯坦、贝多芬、达·芬奇、姚明、奥黛莉·赫本和特蕾莎修女这些在各自领域做出杰出贡献的著名人物之间很难比较谁更聪明。我们只能说他们各自在不同的领域，以不同的表现方式，将自己天生的聪明才智发挥到了极致。

从这个意义上说，加德纳的多元智力理论告诉我们：对于世界上的每一个人来说，不存在谁更聪明的问题，只存在不同个体在哪个方面更聪明的问题。每个人都是独特的。正如中国古人所言："天生我材必有用。"如果个人能将自己独特的天赋充分发挥出来，那么，每个人都可以是出色的。

（2）技能

技能则是指经过后天学习和练习培养而形成的能力，如阅读能力、人际交往能力、表达能力等。在个人成长的过程中，从什么也不会做的小婴儿到一个生活自理，能够看、听、说、行走、阅读、写字的普通成年人，其实我们每个人都已经学会了无数的技能。

在现实生活中，个人的能力水平往往是能力倾向和技能两方面的结果。比如，刘翔取得跨栏比赛的奥运会冠军，这中间既有他先天良好的个人身体素质的原因，也离不开后天勤奋刻苦的技能训练。但同时，我们要注意，不要将两者混为一谈。比如，我们常常会听到某人说"我这方面的能力不行"，那么，是真的不具备这方面的天赋，还是由于缺乏机会培养和练习？事实上，像人际交往能力、沟通能力等，主要有赖于后天的练习。许多人际交往技能不佳的人，往往是由于其在青少年时期家庭教育不当，只注重学习成绩而不注重其他技能的培养造成的。在成年以后，他们可以通过听讲座、看书、向人请教乃至接受心理咨询等方式改善自己这些方面的技能。正如中国古话所讲的，"勤能补拙"，先天的不足可以通过后天的努力得到弥补。比如邓亚萍，虽然作为乒乓球运动员的先天条件并不好，但通过后天的刻苦训练还是取得了惊人的成就。其实，每个人都有无限的学习、成长的能力，但许多人成年以后就开始固步自封了。我们如果像孩子一样地勇于学习、勤于学习，并且不怕失败和挫折，那么很多技能是可以通过练习而获得的，就像《卖油翁》中所讲的："我亦无他，惟手熟尔。"

认识个人技能，首先要了解技能分类。辛迪·梵和理查德·鲍尔斯将技能分为三种类型：知识技能、自我管理技能和可迁移技能（或称通用技能）。通常人们比较容易想到自己所具有的知识技能，但实际上后两种技能更为重要。它们有可能使我们不局限于自己所学的专业，可以在更广的范围内选择职业；它们对于我们在竞争中胜出具有关键性的作用，并且使我们能够在工作中得到更长久的发展。

①知识技能。知识技能是指那些需要通过教育或者培训才能获得的特别的知识或能力，也就是个人所学习的科目、所懂得的知识。比如：你是否掌握外语、

中国古代历史、电脑编程或化学元素周期表等知识？

知识技能不可迁移，也就是说，它们是一些特殊的语汇、程序和学科内容，必须经过有意识的、专门的培训才能掌握。它们常常与我们的专业学习或工作内容直接相关。正因为如此，许多大学生由于不喜欢自己的专业，在找工作时往往陷入两难的境地：一方面，他们认为找工作必须"专业对口"，但是又不喜欢自己的专业，不想将之作为从事一生的职业；另一方面，如果"专业不对口"，自己不是"科班出身"，则担心自己与专业出身的应聘者相比缺乏竞争力，甚至觉得很难跨越专业的鸿沟。在这种情况下，似乎唯一可行的方式就是通过考研来改换专业。

事实上，知识技能并非只有通过正式的专业教育才能获得。除了学校课程，课外培训、专业会议、讲座、研讨会、自学、资格认证考试等方式都可以帮助个人获得知识技能。此外，很多公司也为新员工提供相关的上岗培训。例如，某著名的会计师事务所在对新员工的培训中，第一年的主要内容就是针对非专业学生补充财会基础。由此可见，即使是一些专业要求较高的职业如会计师等，其专业技能也可以在就职后的培训中获得。实际上，越是大的公司，越是看重个人的综合素质（也就是"自我管理技能"与"可迁移技能"），而不那么在意个人是否已经具备专业知识。不少外企在校园招聘时都不再区分学生的专业背景。

需要注意的是，技能的组合更为重要。通常我们所说的"复合型人才"，正是指具有不同知识技能的人。技能的组合使得我们在人才市场上更具有竞争力，也更有可能将工作完成好。例如，如今懂英语的人很多，但既精通英语又精通建筑专业知识的人就不那么多了。而在大型合资建筑工程中，非常需要能与外国专家进行良好沟通的专业人才。再如，一个辅修平面设计专业的心理系学生，更有可能在进行设计工作时运用自己的消费心理学知识与客户进行充分的沟通，令客户更加满意。从这个角度来说，不论你现在学习的专业是否是你所喜爱的，或是你将来要从事的，你从中获得的专业知识在某个时候就有可能派上用场。甚至一些并非你所学专业的看上去似乎并不那么起眼的知识，都有可能使你在面试的时候显得与众不同，比他人略胜一筹。

②自我管理技能。自我管理经常被看作个性品质而非技能，因为它们常常被用来描述或说明人具有的某些特征。它涉及个体在不同的环境下如何管理自己：是勇于创新还是循规蹈矩；是认真还是敷衍了事；能否在压力下保持镇定；是否对工作有热情；是否自信等。

良好的自我管理技能能够帮助个体更好地适应周围的环境、应对工作中出现的问题，因此它也被称为"适应性技能"。一个人是如何使用自己的专业知识、以什么样的态度从事工作的,这甚至比工作内容本身更为重要。正是这样一些品质和态度,将个人与许多其他具有相同知识技能的候选人区别开来,最终得到一份工作,并能够适应新的环境和规则,在工作中取得成就,获得加薪和晋升的机会。因此,有人称它们为"成功所需要的品质""个人最有价值的资产"。

事实上,人们被解雇或难以胜任工作更多的时候是因为缺乏自我管理技能,而不是因为缺乏专业能力。用人单位对刚毕业大学生的评价中,经常见到的就是"缺少敬业精神、没有服务意识、眼高手低、不认真、不踏实、没有主动进取精神"等,而这些都是与自我管理技能相关的。很多大学生因为从小受到父母、老师的呵护,缺乏这方面的意识,在处理工作问题和人际关系上往往显得不成熟、以自我为中心。他们没有认识到:优秀的员工是成熟、能负责、能独立解决问题的成年人。可以说,在大学生从校园走向社会之前,培养良好的自我管理技能,学会如何为人处世,是至关重要的。

一个人的自我管理技能无论是先天具有的还是后天习得的,都需要练习。它们可以从非工作领域迁移到工作领域。也就是说,耐心、负责、热情、敏捷这些技能并不是通过专门的课程学习到的,而是在日常生活中随时随地培养的。例如,一位大四同学在回顾自己的实习经历后写道:"这段经历为我毕业后进入社会做了良好的准备。在这次实习中,我懂得了在工作中不仅要具备良好的知识技能,还要具备良好的社交能力,才能在工作中营造良好的、和谐的工作氛围。在工作中要积极主动,要虚心地向同事、前辈请教;要知难而上,不能遇到一点困难就放弃;要严格要求自己,不为自己的失职找借口。平时要和同事多多交流,和谐相处。"

在大学阶段,多参加一些社团活动和社会实践,有助于大学生在实际工作中更好地认识自己,了解自己的长处和不足。还可以通过与他人的比较、听取他人的反馈来更恰当地评价自己。

③可迁移技能。可迁移技能就是一个人会做的事。比如教学、组织、说服、设计、安装、帮助、计算、考察、分析、搜索、决策、维修等。

可迁移技能的特征是它们可以从生活中的方方面面,特别是工作之外得到发展,却可以迁移应用于不同的工作之中。比如在宿舍里发生大家争用电话的矛盾时,宿舍长可以组织室友们一起开会讨论,协商解决如何平等地使用电话的问题。在这里面,就用到了组织、商讨、问题解决、管理等重要的可迁移技能。几乎在所有的工作中,都或多或少地会用到这些技能。因此,可迁移技能也被称为"通用技能"。

随着我们工作经验和生活阅历的增加,可迁移技能还会得到不断的发展。既然它们在许多工作中都会用到，它们的重要性也不容忽视。索尼技术中心会计部经理曾说："我在聘用一个人时，最为看重的是他的人际沟通能力。这项能力极其重要，因为必须有能力与人交谈才能获得需要的信息。我把80%的时间用在与索尼其他部门打交道上，我的员工也花费大量时间与本部门之外的人打交道。"

事实上，知识技能的运用都是立足于可迁移技能基础之上的。举例来说，你的知识技能也许是动物学，但你将怎样运用它呢？是"教授"动物学，还是当宠物医生"治疗"宠物，或是"写作"科普文章宣传爱护野生动物的知识，抑或在流浪小动物协会帮助"照料"小动物？这些加引号的词都是可迁移技能。你以前可能没有正式当过教师，但是通过当家教、在课堂上汇报讲解小组科研项目等经历，你已经具备了"教学"的技能。当你把"教学"技能与"动物学"知识结合在一起时，你就可以去应聘相关的职位了。

从这个意义上说，在求职的时候，尽管你从来没有从事过某个职务，但只要你实际上具备这个职位所要求的种种技能，你就可以证明自己有资格去从事它。因此，如果你并不是"科班"出身，仍然有可能跨专业从事你想从事的职业，尤其是那些对知识技能要求并不是很高而可迁移技能占重要地位的职业。比如，也许你并不是营销专业的学生，但凭着良好的人际交往技能，你曾经担任过某杂志的校园代理，并在地区销售评比中取得过第二名的好成绩。从可迁移技能的角度看，这样的经历足以使你成功地应聘一个公司的销售职位。

学习文学、历史、哲学等人文专业的学生常常感到苦恼，因为他们所学的专业似乎不如计算机、建筑、机械等理工科的专业实用。事实上，人文专业的学习除了使他们具备一些专业知识以外，也使他们掌握了许多可迁移技能，例如：沟通技能、问题解决技能、人际关系技能、研究技能等。

3. 职业能力

职业能力，是人们成功地从事某一特定职业活动所必备的一系列稳定的、综合的个性心理特征。职业能力与职业资格紧密联系在一起，具备相当的职业能力可以获得相应的职业资格，凭这个职业资格可以从事特定的工作，例如律师、会计、程序员、导游等。

人的职业能力分为三层：职业特定能力、行业通用能力、核心能力。

职业特定能力是每一种职业自身特有的能力，它只适用于这个职业的工作岗位，适应面很窄。但每一个职业对应一种特定的能力。我国编制的《国家职业分类大典》细分有1 838个职业，目前，新的职业还在不断产生，所以特定职业能力的总量是很大的。

行业通用能力是以社会各大类行业为基础，从一般职业活动中抽象出来可通用的基本能力。它的适应面比较宽，可适用于这个行业内的各个职业或工种，而按行业或专业性质不同来分类，通用能力的种类总量显然比特定能力的小。

职业核心能力是从所有职业活动中抽象出来的一种最基本的能力，可适用于所有行业的所有职业，普适性是它最主要的特点，世界各国对核心能力有不同的表述，相比而言它的种类是最少的。

核心能力对职业活动的意义就像生命需要水一样普通，一样重要。对劳动者来说，掌握好核心能力，可帮助劳动者适应就业需要，帮助劳动者在工作中调整自我、处理难题并很好地与他人相处。同时，它是一个可持续发展的能力，可帮助劳动者在变化了的环境中重新获得新的职业技能和知识，有较好的职业核心能力，能帮助劳动者更好地发展自己，适应更高层次职业和岗位的要求。在德语中，"关键"一词原意为"钥匙"，"关键能力"意味着"打开成功之门的钥匙"。职业核心能力是我们每个人成功的有效能力、基础能力，在现代社会，其重要性日益显现。

对企业来说，人力资源是第一资源，提升员工的核心能力是增强企业核心竞争力的基础。在激烈的市场竞争条件下，无论在传统行业、服务行业，还是在高科技行业，核心能力与其他知识和技能一样，都是企业赖以取得成功的基本要素。在经济竞争中，开发员工的"智能"，能提高工作绩效和企业效益，是增加利润的基础。事实上，不少的企业在招聘员工时，十分注重应聘者的职业道德和核心能力的素质，在企业的内训中，除提高员工的岗位技能素质外，不少企业还越来越重视职业核心能力的培训。

根据我国劳动和社会保障部职业技能鉴定中心组织制定的试行标准，将核心能力分为八个大项：与人交流的能力、数字应用能力、自我学习能力、信息处理能力、与人合作能力、解决问题能力、创新能力、外语应用能力。

（四）素质与能力的关系

素质与能力的关系，历来存在许多争议。实际上，素质与能力是对人的品格在同一层次不同侧重的表述。一般来说，素质重在存储与积淀，"位势"的变化只表明量的增减并不代表质的改变，只有当外因发生作用时，素质才能释放能量，故条件是素质"物化"的前提，它更多地具有静态特征，或者说素质是以"势能"的形式存在的。而能力重在内化与运用，通过反思过程的快慢表明能量聚集"加速度"的大小，内因发挥主要作用，当主体行动时就释放能量，故过程是能力"物化"的情境，它更多地具有动态特征，或者说能力是以"动能"的形式存在的。素质与能力的关系，从某种意义上说，就是势能与动能的关系，在一定条件下可以相互转化。从这一意义上来看，素质是能力的内隐，能力则是素质的外显。

素质是能力形成和发展的自然前提，离开了这个前提就谈不上能力的发展。

素质本身不是能力，也不能现成地决定一个人的能力，它仅能够提供一个人能力发展的可能性，只有通过后天的教育和实践活动才能使这种发展的可能性变为现实性。

素质与能力也不是一对一的关系，同样的素质基础上可以形成各种不同的能力，同一种能力可以在不同素质基础上形成，这完全取决于后天的条件。即使在某种素质方面存在着一定的缺陷，也可以通过机能补偿的作用，使相关能力发展起来。

三、性格、气质、兴趣、态度与习惯

（一）性格

性格与一个人的职业发展也有很重要的关系，性格若能与工作相匹配，工作可以得心应手、轻松愉快、富有成就；反之，则会不适应、困难重重，给个人的发展造成影响。一般来说，从事与自己性格相符的工作，人生比较快乐，事业比较容易成功。

1. 性格的含义

性格是个人对现实的稳定态度和习惯化的行为方式。它是个人在社会实践活动中通过个体和环境的相互作用而逐步形成的，一经形成，就具有一定的稳定性。

性格中对劳动、对工作态度的部分，直接影响到职业选择和职业成就。有的人以劳动为荣，把劳动当作自己的需要；有的人则以劳动为耻，把劳动和工作看成自己的负担。有的人积极、主动、肯干；有的人消极、怠慢；有的人对工作认真负责，一丝不苟；有的人则马虎大意，敷衍塞责。

性格中反映对他人、对自己和对集体态度的部分，也往往影响到职业的选择和成就。自私、傲慢、孤僻、暴躁，对公益事业漠不关心、轻视社会行为规范的人，就不适于从事与人打交道的职业，如教师、服务员、公关人员、外交人员、机关干部等。

性格中的意志部分也同职业的选择与成就有密切关系。缺乏坚韧性的人不适宜从事诸如外科医生、科学研究人员、资料管理人员、运动员等要求耐力很强的职业；动摇、怯懦、散漫的人，不适宜选择诸如思想政治工作、服务员、教师等职业。

因此,性格类型与职业类型的匹配度,在很大程度上决定了事业的成功与否。

2. 根据性格的类型择业

关于性格和职业的关系存在多种理论的流派,针对高职生的年龄特点和学习生活背景,我们介绍三种影响较大的理论供大家参考。

(1)美国著名人力资源专家罗杰·安德对性格的分类

①刚毅型:具有刚毅性格的人,大都锋芒毕露,喜欢独自决断,他们意志坚定,行为果断,敢于冒险,善于在逆境中顽强拼搏。他们办事效率高,处理问题有主见,不依赖他人,不迷信权威,喜欢独立思考、独立工作。他们适合开拓性和决策性的职业,不适合从事机械和服务性的工作,也不适合从事要求细致的工作。

②温顺型:温顺性格的人性情温和、慈祥善良,亲切和蔼,处事平和稳重,待人仁爱宽容。更重要的是,这种人有丰富的内心世界和敏锐的观察力。他们适合从事文学艺术、幼儿教育、财务和护理、办公室工作、社会工作、咨询等多项职业,不适合从事要求做出迅速、灵活反应的工作。

③固执型:固执性格的人擅长独立和富有职责的工作,他们长于理性思考,办事踏实稳重,兴趣持久而专注,他们立场坚定,敢于直言,善于忍耐,有较强的自我克制的能力。他们特别适合从事科研、技术、财务等工作,不适宜从事需与人打交道、变化多端的工作。

④韬略型:韬略性格的人机智多谋而又深藏不露,思维缜密,善于应变,反应也快,能够自律,临阵不乱。这种人适合从事挑战性的工作,或者从事具有关键作用和推动作用的工作,如政府官员、企业领导、行政管理等,不适宜从事细致单调、环境过于安静的工作。

⑤开朗型:开朗性格的人交际广阔,待人热情,生性活泼好动,出手阔绰大方,处世圆滑,能赢得各方朋友的好感和信任。他们比较适宜从事商业贸易、文体、新闻、服务等职业,但不适宜从事技术性或操作性的工作。

⑥勇敢型:具有这种性格的人敢做敢当,富有冒险精神,意气风发,勇敢果断,临危不惧,对自己佩服的人能言听计从,忠心耿耿。他们适合于从事警察、企业家、领导者、军人、检察官、消防员、救生员等工作,而不适宜从事服务、科研、财务等工作。

⑦谨慎型:谨慎型性格的人思维缜密,考虑问题全面又深入,他们办事精细,讲究章法,做起事来一丝不苟、井井有条,他们为人小心谨慎、谦虚,处事

低调。这种人十分适宜从事高级管理、会计、银行职员、出纳、统计、参谋、科研等职业，不适合从事大刀阔斧、雷厉风行的职业。

⑧急躁型：这种性格的精力旺盛，性格开朗，反应敏捷，乐观大方，他们的神经活动具有很强的兴奋性，能以极大的热情去工作，主动克服工作中的困难，富于创新精神，不轻言失败，成功欲望强烈，希望自己永远走在成功者的前列。他们适合做刺激性而富于挑战性的工作，典型的职业有记者、推销员、采购员、消防员、导游、节目主持人、演员、模特等。他们不适合从事需要整天坐在办公室里或不走动的工作。

⑨狂放型：这种性格的人行为狂放，桀骜不驯，自负自傲，为人豪爽，不拘小节，不阿谀奉承，常常凭借本性办事，做事冲动，喜欢跟着感觉走。他们想象力丰富，易冲动，易情绪化、理想化，有创意，但不重视实际。他们最适合从事需要运用感情和想象力的工作，如音乐、文学和艺术。

⑩沉静型：这种人内心沉稳，办事不声不响，工作作风细致深入，认真勤奋，有锲而不舍的钻研精神，适合从事一些相对稳定的职业，如医生、工程师、教师、会计、出纳等，不适合从事富于挑战和变化的职业。

⑪耿直型：这种人胸怀坦荡，性情质朴敦厚，没有心机，情感反应比较强烈和丰富，行为方式带有浓厚的情绪色彩，城府不深。他们适合从事具有冒险性、探索性或独立性的职业，如演员、运动员、航海、科学考察、野外勘测、文学艺术等，不适宜从事政治、军事等原则性强、保密性强的工作。

⑫善辩型：这种人善于独立思考，知识面广，脑子灵活，点子多，喜欢出谋划策，他们的能言善辩，能说会道，说话富有鼓动性、煽动性，与人交谈或演讲往往旁征博引、滔滔不绝，常让人大开眼界，他们在为人处世上有较强的社交能力，适合于从事公关、营销、广告、经纪人、律师、调解员等职业，不适合从事科研、财务等要求严谨细致的工作。

（2）瑞士精神分析学家荣格将人的性格划分为内倾型、外倾型两种

荣格认为，在人的生命中存在着一种心理能量——里比多，它是人的一切行为变化的基础，由于"里比多"的倾向不同，可以把人分为两种基本类型：里比多面向客体（外），其兴趣、关心有面向他人或他事者为外倾型；里比多面向主体（内），其兴趣、关心面向自己倾向者为内倾型。属于外倾型的人对外界事物表现出关心和兴趣，善于表露自己的情感和行为并乐于与人交往；属于内倾型的人对外界缺少关心和兴趣，不善于表露自己的情感和行为而且不乐于与人交往。

一般来说，外向性格类型的人，更适合从事充分发挥自己行动能力积极性并与外界有着广泛接触的职业；内倾型性格类型的人，比较适合从事计划的、稳定

的、不需要与人过多交往的职业。适合外向性格人的典型职业有：管理人员、律师、政治家、教师、推销员、警察、售货员、记者、人力资源工作者等。适合内向性格人的典型职业有：自然科学家、技术人员、艺术家、会计师、一般事务性工作的人员、速记员、打字员、程序员等。

无论是内倾型的人还是外倾型的人，都有许多非常具体和丰富的性格特征，而且纯粹属于内倾型或外倾型的人不多，大部分都属于混合型，只是存在着程度的差别。因此上面关于性格的分析只能提供一个大致的匹配方向。在实际的匹配过程中，还应根据人的性格特征与职业生涯要求的具体情况采取有针对的方法。

(3) 美国心理学家和职业指导专家霍兰德的职业人格理论

霍兰德经过十几年的跨国研究，认为人的性格大致可以划分六种类型，这六种类型分别与六类职业相对应，如果一个人具有某一种性格类型，便容易对这一类职业发生兴趣，从而也适合于从事这种职业。这六种性格分别是：

①现实型：现实型的人喜欢有规则的具体劳动和需要基本技能的工作。这类职业一般是指手工业和技术工作，通常要运用手工工具或机器进行劳动。这类人往往缺乏社交能力。现实型的人适于做工匠、农民、技师、工程师、机械师、鱼类和野生动物专家、车工、钳工、电工、报务员、火车司机、机械制图员、电器师、机器修理工、长途公共汽车司机等。

②研究型：研究型的人喜欢智力的、抽象的、分析的、推理的、独立的任务，这类职业主要指科学研究和实验方面的工作。这类人往往缺乏领导能力。

③艺术型：艺术型的人喜欢通过艺术作品来达到自我表现，爱想象，感情丰富，不顺从，有创造力，能反省。艺术型的人缺乏办事员的能力，适于做室内装饰专家。

④社会型：社会型的人喜欢社会交往，常出席社交场所，关心社会问题，愿为别人服务，对教育活动感兴趣。这类人往往缺乏机械操作能力。社会型的人适于做导游、福利机构工作者、社会学者、咨询人员、社会工作者、学校教师、精神卫生工作者、公共保健护士等。

⑤企业型：企业型的人性格外倾，爱冒险，喜欢担任领导角色，具有支配、劝说和言语技能。这类人往往缺乏科学研究能力。企业型的人适于做推销员、商品批发员、进货员、福利机构工作者、旅馆经理、广告宣传员、律师、政治家、零售商等。

⑥常规型：常规型的人喜欢系统的、有条理的工作任务，具有实际、自控、友善、保守的特点。这类人往往缺乏艺术能力。传统型的人适于作记账员、银行

出纳、成本估算员、核对员、打字员、办公室职员、统计员、计算机操作员、秘书、法庭书记员等。

我国的教育家和心理学研究人员根据我国的实际情况，将职业性格分为9种类型，并分别与典型职业相关联，见表3－2。

表3－2 我国研究人员研究的职业性格类型与典型职业关联表

职业性格类型	特征	典型职业
变化型	在新的和意外的活动和工作中感到愉快，喜欢有变化的内容多样的工作，善于转移注意力	记者、推销员、演员等
重复型	适合连续从事同样的工作，按固定的计划或进度办事，喜欢重复的、有规律的、有标准的工作	纺织、机械、印刷工、电影放映员等
服从型	愿意配合别人或按别人指示办事，不愿意自己独立做出决策，担负责任	办公室职员、秘书、翻译等
独立型	喜欢计划自己的活动和指导别人的活动或对未来的事情做出决定，在独立负责的工作情境中感到愉快	管理人员、律师、警察、侦察人员等
协作型	在与人协同工作时感到愉快，善于引导别人并希望得到同事们的喜欢	社会工作者、咨询人员等
劝服型	通过谈话或写作等使别人同意自己的观点，对别人的反应有较强的判断力，善于影响别人的态度和观点	辅导员、行政人员、宣传员、作家等
机智型	在紧张和危险的情况下能自我控制，沉着应对，发生意外和差错时能不慌不忙地出色完成任务	驾驶员、飞行员、消防员、救生员等
自我表现型	喜欢表现自己的爱好和个性，根据自己的感情做出选择，通过自己的工作来表现自己的思想	演员、诗人、音乐家画家等
严谨型	注重工作过程的各个环节、细节的精确性，愿意按一套规划和步骤将工作尽可能做得完美，倾向于严格、努力地工作，以看到自己出色完成工作的效果	会计、出纳，统计员、打字员、图书管理员

不同的职业，有着不同的社会责任、工作性质、工作内容、工作方式、服务对象和服务手段，由此决定了对从业者有不同的人格特质要求。

（二）气质

在气质方面，人与人之间同样存在种种个体差异。因此，深入了解和准确识别气质方面的个体差异是正确进行职业发展的前提条件之一。

1. 气质的含义

心理学家认为，气质是个人生来就具有心理活动的动力特征，存在着神经生理学的基础，因而具有较强的稳定性。终其一生，气质能使我们每个人的全部心理活动都染上个人独特的色彩。属于某种气质类型的人，常常在内容很不相同的活动中都显示出同样性质的动力特征。例如，一个人具有安静迟缓的气质特征，这种气质特征会在学习、工作中表现出一个人与生俱来的自然特性。气质没有好坏善恶之分。关于人类气质的研究可以上溯到古希腊医学之父——希波克拉底，之后，俄国的心理学家和生理学家巴甫洛夫、英国心理学家艾森克都对气质理论的完善做出了很大的贡献。

2. 气质类型与职业

古希腊医生希波克拉底认为，人的气质是由人体体液的不同分配比例决定的。他设想人体内有血液、黏液、黄胆汁、黑胆汁四种基本体液，机体的状态取决于四种体液混合的比例。罗马哲学家卡伦继承并发展了这一学说，之后，以某种体液占优势为根据，概括为四种气质类型：血液——多血质、黏液——黏液质、黄胆汁——胆汁质、黑汁质——抑郁质。

俄国生理家和心理学家巴甫洛夫根据自己的动物实验提出了著名的高级神经活动类型学说，从神经系统的强度、平衡性和灵活性三个维度将动物高级神经活动划分为四种类型，即不可遏制型、活泼型、安静型、抑制型。

希波克拉底关于人的气质类型的成因设想虽然没有被现代医学证明，但其将人的气质划分为以上四个类型的说法一直沿用至今。下面我们简要地谈谈各种不同的气质类型与职业之间的联系。

（1）胆汁质

胆汁质又称不可遏制型，属于战斗类型。这种气质的特点是情绪兴奋性高，发生很快，带有爆发的性质，如暴风骤雨。情绪体验强烈，外部表现明显，但爆发之后又很快平静下来。胆汁质的人感情与动作迅速，直爽热情，精力充沛，脾气暴躁，但不灵活。胆汁质的人精力旺盛，容易激动，神经活动具有很强的兴奋性。他们能以极大的热情去工作，主动克服工作中的困难；但如果对工作失去信心，情绪就会马上低沉下来，这类人适合从事外贸、信息、管理、导游、营销、节目主持人等工作。

（2）多血质

多血质又称活泼型，属于敏捷好动的类型，这种气质的特点是热情、开朗，无忧无虑、活泼好动，对外界事物感受迅速、强烈但不深入，不能持久；兴趣广泛但注意力易分散，感情易变化。多血质的人感受性低而耐受性高，不随意反应性强，具有较大的可塑性和外倾性。他们反应迅速而灵活，工作能力较强，情绪丰富易兴奋，并且表现明显。他们极易适应环境，但注意力不稳定，兴趣易转移。他们不适宜从事单调机械的工作和要求细致的工作，而管理、导游、外交、公安、军官等职业则更适合于他们。

（3）黏液质

黏液质又称安静型，属于缄默而沉静的类型。这种气质的特点是情绪不易激动，内向冷漠，动作稳妥，不善交往但善于忍耐，注意力稳定，有较强的自制力。这种气质的人的特点是感情不易外露，深沉含蓄，不大容易发脾气，对人平和，动作缓慢，但具有坚韧精神。黏液质的人具有较强的自我克制能力，能埋头苦干，态度持重不易分心，由于灵活性相对较差，他们可能有因循守旧的倾向。适宜黏液质的人的工作有会计、法官、调解人员、管理人员、外科医生等。

（4）抑郁质

抑郁质又称抑制型，属于呆板而羞涩型，这种气质的特点是情绪兴奋性高，敏感，体验深刻，各种心理活动的外部表现都缓慢而柔弱。抑郁质的人感受性高而耐受性低，不随意反应性弱，严重内倾，情绪兴奋性高，而且反应速度慢，相对刻板而不灵活，同时工作的耐受性能差，容易感到疲劳，并且容易产生惊慌失措的情绪。他们所适宜从事的工作与胆汁质的人正好相反，诸如打字员、校对员、检查员、数据登记人员、文字排版人员，机要秘书等适合他们。

3. 选择与自己职业气质相匹配的职业

气质是人们的个性中最稳定的因素，在选择职业时，一定要注意自己的气质类型。尽管气质没有好坏之分，但气质却能影响一个人的工作效率。在一些需要承受高度身心紧张的职业中，气质不仅关系到工作的效率，还关系到事业的成败。在一些特殊职业中，例如政府机要人员、公关人员、飞行员等，气质类型也是录用员工的重要标准之一。

每种行业、每个职位对从业者都有素质要求，特别是个性气质的契合度问题尤其重要。如果没有进入到真正适合自己、真正能激发自己的持续工作激情的工作领域，一个人也许可以兢兢业业一辈子，但是所创造的价值肯定是十分有限的。例如，对流水线作业工人的研究表明，一些看管多台机床的工人属于黏液质，他们的注意力稳定，工作中很少分心，这在及时发现和处理故障等方面是一种积极的特征，但他们从一台机床到另一台机床转移注意力时则可能较为缓慢，即工时较长但准确性高；另一些工作属于活泼型，他们的注意易于从一台机床转向另一台机床，但与此同时，由于他们的注意力容易分散，对于及时发现和处理故障等方面可能不如黏液质工人，即工时较短但准确性较低。一个人科学评价自己的职业发展方向，是取得更大成功的基石。

(三) 兴趣

1. 兴趣的含义

无数实践证明：在影响个人职业生涯规划与发展的众多主观因素中，兴趣就像上帝的手，所起的作用最大。那么，什么是兴趣？兴趣是怎样影响个人职业成长的？

兴趣是人们力求认识、掌握某种事物，并经常参与该种活动的心理倾向。或者说，兴趣是人们积极探究、认识某种事物的倾向。

职业兴趣则是指一个人是否喜爱某种职业，是一种职业选择与态度方面的倾向。一般情况下，如果个人兴趣类型与岗位对从业者的能力素质要求（职业环境）是一致的，我们就称之为有"职业兴趣"。如果人们对所从事的工作有"职业兴趣"，就会充分调动和发挥自己的主观能动性，充分开发智力和潜能，即使很枯燥的工作也会变得丰富多彩、趣味无穷，从而增强职业的适应性，工作满意度也会提高，职业稳定性也会加强，工作绩效也会变好。

反之，如果对所从事的工作，没有"职业兴趣"，比如一个喜欢与人交往的人，却天天与机器打交道，一个不喜欢与人交往的人，却从事市场销售的工作，这往往导致个人难以做出优秀的工作业绩，必然会降低对工作的热情和积极性，工作满意度也会随之下降，从而产生困惑和迷茫，甚至会对人们的工作和生活质量产生比较严重的影响。

获得诺贝尔物理学奖的华人丁肇中说过："兴趣比天才重要。"

兴趣的产生和发展有三个层次：有趣——乐趣——志趣。

有趣是兴趣过程的第一个阶段，也是兴趣发展的低级阶段，它往往短暂易逝，非常不稳定。处于这一阶段的兴趣常常与你对某一事物的新奇感相联系，随着这种新奇感的消失，兴趣也会自然地逝去。

乐趣是兴趣过程的第二个阶段，它是在有趣定向发展的基础上形成的，是兴趣发展的中级阶段。在这一阶段中，你的兴趣变得专一、深入起来，如喜爱网络文学的你很可能会成天沉溺于网络文学作品中。

志趣是兴趣发展过程的第三个阶段，当乐趣同你的社会责任感、理想、奋斗目标结合起来时，乐趣便变成了志趣。志趣具有社会性、自觉性和方向性，是取得成就的根本动力，是成功的重要保证。

如果你在众多兴趣中找到了自己的志趣所在，那你基本上已经明确了自己的职业发展方向。

2. 兴趣与职业发展的关系

（1）兴趣是职业生涯选择的重要依据

兴趣是最好的老师，是一种强大的精神力量。兴趣可以使人集中精力去获得自己所喜欢的职业知识，启迪智慧并创造性地开展工作。当一个人对某种职业产生兴趣时，他就能发挥整个身心的积极性；就能积极地感知和关注该职业知识、动态，并且积极思考，大胆探索；就能情绪高涨、想象丰富；就能增强记忆效果，增强克服困难的意志。反之，正如"强按牛头不喝水"，是不会取得良好效果的，当然也就很难在该职业上发挥个人的优势、做出巨大贡献了。正像一般人在日常生活中喜欢从事自己感兴趣的活动一样，具有一定兴趣类型的人更倾向于寻找与此有关的职业，特别是在外界环境限制较小时，会更倾向于选择自己感兴趣的职业。

（2）兴趣可以提高工作效率，充分发挥才能

一个人对某一方面的工作有兴趣时，枯燥的工作会变得丰富多彩、趣味无穷。兴趣使工作不再是一种负担，而是一种享受。因为兴趣可以调动人的全部精力，以敏锐的观察力、高度的注意力、深刻的思维和丰富的想象力投入工作，促进个人能力的发挥。兴趣和能力的合理结合会大大提高工作效率。曾有人进行过研究：一个人如果从事自己感兴趣的职业，则能发挥全部才能的80%～90%，而且长时间保持高效率而不感到疲劳；而如果对所从事工作没有兴趣，只能发挥全部才能的20%～30%。

（3）兴趣是保证职业稳定、职场成功的重要因素

对某一职业有浓厚的兴趣，是智力开发的"孵化器"。兴趣是工作动力的主要源泉之一。对于一个人来说，对工作感兴趣，就愿意钻研，就会出成就——这正是兴趣的作用所在。一般来说，兴趣是一个人职业生涯适应的一个基本方面，可以为职业生涯选择提供有效的信息。兴趣主要用于预测对工作的满意感和工作稳定性，工作满意是职业生涯适应的一大标志。在其他条件相似的情况下，从事自己感兴趣的职业不但让个人感到满意，而且能够让工作单位感到满意，并由此导致工作的长期性和稳定性。此外，多方面的兴趣可以使人善于应付多变的环境。如需变换工作，只要自己感兴趣，就能够很快地了解这份工作、求职成功，并能够在新的岗位很快地熟悉和适应新的工作。因此，兴趣是职场成功的一个重要因素，它能将一个人的潜能最大限度地开发出来，使人长期专注于某一方向，做出艰苦的努力，取得令人瞩目的成绩。

一个人如果能根据自己的兴趣去选择职业生涯，他的主动性将会得到充分发挥。即使十分疲倦和辛劳，也总是兴致勃勃、心情愉快；即使困难重重也绝不灰心丧气，而能想尽办法，百折不挠地去克服它，甚至废寝忘食，如醉如痴。爱迪生就是个很好的例子，他几乎每天都在实验室里辛苦工作十几个小时，在那里吃

饭、睡觉，但丝毫不以为苦，"我一生中从未间断过一天工作"。他宣称："我每天其乐无穷。"

因此，在选择长期、稳定的职业生涯时，不仅需要知道自己有能力从事什么样的工作，更重要的是需要知道自己对哪类工作感兴趣。只有将能力和兴趣结合起来考虑，才更有可能规划好职业生涯并取得职业生涯的成功。

3. 培养专业兴趣

专业兴趣是指一个人喜爱某一专业，是一种专业选择与态度方面的倾向。

培养专业兴趣的途径有：

（1）接受专业兴趣熏陶

积极参加相关的专业兴趣小组、社团、学会等。

（2）拓宽专业视野

充分利用图书馆、网络资源，参加校内外举办的专业讲座，更宽更广地了解专业理论的发展状况及国内外的最新研究成果，前沿理论总是更能给人带来新鲜和刺激，从而增加专业学习的兴趣。

（3）从专业中获得满足感

在日常交往中多运用自己的专业知识来获得心理上的满足感，从而提升专业兴趣。

（四）态度

1. 态度的含义

态度是人们在自身道德观和价值观基础上对人或事物的评价和行为倾向。态度表现为对外界人或事物的内在感受（道德观和价值观）、情感（即喜欢—厌恶、爱—恨等）和意向（谋虑、企图等）三方面的构成要素。具体反应过程为内心的认知、认可、服从、反对、迷茫、不安。激发态度中的任何一个表现要素，都会引发另外两个要素的相应反应，这也就是感受、情感和意向这三个要素的协调一致性。一般来说，态度的各个成分之间是协调一致的，但在他们不协调时，情感成分往往占有主导地位，决定态度的基本取向与行为倾向。

2. 态度的重要性

敬业精神是大多数公司聘人的标准之一。工作是一个人生存的基本权利，而能不能获得这份权利则看他能不能认真地对待工作。公司给员工一份工作，实际上是给他一个生存的机会，只有认真地对待这个机会，才对得起公司给予的待遇。能否干好公司所给的工作，能力不是最主要的，只要有敬业精神，能力是可以慢慢培养、逐渐提高的。

《老板喜欢什么样的员工》一书中说:"凡是在公司工作的员工,必须以积极的态度面对各种各样的挑战,把自己置于风口浪尖上,把各种借口都在脚下踩碎,积极为公司出谋划策,勤奋工作,这样才能让自己成为老板最器重的员工。每个员工都必须意识到:老板支付给你的报酬不光是金钱,还有珍贵的经验、良好的机会,这些东西的价值是不能用金钱来衡量的。"

对待工作的态度,实际上是一个道德问题——职业道德。在美国,如果一个人做不好自己的本职工作,就会失去信誉,他再找别的工作、做其他的事情就没有了可信度,如果认真地做好一份工作,往往还有更好的、更大的工作等着你去做,也就会更有信誉并能创造出更大的业绩!这样不仅进入了一种良性发展的过程,更体现了付出与回报之间相互照应、相辅相成的关系,即有付出必有回报,要得到回报必须首先要懂得付出!

敬业精神是个比较理论性的概念,说起来可能比较抽象,但真正实行之后是可以明显地感觉出来的,是否把工作当作自己生活中的重要事情、能否为了干好工作与别人协作好、配合好,是很容易看得出来的。只有认认真真地对待自己的工作,踏踏实实地做好自己的事情,积极地寻求自己工作业绩上的新突破的人才是公司真正需要的人才。积极的工作态度是一个优秀员工最基本的素质。积极是一个人向上的表现,积极也是任何企业都提倡的一种工作作风。唯有积极的行动才能带来积极的成果,它要求我们能够察言观色,积极配合领导的工作,能够考虑得远一点,思想先行动起来,多动脑子,勤动脑子,工作闲暇之余,多思考一些与工作有关的问题,多做一些工作计划、策划之类的先导工作。从平时的点点滴滴做起,努力做到"简单的事,全力以赴",这才是我们所推崇的工作态度。只有态度端正了,工作效率才会转化为工作的效益。

曾经有这么一个故事:一个上了年纪的木匠准备退休了。他告诉雇主,他不想再盖房子了,想和他的老伴过一种更加悠闲的生活。他虽然很留恋那份报酬,但他该退休了。雇主看到他的好工人要走,感到非常惋惜,就问他能不能再建一栋房子,就算是给他帮个忙。木匠答应了。可是,木匠的心思已经不在干活上了,不仅手艺退步,而且还偷工减料。木匠完工后,雇主来了。他拍拍木匠的肩膀,诚恳地说:房子归你了,这是我送给你的礼物。木匠感到十分震惊:太丢人了呀!要是他知道他是在为自己建房子,他干活儿的方式就会完全不同了。你就是那个木匠!你每天钉钉子,放木板,垒墙,但往往没有竭心全力。终于,你吃惊地发现,你将不得不住在自己建的房子里。如果可以重来……但你无法回头!人生就是自己做的一项工程,我们今天做事的态度决定了明天住的房子!

你也许不能选择工作本身，但你可以选择对待工作的态度，态度决定一切！

有个小孩，不小心碰到了桌子，大哭。一位妈妈见到后，第一个动作就是伸手打桌子，然后哄小孩："乖！不哭！"而另一位妈妈则不是这样，她会要求小孩重新绕桌子走一遍，然后启发他："人之所以会撞上桌子，一般有三种情况：一是你跑得太快，刹不住脚；二是不注意看路；三是你心里在想别的事情。你刚才是属于哪种情况？"

桌子是死的，它不会主动来撞人，所以人会撞上桌子，是人的错，而不是桌子的错。第一位妈妈伸手打桌子，就等于在告诉孩子，那是桌子的错，不是你的错，在这样的教育下成长的孩子，遇事情首先是推卸责任，千方百计为自己寻找开脱的理由，一门心思挑别人的毛病。第二位妈妈的做法，则是在教育孩子要勇敢地承担自己的责任，而不要一味地指责别人。在这样的教育下成长起来的孩子，凡事总是先检讨自己的不足。

其实，很少有事情能很彻底地分清到底是谁对谁错，往往是谁都有错，不同的是谁错多、谁错少。倘若每位当事者都能承担起自己的那一份责任，认真地检讨自己的不足，那还有什么事情解决不了呢？

在企业中，部门与部门之间也是这样，当别人给我们指出不足时，首先不是去反驳、去争辩，而是先作检讨，如果确实是错的，马上改；如果确实没错，也作个警示，以便更加重视。

同样的事，态度不同，结果也就不同。所以，要想把事情做好，必须先把态度端正好。

虽然成功是由多种因素共同促成的，但态度是首先要解决的问题。有人在做过万人次以上的调查后发现了态度和成功的一些规律：成功的第一大类要素与他们的态度有着直接的关系，如积极、主动、果断、毅力、奉献、乐观、信心、雄心、恒心、决心、爱心、责任心等这样因素占80%左右；第二类要素，属于后天修炼所得，叫"技巧"，如善于处理人际关系、口才好、有远见、创造力强、技术好、工作能力强，这类要素占13%左右；第三类属于客观要素，如运气、机遇、环境、长相、天赋等，这类要素占7%左右。

所以，我们做任何事情，成败的关键在于我们的态度，在于我们是直面困难、解决困难还是回避困难、在困难面前放弃。这是一个态度问题。

在实际的生活当中，我们常听到这样的抱怨："工作很累，钱挣得很少""做同样的工作，为什么他挣得比我多呢？""领导为什么只重视他，委以他重任呢？"诚然，这样的情况在实际中确实存在。带着情绪工作，肯定不会有出色的表现。试想，左手边站着一个态度积极向上的员工，右手边站着一个灰心丧气、凡事都摇头的员工，领导会做出什么样的选择？

有一个真实的故事：塞尔玛陪伴丈夫驻扎在一个沙漠里的陆军基地里。丈夫奉命到沙漠里去演习，她一个人留在陆军的小铁皮房子里，天气热得受不了——在仙人掌的阴影下气温也高于50℃。她没有人可聊天——身边只有墨西哥人和印第安人，而他们不会说英语。她非常难过，于是就写信给父母，说要丢开一切回家去。

她父亲的回信只有两行字：两个人从牢中的铁窗望出去，一个看到了泥土，一个却看到了星星。这封两行字的信却永远留在她心中，完全改变了她的生活。塞尔玛再读这封信，觉得非常惭愧。她决定要在沙漠中找到星星。塞尔玛开始和当地人交朋友，他们的反应使她非常惊奇，她对他们的纺织、陶器表现出兴趣，他们就把最喜欢但舍不得卖给观光客人的纺织品和陶器送给了她。塞尔玛研究那些引人入迷的仙人掌和各种沙漠植物、物态，又学习有关土拨鼠的知识。她观看沙漠日落，寻找海螺壳，还进行考古研究，并发现这些海螺壳是几万年前、这沙漠还是海洋时留下来的……原本难以忍受的环境变成了令人兴奋、流连忘返的奇景。

是什么使这位女士内心发生了这么大的转变呢？沙漠没有改变，印第安人也没有改变，但是这位女士的念头改变了，心态改变了。一念之差，使她把原先认为恶劣环境下的枯燥生活变为一生中最有意义的冒险。她为发现新世界而兴奋不已，并为此写了一本书，并以《快乐的城堡》为书名出版了。她从自己造的牢房里看出去，终于看到了星星。

（五）习惯

1. 习惯的含义

习惯，是人们在长期生活中逐步养成的一种相对稳定的思维和行为的倾向，一种稳固的思维和行为定式。习惯一旦形成，就会在人的头脑中形成一种自动化的程序，进入到人的潜意识里，使人难以察觉，却处处受其影响。习惯成自然。当一种习惯渐渐稳固，成为人的个性的一部分，它就像一个隐形人一样，自动地发挥作用，在不知不觉间控制着人的思想，指挥着人的行为，影响着人在生活中的每个细节。在社会生活中，人的行为总是被打上道德的烙印，所以人的习惯自然也就具备了高低和优劣之分：它们不是造就人，就是毁掉人；它们不是有助于人，就是有损于人。

我们生活中的绝大部分内容都来自这种思想和行为的定势——习惯。正是习惯减少了思考的时间，简化了行动的步骤，使我们在做每一件日常事务时，不必事事学习、探究、尝试，而是以一种完全自动化的方式从容应对。也正是这种从容应对，才把我们从烦冗的日常事务中解放出来，使我们有时间和精力去从事一些更有创造性和挑战性的工作，让我们更有效率地工作和生活。

人是被习惯塑造出来的。一个人的个性，实际上就是自身习惯的总和。最初是人们塑造了自己的习惯，然后习惯就像获得了独立的生命一样，反客为主，反过来又塑造了人本身。所以，作为人自身的一部分，习惯具有强大的力量，而那些良好的习惯，能够为人生注入强劲的动力，使生命更精彩。

2. 习惯的重要性

"习惯形成性格，性格决定命运。"约·凯恩斯如是说。"播下一种行为，收获一种习惯；播下一种习惯，收获一种性格；播下一种性格，收获一种命运。"威廉·詹姆士如是说。

好的习惯，具有强大的塑造力。习惯就像汩汩涌动的流水，在不知不觉中塑造着一个人的性格，进而决定着他的命运。好习惯，近乎美德。而"德不孤，必有邻"。一个好的习惯能够衍生出更多的好习惯，从而使人性变得更加美好。一个人习惯了诚实，就会待人以诚恳，待人以宽容，待人以豁达大度，就会获得同样的诚挚和宽容，使人生变得更加美好。

好的习惯，具有巨大的推动力。滴水能够穿石，积土能够成山，积跬步能至千里，这都是依靠点点滴滴的积累，而积累乃是一种习惯的力量，能够推动一个人完成先前所不曾预料的事情。"只要功夫深，铁杵磨成针""绳锯木断，水滴石穿"，都是习惯使然。习惯具有巨大的推动力，就像钉子能够把坚硬的木料穿透。生命中充满了积极进取的力量，从而推动人向着更高的目标迈进。

好的习惯，蕴蓄着一股强大的能量。春天的灿烂只在一瞬间，但是却需历经漫长的严冬。台上一分钟，台下十年功。当习惯的力量潜滋暗长，最终以排山倒海般的方式显现出来，没有任何偶然的成功能与之匹敌。这漫长的蓄积，这常年的历练，这种在长期的寂寞中的坚韧和执守，就是习惯的力量，没有任何力量能够阻挡生命的绽放。只要坚持不懈，就能够超越自己，同时也能够超越前人，最终成就大业。

当然，习惯既然有高低优劣之分，我们就应该对其一分为二地看。习惯本身是一柄双刃剑。当一种不良的生活方式成为习惯的时候，就像在生命中形成一个可怕的黑洞，轻则无谓地消耗掉自己的时间和金钱，重则会吞噬青春和生命，甚至会危及家人或他人的幸福安宁。

3. 习惯的内容

人生有许多习惯，比如，做人的习惯、做事的习惯、学习习惯、交往习惯、生活习惯、工作习惯、思维习惯、饮食习惯、睡眠习惯、健身习惯等，很难有人能准确统计习惯的分类。

（1）做人的习惯

第1种习惯：诚信；第2种习惯：礼貌；第3种习惯：爱心；第4种习惯：乐观；第5种习惯：理财；第6种习惯：自信；第7种习惯：坚强；第8种习惯：谦虚；第9种习惯：宽容；第10种习惯：责任心。

（2）做事的习惯

培根说：敏捷而有效率地工作，就要善于安排工作的次序，分配时间和选择要点。只是要注意这种分配不可过于细密琐碎，善于选择要点就意味着节约时间，而不得要领地瞎忙等于乱放空炮。

第1种习惯：做事有计划；第2种习惯：热爱劳动；第3种习惯：珍惜时间；第4种习惯：自主选择；第5种习惯：自我反省；第6种习惯：自我管理；第7种习惯：抵抗挫折。

（3）学习的习惯

学习就是主体与环境的相互作用，经过内化而获得经验并外化为行为变化的活动。

孔子云："学而时习之，不亦乐乎！"意思是说，人要经常学，要把学的东西内化为行动、习惯，这是快乐的事情。毛泽东也说："读书是学习，使用也是学习，而且是更重要的学习。"

第1种习惯：耐心；第2种习惯：专注；第3种习惯：观察；第4种习惯：记忆；第5种习惯：思考；第6种习惯：想象；第7种习惯：创造；第8种习惯：勤奋；第9种习惯：预习；第10种习惯：复习；第11种习惯：阅读；第12种习惯：质疑；第13种习惯：自我激励。

（4）交往的习惯

与人交流包括关心、聆听、合作、分享等。用和平的、对话的、协商的、非暴力的方法处理矛盾，解决冲突，这在人与人之间、群体之间都是适用的。

第1种习惯：与他人交往；第2种习惯：倾听他人；第3种习惯：与他人分享；第4种习惯：与他人合作；第5种习惯：幽默；第6种习惯：感恩他人。

4. 习惯的养成

习惯的养成，并非一朝一夕之事，而要想改正某种不良习惯，也常常需要一段时间。根据专家的研究发现，21天以上的重复会形成习惯，90天的重复会形成稳定的习惯。所以一个观念如果被别人或者是自己验证了21次以上，它一定会变成你的信念。

习惯的形成大致分成三个阶段：第一个阶段是头1～7天，这个阶段的特征是"刻意，不自然"。你需要十分刻意地提醒自己去改变，而你也会觉得有些不自然，不舒服。

第二个阶段是 7~21 天，这一阶段的特征是"刻意，自然"，你已经觉得比较自然，比较舒服了，但是一不留意，你还会恢复到从前，因此，你还需要刻意地提醒自己改变。

第三阶段是 21~90 天，这个阶段的特征是"不经意，自然"，其实这就是习惯，这一阶段被称为"习惯性的稳定期"。一旦跨入这个阶段，你就已经完成了自我改造，这个习惯已成为你生命中的一个有机组成部分，它会自然而然地不停为你"效劳"。

养成习惯有一些方法：

（1）明确要培养的好习惯

"每天早起"是一个明确的目标吗？答案是否定的。早起是什么定义，八点还是九点？明确你的目标，将它换成"每天7点起床"或者"每天早起10分钟"效果一定更好。

找一个不被打扰的地方，用二十分钟的时间列出你"不良习惯一览表"。接着再用二十分钟，列出"好习惯一览表"。然后认真分析一下，哪些要改，打算如何改，哪些要培养，打算如何培养。注意，这是第一步，一定要明确。如果你的看法越坚定、清楚，你的习惯培养或改正就有越大的力量。

（2）潜意识输入法

你将自己想养成的习惯，输入自己的头脑，潜意识会提醒你去做。

（3）视觉法

将要培养的习惯化成图案记于心中。贴墙上、写于笔记本首页、放于桌面等，就是为了增强视觉效果。

（4）行动法

重复地行动。和自己说"我做得到""我要去做"，如果你能连续行动21天，你就会发现习惯已经基本培养起来了。

（5）请人帮助法

请人监督或向亲友许诺，也会有不错的效果。

（6）做到每周回顾

回顾自己在过去一周取得的进展、遇到的问题，然后解决问题，并体验收获，给自己一点小小奖励。

（7）坚持一个月

30 天已经足够让你培养一个永久不变的好习惯了。时间太短则不能根植到你的大脑内，形成长久的习惯。若坚持时间很长但仍然失败往往是由于策略的失败，因为这时候时间的长短并不再是决定性因素。

四、自我 SWOT 分析方法

（一）SWOT 分析的含义

SWOT 分析是一种强大的分析工具，也是检查个人技能、能力、职业、爱好和职业机会的有用工具。SWOT 分析法最早是由美国旧金山大学的管理学教授在 20 世纪 80 年代初提出来的。

所谓 SWOT，每个字母表示一个英文单词，依次为 Strengths（优势）、Weakness（劣势）、Opportunities（机会）、Threats（威胁）。

在 SWOT 中，S、W 表示内部环境，分析自我有什么竞争优势、竞争劣势；O、T 表示外部环境，分析外部环境对自己而言有什么发展机会、竞争威胁。

当然，SWOT 分析最主要的部分并不是仅仅把 SWOT 四个部分列举出来而已，只是列举的话，其实对制定战略没有多少帮助。其分析原理是：把 S、W 全部列举出来，然后用预想的 O、T 对 S、W 进行评估，评估后可以得出自己应该做什么事，什么时候去做。可见，列举仅仅是 SWOT 分析的基础，而评估才是 SWOT 分析的根本。

在进行自己的未来职业规划时，可以填写如下表格，见表 3 – 3。

表 3 – 3　SWOT 分析

外部因素 内部因素	优势（Strengths）	劣势（Weaknesses）
机会（Opportunities）	SO 战略	WO 战略
威胁（Threats）	ST 战略	WT 战略

（二）SWOT 分析的步骤

1. 评估自己的优势和劣势

每个人都有自己独特的技能、天赋和能力，当然也有自己的缺点和不足。请在 SWOT 表格中，将自己喜欢做的事情、优势和不喜欢做的事情、劣势逐条列出来。如果界定比较困难，可以做一些测试习题，做完之后一般会发现。挖掘自己的优势和劣势很重要，基于这些你可以：第一，努力改正常犯的错误，提高自身技能；第二，放弃那些技能要求很高且不擅长的职业。

2. 找出自己的职业机会和威胁

不同的行业，都面临不同的外部机会和威胁，所以，找出这些外界因素将有助于求职者成功地找到一份适合自己的工作，因为这些机会和威胁会影响自己的第一份工作和今后的职业发展。

3. 列出今后 3～5 年内自己的职业目标

仔细地对自己做一个 SWOT 分析评估，列出从学校毕业后 5 年内最想实现的 3～5 个职业目标。这些目标可以包括：你想从事哪一种职业，你将管理多少人，或者你希望自己拿到的薪水属于哪一个级别。请时刻记住：你必须竭尽所能地发挥出自己的优势，使之与行业提供的工作机会完美匹配。

4. 提纲式地列出一份今后 3～5 年的职业行动计划

这一步主要涉及一些具体内容，特别是达到自己的职业目标而需要提高的内容。列出一份实现最匹配的职业目标的行动计划，并且详细地说明为了实现每一目标你要做的每一件事，何时完成这些事。如果你觉得需要一些外界帮助，请说明你需要何种帮助和如何获取这种帮助。

你拟定的详尽的行动计划将帮助你做决策，就像外出旅游前事先制定的计划，将成为你的行动指南一样。

5. 寻求专业帮助

能分析自己职业发展及行为习惯中的缺点并不难，但要以合适的方法去改变它们却很难。有时，自己的朋友、上级主管、职业咨询专家的协助、监督以及及时的信息反馈，对于自己弱势的改善和计划的顺利实施都有很大的帮助。在很多情况下借助专业的咨询力量会让自己走捷径。

五、提高职业竞争力——让你更有竞争力的五个 C

职场生涯的发展也如人生一样会发生许多变化，个人的意识和感知不能加以预料。但是，我们可以让自己掌握职场生涯中必备的"五个 C"，让自己更有竞争力。

1. **Competence**（能力）

能力是与自己所学的知识、工作的经验、人生的阅历和长者的传授相结合的。并不是说，我们学的什么专业，未来就会从事哪一行，人格特质才是决定人生方向的关键。因此，能力的培养是和不断地吸收新知识、新经验密不可分的，只有充实自己，才能赢在各个起跑点上。

2. **Communication**（沟通）

在工作中掌握交流与交谈的技巧是至关重要的。我们要确定的不仅是对方是否了解我们的意图，还有彼此在同一个观点、同一件事情上，是否可以取得共识。这其中的沟通，依赖的就是个人沟通的技巧。因此如何有效沟通，表达自己的理想与见解，是一个很大的学问，也是决定我们在社会上是否能够成功的重点。

3. **Cooperation**（合作）

在社会上做事情，如果只是单枪匹马地战斗，不靠集体或团队的力量，是不可能获得真正的成功的。毕竟这是一个竞争的时代，如果我们懂得用大家能力和知识的汇合来面对各项工作，我们将无往不胜。再者，一个能掌握和熟悉合作的人，那就有机会领导团队，成为领导人物。如果我们有机会担任领导者，就要有开阔的心胸，思考的应该是如何将这些个体的差异进行整体性地融合，从而成就一股宏大的力量。

4. **Confidence**（信心）

信心代表着一个人在事业中的精神状态和把握工作的热忱以及对自己的正确认知。有了信心，工作起来就有热情、有冲劲，可以勇往直前。当然，有的时候我们也会面对失败和挫折，但这些并不可怕，经历一次打击便学到一份知识，便积累一次力量和勇气。所以，在任何困难和挑战的面前首先要相信自己。

5. **Creation**（创造）

在这个不断进步的时代，我们不能没有创造性的思维而一味地在传统的理念里停滞不前，我们应该紧跟市场和现代社会发展的节奏，不断在工作中注入新的想法和提出合乎逻辑的有创造性的建议。而创造，除了知识的积累，还需要与人和事物的接触和观察。我们要提高对事物认识的深度与广度，不要将自己限制一个领域中，多去尝试接触不同的人和事，对自己的创新发展，会有极大的帮助。

【测一测】

职业能力自测

[请您根据自己的实际情况,回答下列每一个问题。第一个括号填(强)第二个括号填(弱)]

第一组

1. 善于表达自己的观点(   )(   )
2. 阅读速度快,并能抓住中心内容(   )(   )
3. 清楚地向别人解释难懂的概念(   )(   )
4. 对文章的字、词、段落的理解、分析和综合的能力(   )(   )
5. 掌握词汇量的程度(   )(   )
6. 您读书期间的语文成绩(   )(   )

总计次数(   )(   )

第二组

1. 目测能力(如测量长、宽、高等)(   )(   )
2. 解应用题的速度(   )(   )
3. 笔算能力(   )(   )
4. 心算能力(   )(   )
5. 使用工具(如计算器、算盘等)的计算能力(   )(   )
6. 您读书期间的数学成绩(   )(   )

总计次数(   )(   )

第三组

1. 作图能力(   )(   )
2. 画三维度的立体图形(   )(   )
3. 看几何图形的立体感(   )(   )
4. 想象盒子展开后的平面形状(   )(   )
5. 想象立体物体的能力(   )(   )
6. 玩拼板游戏(   )(   )

总计次数(   )(   )

第四组

1. 发现相似图形中的细微差异(   )(   )
2. 识别物体的形状差异(   )(   )

3. 注意到多数人所忽视的物体的细节部分（　　）（　　）

4. 检查物体的细节（　　）（　　）

5. 观察图案是否正确（　　）（　　）

6. 善于改正计算中的错误（　　）（　　）

总计次数（　　）（　　）

第五组

1. 快速而正确地抄写资料（诸如姓名、日期、电话号码等）（　　）（　　）

2. 发现错别字（　　）（　　）

3. 发现计算错误（　　）（　　）

4. 发现图表中的细小错误（　　）（　　）

5. 在图书馆很快地查找编码卡片（　　）（　　）

6. 持久工作的能力（如较长时间地进行抄写资料）（　　）（　　）

总计次数（　　）（　　）

第六组

1. 操作机器的能力（　　）（　　）

2. 玩电子游戏或瞄准打靶（　　）（　　）

3. 运动中身体的协调和灵活性（　　）（　　）

4. 打球（如篮球、排球、乒乓球、羽毛球等）的姿势与水平（　　）（　　）

5. 手指的协调性（如打字、珠算等）（　　）（　　）

6. 身体平衡的能力（如走平衡木等）（　　）（　　）

总计次数（　　）（　　）

第七组

1. 灵巧地使用手工工具（如榔头、锤子等）（　　）（　　）

2. 灵巧地使用很小的工具（如镊子、缝衣针等）（　　）（　　）

3. 弹乐器时手指的灵活度（　　）（　　）

4. 动手做一件小手工艺品（　　）（　　）

5. 很快地削水果（如苹果、梨子等）（　　）（　　）

6. 修理、装配、拆卸、编织、缝补一类活动（　　）（　　）

总计次数（　　）（　　）

第八组

1. 善于在陌生的场合发表自己的意见（　　）（　　）

2. 去新场所并结交新朋友（　　）（　　）

3. 您的口头表达能力（   ）（   ）

4. 善于与人友好交往并协同工作（   ）（   ）

5. 善于帮助别人（   ）（   ）

6. 擅长做别人的思想工作（   ）（   ）

总计次数（   ）（   ）

第九组

1. 善于组织集体活动（   ）（   ）

2. 在集体活动或学习中，经常关心他人的情况（   ）（   ）

3. 在日常生活中能经常动脑筋，出点子（   ）（   ）

4. 冷静地果断地处理突然发生的事情（   ）（   ）

5. 在工作中您认为自己的工作能力（   ）（   ）

6. 善于解决朋友与同事之间的矛盾（   ）（   ）

总计次数（   ）（   ）

现在请根据每组回答的"强""弱"的总次数，填入下表：

组	相应的职业能力	强（次数）	弱（次数）
第一组	言语能力	（ ）	（ ）
第二组	数理能力	（ ）	（ ）
第三组	空间判断能力	（ ）	（ ）
第四组	察觉细节能力	（ ）	（ ）
第五组	书写能力	（ ）	（ ）
第六组	运动协调	（ ）	（ ）
第七组	动手能力	（ ）	（ ）
第八组	社会交往能力	（ ）	（ ）
第九组	组织管理能力	（ ）	（ ）

职业能力自测结果：

在强（次数）栏中找出两个数字最大的组，这两个组所表示的能力就是你在职业能力上最强的两个方面，然后你可以对照下面的分析，看到你所适宜从事的职业有哪些，反之你也可在弱（次数）栏找出两个数字最大的组，这两组所反映的职业能力对你来说最弱，你不应该从事要求这两方面职业能力强的职业。

第一组：言语能力。你具有对词、句子、段落、篇章的理解能力，以及善于清楚而正确地表达自己的观念和向别人介绍信息的能力。你最适宜从事的职业有：外销员、商务师、导游、演员、导演、编辑、播音员、节目主持人、教师、律师、审判员等。

第二组：数理能力。你能迅速而准确地运算，并具有在快速准确地进行计算的同时，进行推理、解决应用问题的能力。你最适宜从事的职业有：会计、银行职员、保险公司职员、税务员、审计员、统计员、自然科学家、计算机工程师等。

第三组：空间判断能力。你具有对立体图形以及平面图形与立体图形之间关系的理解能力，包括能看懂几何图形、对立体图形的三个面的理解力，识别物体在空间运动中的联系，解决几何问题。你最适宜从事的职业有：技术员、工程师、服装设计师、艺术家、家具设计师、建筑师、摄影师、家电维修专家、自然科学家、军官、司机等。

第四组：察觉细节能力。你对物体或图形的有关细节具有正确的知觉能力，对于图形的明暗、线的宽度和长度能做出区别和比较，可以看出其细微的差别。你最适宜从事的职业有：技术员、工程师、电工、房管员、咨询师、运动员、教练员、导演、图书馆员、会计、银行职员、保险公司职员、审计员、统计员、编辑、播音员、自然科学家、计算机工程师等。

第五组：书写能力。你具有对词、印刷品、账目、表格等细微部分正确感知的能力，善于发现错字和正确地校对数字的能力。你最适宜从事的职业有：教师、公务员、社会科学家、秘书、打字员、编辑、银行职员、咨询师、经理、记者、作家等。

第六组：运动协调能力。你的眼、手、脚、身体能够迅速准确和协调地做出准确的动作和运动反应，手能跟随眼所看到的东西迅速行动，具有正确控制的能力。你最适宜从事的职业有：运动员、教练员、演员、工人、农民、服装设计师、家具设计师、美容师、电工、司机、服务员、导游、医生、护士、药剂士、导演、警察、战士等。

第七组：动手能力。你的手、手指、手腕能迅速而准确地活动和操作小的物体，在拿取、放置、调换、翻转物体时手能做出精巧运动和腕的自由运动。你最适宜从事的职业有：医生、护士、药剂士、运动员、教练员、自然科学家、工人、农民、技术员、工程师、服装设计师、家具设计师、艺术家、美容师、售货员、服务员、保育员、摄影师、演员、导演、战士等。

第八组：社会交往能力。你善于进行人与人之间的相互交往、相互联系、相互帮助、相互作用和影响，具有协同工作或建立良好的人际关系的能力。你最适宜从事的职业有：采购员、推销员、公共关系人员、外销员、商务师、编辑、调度员、经理、服务员、房管员、导游、咨询师、银行信贷员、税务员、审计员、保险公司职员、演员、导演、教师、社会科学家、公务员、秘书、警察、律师等。

第九组：组织管理能力。你擅长于组织和安排各种活动，具有协调人际关系的能力。你最适宜从事的职业有：调度员、导游、教练员、导演、教师、经理、公务员、商务师、保育员、咨询师、税务员、秘书、律师、警察等。

【做一做】

1. 每天从早到晚，你自己的时间都消耗在哪里？一段一段地记下来，记一个星期，然后看一看，是否存在不应该有的习惯，然后制定一个克服不良习惯的计划，并实施下去。

2. 自己做一张SWOT分析表，对自己的内部条件与外部环境，认真地梳理一下。

【看一看】

张伯苓的"爱国三问"

你是中国人吗？

你爱中国吗？

你愿意中国好吗？

八十多年前，南开大学校长张伯苓提出振聋发聩的"爱国三问"，在风雨飘摇的旧中国，种下自强图存的新希望。2019年1月，习近平总书记来到天津南开大学考察时讲到，这既是历史之问，也是时代之问、未来之问。

渤海之滨，白河之津，汲汲骎骎，月异日新。彼时的南开，在硝烟岁月中，是怎样愈益奋进、越难越开？今日的我们，要如何传承这份沉甸甸的"爱国三问"，将爱国情怀书写在祖国的大地上？

八十多年前，面对内忧外患的局势和积贫积弱的国家，南开大学校长张伯苓在1935年9月的开学典礼上，提出振聋发聩的"爱国三问"，点燃师生的爱国斗志。在风雨飘摇的旧中国，南开种下自强图存的新希望。

甲午一役，清廷战败，西方列强掀起瓜分中国的狂潮，英国趁此强租威海卫。当时，正在北洋水师服务的张伯苓，在威海看到日本太阳旗降下、清朝黄龙旗升起，仅过一日就改悬英国米字旗。目睹"国帜三易"，张伯苓深受刺激，怀揣"痛矫时弊，育才救国"的梦想和爱国教育家严修共同创办南开。

1919年9月，南开大学正式成立。关于南开大学的定位，老校长张伯苓曾定下宗旨："吾人为新南开所抱定之志愿，不外'知中国''服务中国'二语。"

在1934年第十八届华北运动会开幕式上，数百名南开学生用紫、白两色小旗组成"勿忘国耻""收复失地"等标语，令现场日本官员气急败坏。事后，日方要求南开严格管教学生，张伯苓校长对学生们说，你们讨厌！你们讨厌得好！下次还要这么讨厌！要更巧妙地讨厌！

1937年7月，南开大学校园遭到日军轮番轰炸和纵火焚烧，校园建筑仅存一座思源堂，美丽的南开园沦为一片废墟。面对日军野蛮行径，张伯苓说，敌人此次轰炸南开，被毁者为南开之物质，而南开之精神，将因此挫折，而愈益奋励。抗日炮火中，北大、清华、南开师生同赴国难、举迁昆明，合组西南联大，谱写了中国高等教育史上的光辉篇章。

和平年代，南开以百年校史陶铸爱国情怀，以课堂教学塑造爱国认同，迄今已有200余名研究生志愿者赴西部支教；每年数千名学生深入基层，宣讲新时代新思想、以专业知识服务当地发展，将爱国情怀书写在祖国的大地上。

单元3　认知就业形势与就业政策

【想一想】

1. 影响大学生顺利就业的内外因素是什么？

2. 在就业方面，如何处理社会需要与个人意愿之间的关系？你应该有哪些心理准备？

【学一学】

一、国家及地区经济形势与发展环境

（一）疫情下的中国经济

2020年是极不平凡的年份，更是非常重要的年份——"十三五"收官之年、全面建成小康社会决胜之年。过去的5年，中国经济经历了"三期叠加""三性交织"的复杂局面，经济增速换挡期、结构调整阵痛期、前期政策消化期叠加，周期性、结构性、体制性因素交织，还遭遇了中美经贸摩擦、新冠肺炎疫情冲击等。尽管道路艰辛，不确定性、不稳定性明显增加，但我们依然交出了一份让人民满意、世界瞩目、可以载入史册的高质量答卷。"十三五"规划圆满收官，也为确保"十四五"开好局、起好步，推动经济社会发展再上新台阶奠定了坚实

基础。

2020年，中国的经济总量上了百万亿元人民币的大台阶，人均GDP再次超过1万美元；还有5575万贫困人口实现脱贫，832个贫困县全部摘帽；我们建成了全世界最大的社会保障网，基本医疗保险覆盖13亿人以上，基本养老保险覆盖将近10亿人。在党的带领下，在全国人民共同努力下，我国的成绩得到了全世界支持和赞扬。根据一份国家统计局的公报显示，在2020年中，我国国民经济生产总值超100亿元，同比增加了2.3%。是全世界经济复苏第一国。公报还称，虽然中国经济在第一季度出现了大幅度下降，但是在第二季度就由负转正，第三、四季度都在稳步上涨。

另据央视网消息，在疫情这场大考下，我国的成功离不开这一套灵活适度、宏观政策的"组合拳"。在2020年的1到8月份之间，我国税费降至了1.88万亿元，为一些中小微企业保驾护航，堪称是其团体强大有力的后盾。除此以外，我国在没有大幅度降低利率的同时，引导更多的资金流入实体经济，派发消费券，稳定实体企业的稳定发展，同时稳定就业人员。

从GDP增速看，除受疫情冲击最严重的湖北省GDP增速呈现负增长外，其余30个省区市GDP增速均为正增长，且有20个省区市GDP增速超过全国平均增速（2.3%），广东GDP增速与全国平均增速持平。从GDP总量看，"粤老大""苏大强""鲁大壮"依然稳居全国前3位。其中，"粤老大"率先突破11万亿元，GDP总量连续32年位居全国第1；"苏大强"以10.27万亿元的GDP总量跻身"10万亿俱乐部"；紧随其后的"鲁大壮"GDP总量达到7.31万亿元。

面对严峻复杂的国内外环境特别是新冠肺炎疫情的严重冲击，各地区稳步向好、结构优化、亮点纷呈的"成绩单"来之不易，成之惟艰。

（二）"新型消费"，中国经济的"加速器"

受新冠疫情影响，老百姓"基于网络非接触式的新型消费模式"（以下简称"新型消费"）不断提质扩容。"新型消费"促使超大规模市场潜力加速释放。

餐饮行业曾是受新冠肺炎疫情冲击的"重灾区"。2021年春节期间，不少线下餐厅改走线上路线，提供半成品外卖年夜饭服务。消费者只需要线上点单，饭菜由外卖员送到消费者手中。消费者只需简单操作，即可在家享受免切、免洗的美味年夜饭。数据显示，北京部分餐馆外卖销售增长1倍以上，收入占比超50%。由此可见，当线下企业开拓了新的经营模式，会激发自身发展活力，给产业链上下游带来新机遇，推动行业快速发展及重塑。

在5G、物联网、大数据等新一代信息技术的加持下，新技术创新带动新的消费增量。值得一提的是，新冠肺炎疫情改变了老百姓部分生活方式和消费习惯，民众注重体验、追求个性的消费心态比以往更加突出。"新型消费"是经济发展到一定阶段，消费者消费升级后出现的新现象，它已经成为拉动消费、促进国内大循环的一股重要力量。

可以说，"新型消费"为中国经济注入了生机活力，是中国经济韧劲与实力的体现，是数字经济蓬勃发展的呈现，彰显了我国消费市场拥有巨大的潜力。这不仅有效满足了老百姓对美好生活的向往，更成为推动经济增长的新动能、新增长点。

随着消费者对各种应用场景接受程度的逐渐加深，"新型消费"正成为中国经济发展的"加速器"。未来，将创造无限可能。

（三）后疫情时代，中国经济继续逆风前行

2020年的新冠疫情加速了百年未有之大变局的到来，我国在国际社会上面临的不确定性和挑战骤增。面对外部环境的变化，党的十九届五中全会明确提出"我国发展仍然处于重要战略机遇期，但机遇和挑战都有新的发展变化"，这既是我国未来一个时期处理国内国际关系的战略方针，也是党中央面对百年未有之大变局和两个一百年的历史交汇期作出的重大战略判断。因此，必须从这一判断出发，及时调整我们经贸、外交等领域的战略和策略，实现"在危机中育新机、于变局中开新局"。

国家发改委学术委员会秘书长张燕生表示，2021年中国须进行"三大攻坚战"：一是要素市场化配置改革，包括土地、劳动力、技术、资本、数据等要素，让市场配置发挥决定性作用。二是优化营商环境的改革。三是科技创新的体制环境改革，如何让科学家真正静下心来做科学、让工程师真正做发明、让企业做科技成果转化不受干扰。

2021年是"十四五"开局之年，各地积极贯彻落实党中央国务院关于数字经济发展的战略部署，纷纷出台数字经济发展总体规划、行动计划、实施方案等落地举措，抢抓数字经济新机遇、布局数字经济先手棋。站在新起点，数字经济发展呈现"引领""改革""创新"新特征，愈益成为引领高质量发展的主要引擎、深化供给侧结构性改革的主要抓手、增强经济发展韧性的主要动力。

二、大学生就业形势分析

（一）就业环境

目前，我国正处在经济转轨的关键阶段，一方面产业转型升级需要大量的技

术技能人才，一方面又存在着大学生就业难的问题。大学生就业难的问题表现在人才需求市场对人才的职业素养和职业能力要求越来越高，大学毕业生心理期望值大、适应能力不强、懒就业，等等。

1. 大学生自身层面

（1）就业心理准备不足

大学生活单纯、接触的人和事比较简单。学习环境、校园环境与工作环境、社会环境存在一定的差距。大学生对进入社会心理准备不足。在大学生活结束之际，踏上岗位之前，最重要的就是能够尽快完成自我角色转换，做好就业心理准备。大学生们需要摆正自己的位置，客观、冷静地进入求职状态，认识社会、了解社会，以自身的实力，积极主动地去适应社会需要。

（2）择业过程中的心理素质参差不齐

人们在求职择业中遇到挫折是正常的，切不可因此而自卑。要敢于竞争、善于竞争，同时能够正确面对挫折。一个心理健康的人对人生总保持着自信心，如丧失了自信心，就失去了开拓新生活的勇气。顺境中有自信心不足为奇。逆境中更需要自信心的支持。

（3）就业自我压力不强

随着人们生活水平的提高，家庭条件的改善，一些大学生也存在着依赖父母、有业不就、懒就业等问题，给就业率也造成了一定的影响。其实，就业不单是学生个人的问题，关系到一个人的发展，也关系到家庭的幸福、社会的安定和谐、国家事业的兴旺发达。

2. 需求环境层面

（1）需求结构发生变化

随着人工智能、大数据、物联网、互联网技术及智能制造技术的发展，技术技能人才短缺；随着新型城镇化建设的发展，基层技术人员及管理人员短缺。因此，高校毕业生要善于发现机遇、抓住机遇，服务社会，成就自己。

（2）招聘单位将更加理性化

大部分用人单位一改印象中非名牌、高学历毕业生不用的状况，现在更重视学生的综合素质和专业素质的培养。因此，学生要全面发展，提高综合素质，适应单位用人需求。

（3）就业市场分散化

国有企业、大型企业的人才需求数量相对减少，民营企业、中小型企业的就业需求大，发展机会多。毕业生应合理定位，避免好高骛远、眼高手低，要学会选择适合自己的单位和就业岗位，可以先就业再择业。

（二）就业问题

1. 我国总体就业形势不容乐观

大学生就业形势的好坏，不仅与大学生个人的素质有关，与整个社会的大环境也密不可分。因此，大学生在就业时，除了关注自身的条件以外，还应该综合把握社会的就业形势，灵活运用各大就业市场的优点，以便能顺利就业。

国际劳工组织发布的 2011 年全球就业报告指出，全球经济金融形势不利，经济增长缓步不前可能再次引起全球就业形势的恶化。国际经济金融危机导致大量企业无力继续雇佣原有人员；而面对财政预算压力，不少国家政府不再维持或出台劳动者就业和工资保障政策，此外，各国根据本国需要自行安排就业政策，缺乏国际协调。这些因素都可能使全球就业形势雪上加霜。

我国主要的就业问题有：劳动力增长速度快，劳动力供求总量矛盾和就业结构性矛盾同时并存，城镇就业压力大和农村富余劳动力向非农领域转移速度加快同时出现，新成长劳动力就业和失业人员再就业等问题相互交织。另外，持续不断的经济结构调整、技术进步和产业升级，造成部分行业和企业不断减少就业岗位，持续产生新的就业问题。

"十四五"期间，我国就业形势依然严峻，就业任务十分艰巨。一方面，我国就业总量压力依然很大，劳动力供大于求的格局并未改变；而另一方面，就业的结构性矛盾将进一步加剧，部分企业"招工难"与部分劳动者"就业难"的问题并存。

全球性的金融危机自 2008 年 9 月正式爆发以来，很多发达国家经济出现衰退，新兴国家和其他发展中国家的经济增长也迅速下滑，导致国际贸易总额出现萎缩。金融危机爆发之后一些跨国企业或投资者由于受到资本市场筹资和融资的约束，无法筹措资金对新兴市场进行投资。而且，中国制造业成本上升和利润率较大幅度下降的情况，也减少了外商的投资盈利，从而减弱了他们对中国的投资意愿。外商直接投资的减少导致了新的就业机会的减少。

随着世界各国经济形势的普遍恶化，以及劳动力市场就业需求的萎缩，一些已经失业或面临失业的海外劳动力转而回国寻找就业机会，一些国际劳务承包工程也受到影响，以及一些国家出于保护本国劳动力就业而限制国外劳动力输入的政策，都导致海外就业的劳动力回流不断增加，加重了我国国内的就业压力。

伴随着人民币升值，出口商生产成本和劳动力成本则会相应提高，这就使得我国部分出口产品失去价格优势。我国劳动密集型企业的产品档次不高，附加值含量低，在国际市场价格保持不变的情况下，出口利润的下降将严重影响出口商的积极性。另外，人民币升值将导致房地产、基础设施及服务业劳动力价格的上升，从而使外商的投资成本上升。因此在很大程度上降低了我国对外商直接投资的吸引力，甚至导致已落户我国的外商投资企业转移出去，使原有企业的工人面临失业。

最近几年来，受到经济回暖和毕业生就业顶峰的双重影响，大学生就业形势依然十分严峻。总体上看，就业市场呈现就业薪资与就业难度和压力双重看涨的趋势。与此同时，就业市场还呈现两大特征：一是有实习或技能培训的毕业生更受青睐；二是定向招聘、代招聘成为招聘新趋势。此外，部分专业人才缺口仍然很大。

2. 学生毕业生增长快，社会对大学毕业生需求不足

由于大学"扩招"的影响，近几年，毕业生数量平均每年以20%～30%的高速度逐年递增，从2000年毕业生数量的107万，到2013年毕业生数量达700万左右，10年多的时间，大学毕业生的数量增加了将近6倍。

从国家整体形势看，大学毕业生需求不足。国家整体形势对于各类人群的就业都有着宏观的整体制约。尽管国家经济健康发展，但与迅速增长的就业需求相比而言，就业压力与形势仍然不容乐观。具体表现为：一是部分大中型企业经营困难，下岗形势继续延续，再就业任务艰巨，而大中型企业原来一直是我国大学毕业生就业的主渠道；二是地方机构改革继续实施，干部分流，政府机关原则上不再直接进毕业生，而通过公务员考试进入政府机关的竞争却是异常激烈；三是事业单位深化人事制度改革，特别是聘任制的推行，许多事业单位的管理人员和专业技术人员重新就业的压力都较大，对于刚刚毕业毫无工作经验和社会阅历的毕业生而言，要与这些人员竞争岗位，难度不小；四是社会对毕业生的专业需求结构与院校生源结构不一致，导致毕业生的数量、层次、专业与社会需求不完全适应，热门专业供不应求，毕业生选择单位的余地非常大，而其他专业特别是一些长线专业和冷门专业但又是社会发展所必需的专业毕业生就业十分困难。

3. 毕业生就业心态存在误区

从毕业生的择业心态来看，存在着急功近利、过高期望和缺少竞争意识等不良现象。良好的择业心态对于毕业生择业非常重要。虽然近年来我国大学毕业生有较大幅度增加，就业形势也比较严峻，但是我国的大学毕业生在全国人口中的比例还是很低的，就业的空间应该很大。而这些空间主要是各省市的边远地区（包括整个中西部地区）、基层单位和广大农村。这些地方容量巨大，而且求贤若渴。大多数毕业生却不愿面对这个现实。不少毕业生有传统的就业意识，非机关事业单位不去，仍然抱有"铁饭碗"思想，没有竞争意识和进取精神。或者有过高的期望值，非沿海、大都市、高工资不去，单纯考虑经济待遇和工作环境，"宁要沿海一张床，不要内地一间房"。还有，毕业生的承受能力脆弱，非终生养老不去，依然怀有"一锤定终身"的思想，对"选择与被选择"准备不足。为了能够进党政机关、大中城市，不惜放弃专业、特长，有些毕业生托关系、走后门，个别甚至去行贿。在这样的择业心态驱使下，本来有许多完全可以发挥其才能的单位都不能进入毕业生的择业视野。这都在很大程度上造成了就业形势十分严峻的现象。

总之，大学毕业生就业形势总体紧张的客观情况在短期内不会有明显的改善，毕业生就业压力仍旧很大，因此，高校应切实做好毕业生就业的教育、引导、服务指导和咨询工作，使毕业生不断提高自身素质，增强竞争能力，调整择业心态，在日益严峻的挑战面前顺利就业。

三、大学生就业政策

（一）毕业生就业的有关规定

1. 统一使用报到证的规定

根据教育部规定，目前全国统一使用《全国普通高等学校毕业生就业报到证》和《全国毕业研究生就业报到证》。报到证由教育部授权各省（自治区、直辖市）主管毕业生调配部门审核签发，特殊情况可由教育部直接签发。用人单位一律凭该报到证接收毕业生，各地公安机关凭报到证办理户口手续。

2. 报到期限的规定

毕业生的报到期限一般为一个月。一旦由于某种特殊原因，如生病、外出遇灾未归等，不能按期报到，应采取书信、电话、E-mail 等形式向接收单位请假说明情况。否则，用人单位有权拒收。毕业离校时尚未就业并派回生源地的毕业生可在两年择业期内继续选择就业单位，报到期限随之适当延长。

3. 报到后工资、工龄的规定

国企和事业单位，根据劳动部〔1980〕劳总薪字 136 号规定：毕业生上半月报到的，发给全月工资；下半月报到的，发给半月工资。根据劳动部〔1982〕劳险便字 9 号规定：高等院校、中专学校和技工学校学生延期毕业的，应从他们正式报到之日起计算工龄。

4. 见习试用期的规定

根据国家有关文件规定，大学毕业生到达工作岗位后，事业实行见习试用期一年，私企按照双方约定算，一般 3～6 个月。见习期满后，经考核合格后转正定级。否则，可延长见习期半年到一年。延长见习期考核仍不合格的，待遇比定级工资标准低一级。

5. 定期服务的规定

根据国家有关文件规定，经见习合格后，毕业生必须到就业的工作单位连续服务五年（毕业研究生无见习期）。服务期满后允许合理流动。服务期满要求流动的，要按照科技干部管理的有关规定办理。

6. 用人单位不得拒绝接收的规定

现有高校毕业生就业方案是经过学生和用人单位双向选择后以协议形式固定了的，协议双方必须严守信誉，不得随意变动就业方案。用人单位不得拒绝接收或退回学校。如发现错派或确属调配不当，由用人单位和派出学校协商解决，不能单方面将学生退回。毕业生报到后，由于本人坚持无理要求造成用人单位退回者，责任自负。

7. 到非公有制单位就业的规定

国家鼓励毕业生面向多种所有制单位就业和多渠道就业。毕业生可以到外商独资、合资企业就业，也可以到个体、民营企业就业。到非公有制单位就业的毕业生，其档案及户口关系按国家和各级政府关于毕业生就业政策和有关规定进行管理。

8. 凡纳入国家就业方案的毕业生，可免交城市增容费

各有关部门也不得向毕业生收取上岗押金、风险抵押金等不合理费用。

9. 违反就业协议处理的规定

毕业生同招聘单位达成了就业意向后，应及时与其签订《高校毕业生就业协议书》。协议一旦签好，毕业生、用人单位、学校三方都应严格履行，如有一方提出更改，须征得另两方同意，并由违约方承担违约责任。

10. 改派工作的规定

以各地区或院校具体规定为准，由本院校的教师作出相关解释。

在校保留档案的毕业生要求就业时，应由学校开具同意办理就业手续的证明，并说明学生的毕业时间、所学专业、就业单位。

11. 结业生就业规定

有接收单位的结业生，可参照毕业生的派遣方式办理派遣手续，必须在《报到证》备注栏上注明"结业生"字样；在规定时间内无接收单位的，由学校保留其档案，户口关系转至生源地，自谋职业。

12. 华侨和港澳台地区毕业生就业规定

华侨和来自港澳台地区的毕业生愿意留大陆工作的，学校可根据国家有关规

定提供必要的帮助。留在大陆工作的港澳毕业生，可保留香港澳门身份证以及港澳同胞回乡证，便于他们往返探亲使用。

（二）毕业生就业的一般性政策

1. 应届毕业生报考国家公务员的政策

国家行政机关、其他国家机关和参照国家公务员制度管理的事业单位从高等学校应届毕业生中录用国家公务员，一律实行考试考核，择优录用的办法。高校应届毕业的研究生、本科生、大专生（非委培、定向生），符合国家规定的报考条件均可报考。被录用为公务员的毕业生与组织者人事部门签订就业协议书，属于就业范围。

2. 应届毕业生到部队就业的政策

根据原国家教委、解放军总政治部1997年联合通知中的规定，高等学校应届毕业生参军应具备如下条件：（1）拥护党的基本路线，忠于祖国，热爱军队，志愿献身国防事业，符合公民服现役的政治条件。（2）学习成绩平均在良好以上。（3）本、专科毕业生的年龄不超过25周岁；毕业研究生的年龄视具体情况而定。（4）身体健康，具体条件参照人民解放军院校招收学员的体格检查标准执行。到军队基层指挥岗位的毕业生还应具备良好的气质和强健的体魄。到专业技术岗位的毕业生的视力和身高，在不影响工作的前提下，可适当放宽。为吸引地方高校毕业生到军队工作，"通知"中明确将实行鼓励政策，参军的毕业生，在首次评授军衔、评任专业技术职务、确定专业技术等级以及住房分配等方面，与同期进入军校学习的毕业学员享有同等待遇。大专毕业生见习期满可定为排职，少尉军衔；本科毕业生见习期满可定为副连职，中尉军衔；硕士研究生可定为正连职，上尉军衔；博士研究生可定为正营，少校军衔。

军队接收大学毕业生与应征入伍不同，其主要区别如下：征兵入伍属于服兵役，具有义务性，属于当兵服役。而接收地方高校毕业生，是指接收高校应届毕业生，直接来担任军官或文职职务。

高校毕业生参军入伍的程序是：毕业生根据部队需要报名；部队对毕业生进行考核、体检，与接收对象签订协议；毕业生就业主管部门签证、派遣；部队统一办理接收对象入伍手续；组织入伍的毕业生军训、见习锻炼；对见习期满的毕业生定岗位任职。

3. 应届毕业生自费出国留学的政策

随着改革开放的深入，部分学生将获得机会到国外深造或到境外企业去工作。符合国家规定申请自费留学的毕业生，不参加就业，也不再交纳教育培养费。凭国外大学录取通知书，在学校规定时间内提出申请，经教务处和就业指导中心审核同意后，不列入就业计划。集中派遣时未获准出境的，学校可将其档案、户籍关系转至生源地，毕业生继续办理出国手续或自谋职业。

4. 自谋职业和创业的政策

国家鼓励和支持毕业生自主创业、自谋职业。

（1）从事社区服务的自主创业的毕业生，经县以上主管税务机关逐年审核批准，可免征营业税、个人所得税三年，城市维护建设税和教育费附加随营业税一并免征。

（2）毕业生创办从事咨询业（包括科研、法律、会计、审计、税务等咨询）、信息、技术服务的独立核算企业或经营单位的，经税收部门批准，免征所得税两年。

（3）自主创业的毕业生新办的从事交通运输、邮电通信的企业或经营单位，经税务部门批准，第一年免征所得税，第二年减半征收所得税。

（4）自主创业的毕业生新办的从事公用事业、商业、物资业、对外贸易业、旅游业、仓储业、居民服务业、饮食业、教育文化事业、卫生事业的企业或经营单位的，经税务部门批准，免征所得税一年。

（5）高校毕业生到边远贫困地区创办企业，经主管税务机关批准，可减征或免征企业所得税三年。

5. 到基层和艰苦地区工作的政策

鼓励高校毕业生到基层和艰苦地区工作。各级政府要为高校毕业生创造工作条件，主要充实城市社区和农村乡镇基层单位，从事教育、卫生、公安、农技、扶贫和其他社会公益事业。在艰苦地区工作两年或两年以上者，报考研究生的，应优先予以推荐、录取；报考党政机关和应聘国有企事业单位的，在同等条件下，应优先录用。

6. 其他相关政策

（1）为高校毕业生办理户口和人事档案手续提供便利。对毕业离校时未落实工作单位的高校毕业生，本人要求户口和人事档案保留在学校的，按规定保留两年。在此期间，档案管理机构对保管其档案免收服务费用；本人要求将户口转回入学前户籍所在地的，公安机关应当按照户籍管理规定为其办理落户手续，人事、教育部门所属人才交流服务机构负责办理相关手续，人事部门所属人才交流服务机构免费提供人事代理服务。本人落实工作单位后，公安机关按有关规定办理户口迁移手续。

（2）毕业半年以上未能就业并要求就业的高校毕业生，可持学校证明到入学前户籍所在城市或县劳动保障部门办理失业登记。劳动保障部门所属的公共职业介绍机构和街道劳动保障机构应免费为其提供就业服务。对已进行失业登记的高校毕业生，有条件的城市、社区可组织其参加临时性的社会工作、社会公益活动，或到用人单位见习，给予一定报酬。对于因患病等原因短期无法工作并确无生活来源者，由民政部门参照当地城市低保标准，给予临时救助。此项费用由地方财政列支。

（3）鼓励中小企业和民营企事业单位聘用高等职业学校（大专）毕业生，使大批动手能力较强、适应性较好的高职（大专）毕业生有用武之地。对就业困难的应届高职（大专）毕业生，由劳动保障、人事和教育部门共同实施"高职（大专）毕业生职业资格培训工程"，对需要培训的应届高职（大专）毕业生进行职业技能培训和职业技能鉴定。培训费由教育系统承担，职业技能鉴定费由劳动保障部门适当减免。

（三）就业制度

1. 就业准入制度

就业准入制度是指根据《中华人民共和国劳动法》（以下简称《劳动法》）和《职业教育法》的有关规定，对从事技术复杂、通用性广，涉及国家财产、人民生命安全和消费者利益的职业（工种）的劳动者，必须经过培训，并取得相应的职业资格证书后，方可就业上岗的制度。

2000年3月，劳动和社会保障部指定并发布了《招用技术工种从业人员规定》，要求用人单位招用从事技术复杂以及涉及国家财产、人民生命安全和消费者利益工种（职业）的劳动者，必须从取得相应职业资格证书的人员中录用。技术工种范围由劳动和社会保障部确定并向社会发布。

实施就业准入制度，推行职业资格证书制度，既是经济社会发展的需要，也是合理开发和配置我国劳动力资源的战略举措。其目的就是要促进劳动者改善素质结构和提高素质水平，进而促进劳动者就业和再就业能力的提高。

职业资格是对从事某一职业所必备的学识、技术和能力的基本要求。职业资格包括从业资格和执业资格。从业资格是指从事某一专业（职业）学识、技术和能力的起点标准。执业资格是指政府对某些责任较大、社会通用性强、关系公共利益的专业（职业）实行准入控制，是依法独立开业或从事某一特定专业（职业）学识、技术和能力的必备标准。职业资格证书是表明劳动者具有从事某一职业所必备的学识和技能的证明。它是劳动者求职、任职、开业的资格凭证，是用人单位招聘、录用劳动者的主要依据，也是境外就业、对外劳务合作人员办理技能水平公证的有效证件。职业资格证书制度是国际上通行的一种对技术技能人才的资格认证制度，是我国劳动就业制度的一项重要内容，也是一种特殊形式的国家考试制度。主要内容是指按照国家制订的职业技能标准或任职资格条件，通过政府认定的考核鉴定机构，对劳动者的技能水平或职业资格进行客观公正、科学规范的评价和鉴定，对合格者授予相应的国家职业资格证书的政策规定和实施办法。职业资格证书与学历证书的主要区别是：学历文凭主要反映学生学习的经历，是文化理论知识水平的证明；职业资格与职业劳动的具体要求密切结合，更直接更准确地反映了特定职业的实际工作标准和操作规范，以及劳动者从事该职业所达到的实际工作能力水平。

《劳动法》第六十九条规定"由经过政府批准的考核鉴定机构负责对劳动者实施职业技能考核鉴定"，合格的即可获得职业资格证书。职业技能鉴定是一项基于职业技能水平的考核活动，属于标准参照考试，由考试考核机构对劳动者从事某种职业所应掌握的技术理论知识和实际操作能力做出客观的测量和评价，全国统一鉴定采取笔试方式进行。职业技能鉴定是国家职业资格证书制度的重要组成部分。

劳动保障部目前确定了87个必须持职业资格证书就业的工种（职业）如下：

（1）生产、运输设备操作人员：车工、铣工、磨工、镗工、组合机床操作工、加工中心操作工、铸造工、锻造工、焊工、金属热处理工、冷作钣金工、涂装工、装配钳工、工具钳工、锅炉设备装配工、电机装配工、高低压电器装配工、电子仪器仪表装配工、电工仪器仪表装配工、机修钳工、汽车修理工、摩托车维修工、精密仪器仪表修理工、锅炉设备安装工、变电设备安装工、维修电工、计算机维修工、手工木工、精细木工、音响调音员、贵金属首饰手工制作工、土石方机械操作工、砌筑工、混凝土工、钢筋工、架子工、防水工、装饰装修工、电气设备安装工、管工、汽车驾驶员、起重装卸机械操作工、化学检验工、食品检验工、纺织纤维检验工、贵金属首饰钻石宝玉石检验工；防腐蚀工农林牧渔生产人员：动物疫病防治员、动物检疫检验员、沼气生产；

（2）工商业、服务业人员：营业员、推销员、出版物发行员、中药购销员、鉴定估价师、医药商品购销员、中药调剂员、冷藏工、中式烹调师、中式面点师、西式烹调师、西式面点师、调酒师、营养配餐员、前厅服务员、客户服务员、保健按摩师、职业指导员、物业管理员、锅炉操作工、美容师、美发师、摄影师、眼镜验光员、眼镜定配工、家用电子产品维修工、家用电器新产品维修工、照相器材维修工、钟表维修工、办公设备维修工、养老护理员；

（3）办事人员和有关人员：秘书、公关员、计算机操作员、制图员、话务员、用户通信终端维修员。

（4）全国统一鉴定的职业有：人力资源管理师、心理咨询师、物业管理师、项目管理师、职业指导师、电子商务师、营销师、企业信息管理师、物流师、秘书、公关员、计算机能力等级考试、职业英语水平考试（托福英语）及职业汉语能力、创新能力、通用管理能力测试。

2. 人事代理制度

人事代理，在我国是指在社会主义市场经济条件下，经组织人事部门批准或授权指定的人才服务机构，受单位和个人委托，运用社会化服务方式和现代化手段，按指定的法律和政策规定，为其代办的有关人事业务。简单地说，就是把"单位人"变成"社会人"，实现人事关系管理与人员使用分离，即单位管用人，而一些具体的人事管理工作，如档案管理、计算工龄、评定职称、社会保险等，由人才交流中心代管。1995年12月国家人事部正式提出推行人事代理制，预示着人事代理将促进人才产业化，最终使人事管理变成一种公众服务。

目前，全国各地人事代理发展迅速，代理内容不断丰富，代理形式趋于多样化，概括起来主要包括四个方面。

（1）围绕人事档案管理进行的低层次的人事代理，包括存放或转递人事关系、调整档案工资、评定专业技术职称、办理因私因公出国政审、出具各种人事证明等。

（2）围绕社会保障进行的新形式的人事代理。包括失业保险、养老保险、医疗保险等。

（3）围绕人力资源开发进行的深层次代理。包括人才招聘、人才测评；人事诊断、人才考核和人才发展规划。

（4）围绕信息咨询进行的服务性代理。如发布人才供求信息、代发招聘广告和公司形象设计、工薪制度咨询、就业指导、职业咨询等。人事代理的对象、规模也不断扩大。

3. 劳动合同制度

劳动合同制度，是指专门规范劳动合同的制度。换句话说，劳动合同制度就是通过订立劳动合同这一法律形式来规范和调节所有者、经营者和劳动者三方之间的劳动关系的一种法律制度。劳动合同是法律形式，劳动合同制度是法律制度。劳动合同制度既是一个经济概念，又是一个法律概念。作为经济概念，劳动合同制度是指用人单位与劳动者通过相互选择和平等协商而建立起的期限可长可短、稳定性与灵活性相结合的反映劳动关系的制度。也就是说，从经济角度讲，劳动合同制度是一种用人制度，是一种劳动力与生产资料相结合的方式。作为法律概念，劳动合同制度是指一种合同制度，实行上述用人制度时，必须通过订立劳动合同来具体规定双方的权利和义务。这就是劳动合同与劳动合同制度的联系与区别。

劳动合同制度是一种适合我国社会主义市场经济要求的新型劳动制度，它出现于20世纪80年代，20世纪90年代开始在全国范围内推行。1995年我国颁布《劳动法》又将劳动合同以法律条文的形式确定并加以规范。到1996年底，我国的绝大部分地区已基本上实行了劳动合同制度。劳动合同制度适用于下列用人单位和与之形成劳动关系的各类人员（劳动者）：国有企业、城镇集体企业、乡镇企业、股份制企业、外交企业、私营企业、个体工商户和其他经济类型的企业。另外，也适用于国家机关、事业单位、社会团体和与之建立劳动合同关系的劳动者。由此我们可以看出，劳动合同与每一个劳动者都息息相关，它是每一个劳动者在走上工作岗位与用人单位发生劳动关系时必须签署的协议。

五、他山之石——国外大学生就业制度与就业市场概览

在高等教育步入大众化阶段后，无论是发达国家，还是发展中国家，都面临着大学生就业的新问题，只是各个国家的文化背景不同，就业的路径也各不相同。下面，我们简要介绍一下部分国家的就业制度和大学生就业方法，给即将毕业的大学生们提供一些借鉴。

1. 美国：靠密集信息网找工作

美国实行毕业生自主择业制度，政府不直接干预和限制，而是由劳工部、学校、中介机构和用人单位协同进行。高校生在毕业前从多方渠道了解就业行情及用人单位信息。劳工部主要负责制定宏观政策和做好就业调查等基础性工作，是毕业生就业的"总管"。劳工部设有劳工统计局，主要职能是收集不同时期美国就业市场的职业需求状况、不同职业对知识和技能的要求等数据，重点预测经济发展对未来就业需求的影响。统计结果通过上网和发行出版物向全社会公布，作为政府决策和个人择业的参考依据。劳工统计局根据这些数据编撰的《岗位需求手册》很受美国大学生的欢迎，几乎人手一册。

美国高校一般设有毕业生就业指导中心，进行职业指导和就业服务。学生入学第一年，中心就开始对学生进行职业教育，帮助学生接触和了解就业状况；第二年帮助学生发现和了解自己的性格、兴趣和专长，帮助学生选择专业；第三年帮助学生了解雇主资料和市场需求，参加社会实践和一些招聘会，让学生直接感受就业市场；第四年辅导学生写求职信，传授求职要领和面试技巧等专门技能。

中介机构则在学生、高校与用人单位之间穿针引线，充当"红娘"。在非营

利性就业组织中，以全美高校和雇主协会最为著名。该协会目前有 1 800 多家高校和 1 900 多家用人单位成为其会员，每年为 100 多万大学生和毕业生提供就业服务。该协会宗旨是帮助学生选择并获得满意的工作，帮助雇主制定有效的人员招聘计划并提供优秀人选。协会还每年出版一些定期刊物，对就业市场的现状、发展趋势以及求职和招聘过程中遇到的法律问题等进行调查和分析。其中最有名的是《择业》杂志，许多学校把它列为学生就业和求职的指导用书。

2. 日本：求职平均要找 16 家企业

日本是一个经济高度发达的国家，其经济发达的关键因素就是劳动力素质的提高和人才作用的发挥。在日本，自然资源比较缺乏，人才资源几乎是唯一可以充分利用的资源，培养人才、珍惜人才、充分发挥人才作用是日本全社会的共识。因此，不管是政府、学校还是社会都非常重视高校毕业生就业和就业指导工作。

日本大学毕业生的就业制度是自由就业制度，政府和学校不负责安排毕业生的工作。政府对毕业生就业实行间接控制，其控制手段主要是强化立法和政策引导，而对毕业生就业的微观运行不予干预，用人单位也有自由用人权力。在大学毕业生就业工作中，日本采取全国统一步骤，政府、学校、社会（用人单位）密切配合，协调行动的"采用制度"，也就是我们说的统一就业制度。与美、加等西方国家以咨询为中心的就业指导模式相比，日本的就业指导是一种以就业信息为中心内容的模式，这种模式的出发点是通过各种方式向学生提供用人信息，着眼点是直接帮助学生找到一个用人单位，其效果主要通过就业率来衡量。日本的高校毕业生就业活动主要通过学校就业指导机构完成。

日本有完善的就业机制：一是网络信息准确。日本是一个网络无处不在的社会，在求职方面，网络作用十分明显，日本公司在网上都有自己的主页，公司招聘都在网上公布，求职学生在规定时间内报名申请即可。二是报纸刊登广告。这样既公布了招聘信息，又为公司做了宣传，一举两得。所以，一些报纸会经常整版刊登招聘广告，学生按报纸提供的联络方式，可直接与公司联络。三是用人单位举办各种各样的说明会。自 2020 年起，受新冠疫情影响，大部分面对面联合说明会被迫取消，学生在会场限制人数、在线召开等制约中开展求职活动。四是日本有各种求职支援中心和俱乐部。它们都有自己的网址，提供各种信息，只要交少量费用，就可享受各种优惠。五是政府提供预算支持。日本近来经济不见好转，失业率不断上升，如果情况继续恶化，影响社会稳定。因此，政府决定在 2003 年度补充预算中拿出资金安排高中和大学生就业，对有实绩的民间职业介绍机构给予奖励。

尽管如此，日本大学生求职充满艰辛。据有关调查资料显示，平均每名求职大学生要经过16家公司的笔试、面试等各种各样的考试，最后内定的公司平均每人有两家。落实到具体人身上，则是几家欢乐几家愁，条件好的可能会被多家公司抢着要，条件差的跑断腿也无人问津。日本大学毕业生每年有四分之一找不到工作，即使辛辛苦苦通过各种考试找到了工作，因感觉不理想在工作三年内辞职者就达30%。

3. 加拿大：要在实习中捕捉机会

由于高科技行业收缩和北美经济低迷，目前加拿大失业率已达7.8%。在这一背景下，加拿大大学生找工作实在不容易，特别是要找到一份适合自己专业的工作就更不容易了。就业难使得一些学工商管理的硕士生只能去当秘书，一些大学本科毕业生只能打零工。在这种情况下，大学生只能降低要求，让自己去适应环境。现在加拿大大学生择业比较实际，只要能找到还过得去的工作就行了。

加拿大大学生找工作的途径主要有三种：第一种途径是求助于学校的"职业介绍服务"。学生可以从这种服务中获得相关的人才需求信息。第二种途径是通过由校方安排的专业实习找工作。在最后一个学年里，大学生一般都要去企业、政府机关和民间机构等单位实习三个月左右，部分学生就是通过这种实习找到工作的。第三种途径是到自己联系的单位去实习，然后找到工作。

在这三种途径中后一种更多一些。大学毕业后，许多学生并不能马上找到工作，但可以到企业或政府机关去实习。实习期间，用人单位给大学生发放相当于正式雇员工资50%至75%的报酬。通过实习，部分大学生在实习单位找到了工作。即便不能留在实习单位工作，有了实习经历后，大学生就更容易在其他单位找到合适的工作。这种途径有利于缓解大学生的就业压力。

一般情况下，加拿大成绩优秀的大学生总希望找到工资比较高、又与所学专业对口的工作，但多数学生则希望找一份比较稳定的工作。此外，大部分学生还希望在经济比较发达的地区就业。加拿大政府鼓励大学毕业生到生活条件艰苦的欠发达地区工作，在条件相对艰苦的加拿大西北部地区工作，工资要比其他一般地区高得多。

4. 巴西：习惯"先就业后择业"

随着巴西近几年经济增长速度放慢，劳动力市场收缩，"先就业后择业"的思想已逐渐为巴西大学毕业生所接受。从1994年至1999年，巴西在校大学生增加了43.1%，全国1 180个高等学府中就读学生总数从1994年的166万余人增加到2000年的近270万人。然而，巴西劳动力市场却没有做好吸纳如此众多的大学毕业生的准备。超过12%的失业率使众多大学毕业生在寻找第一份职业时失去了选择余地。巴西大学生普遍认为，毕业后只能先就业后择业，不管对工作是否满意，都要先干起来，逐步积累工作经验，一边工作，一边寻找自己所喜爱的工作。

巴西大学毕业生就业的首选是收入高、稳定性较强的国有大公司和跨国公司。第二选择是政府部门。政府部门的招聘考试很烦琐，很难通过，但一旦进入政府部门，跳槽者很少，公务员成了他们中大部分人的终身职业。第三选择是小企业和服务行业。这些单位一般收入低微，工作流动性大，但在目前的就业形势下应聘者前呼后拥，即使是工作与自己所学专业风马牛不相及。里约热内卢市政当局最近招聘500名街道清洁工，应征者竟达13万人，其中不乏即将毕业的大学生和尚未找到工作的大学毕业生。问他们应聘的原因，多数人说是为积累工作经验，为以后寻找适合自己的工作打基础。

5. 俄罗斯：30％大学生要改行

在俄罗斯，大学毕业后改行的学生非常多，其原因也是五花八门：有的是为了多挣钱，有的出于地域原因，有的受到专业局限，有的纯粹出于个人兴趣。俄罗斯是一个高等教育普及程度极高的国家，高中毕业生的大学入学率达到80％至90％，跨入大学校门只是被看作成年生活的起步。大学生很早就开始关注毕业后的去向，许多大学生从二年级起就四处活动，寻求各种实践和锻炼机会。

实际工作能够和专业直接挂钩固然是好事，然而，面对毕业后改行比率很高这一社会现实，俄罗斯许多大学生在实习过程中往往并不刻意追求专业与实践的结合。大量大学毕业生改行说明俄罗斯教育体制、专业设置、就业政策等方面存在着问题，但是不是意味着学生也白学了？回答是否定的。相当一部分俄罗斯大学生认为，大学教育除了让学生接受专业培训外，还给学生提供了培养个人能力的机会和场所。大学毕业生步入社会后的生存能力普遍比没有受过高等教育的同龄人强，接受新事物、掌握新技术的速度总体上也比他们快。

俄罗斯大学生大多是很理性地看待毕业后改行这一现象。特别是像外语、计算机等应用性很强的学科，毕业生可能分布于各个行业，从事各种职业。从某种角度来说，这些大学生掌握的专业知识本身就是一种工具，他们毕业后根据自己的实际工作进行相关专业的再学习和再培训是不可避免的。甚至可以说，这些大学毕业生改行是必然的。

6. 西班牙：大学生坦然做"蓝领"

西班牙是欧盟成员国中大学毕业生失业率最高的国家之一，大学生的长期失业率为15.8％，其中毕业后一年内无法就业者占当年毕业人数的46％。1980年，西班牙全国共有33所大学，65万在校生；到2002年，大学猛增到68所，在校生人数激增至 155 万。过去是考大学难就业易，现在是考大学易就业难。由于找工作难，西班牙约有 35% 的大学毕业生只能去做"蓝领"，比如电脑输入员、电话接线员等。

西班牙的大学不负责为毕业生提供任何就业线索。学生一毕业，就与母校再没有任何关系，找工作全靠自己。在西班牙，大学生们都希望能找到一份体面的、与所学专业一致的工作，但如果实在没有合适的机会，也会放下架子做"蓝领"。

近年来，西班牙的失业率居高不下，2017 年达到 11%，居欧盟国家前列。2018 年的失业率虽有所下降，但 5 月份仍高达 8.6%，截至 2021 年，西班牙失业率仍以 14.3% 在欧盟国家中高居第二位，仅次于希腊，且远高于欧盟国家的平均失业率。过高的失业率无疑会加大大学毕业生的就业压力。另外，目前在西班牙，接受过中等职业教育的人比较容易找到工作，而且供不应求，这也在一定程度上折射出西班牙教育结构存在的问题。

【测一测】

职业倾向测评

测试目标：职业倾向。

测试说明：测试你适合从事什么职业，进行以下职业倾向的测试。

每题有两种选择：A"是"与 B"否"。

测评题

一部分

1. 墙上的画挂不正，我看着不舒服，总想设法将它扶正。（   ）
2. 洗衣机、电视机出了故障时，我喜欢自己动手摆弄、修理。（   ）
3. 我做事情时总力求精益求精。（   ）
4. 我对一种服装的评价是看它的设计而不关心是否流行。（   ）
5. 我能控制经济收支，很少有"月初松、月底空"的现象。（   ）
6. 我书写整齐清楚，很少写错。（   ）
7. 我不喜欢读长篇大作，喜欢读议论文、小品或散文。（   ）
8. 闲暇时间我爱做智力测验、智力游戏这一类题目。（   ）

二部分

9. 我不喜爱那些零散、琐碎的事情。（   ）
10. 以我的性格来说，我喜欢与年龄较小而不是年龄大的人在一起。（   ）

11. 我心目中的另一半应具有与众不同的见解和活跃的思想。（   ）
12. 对于别人求助我的事情，总尽力帮助解决。（   ）
13. 我做事情考虑较多的是速度和数量，而不是在精雕细琢上下工夫。（   ）
14. 我喜欢新鲜这个概念，例如新环境、新旅游点、新同学等。（   ）
15. 我不喜欢寂寞，希望与大家在一起。（   ）
16. 我喜欢改变某些生活习惯，以使自己有一些充裕的时间。（   ）

测评标准

选"A"加1分，选"B"加0分。

测评分析

一部分得分小于二部分得分：是一个肯钻研，很谨慎、理性的人。适合的职业有律师、医生、工程师、编辑、会计师等。

一部分得分大于二部分得分：善于与人交往，思想较活跃。适合的职业有服务员、艺人、采购员、推销员、记者等。

一部分得分约等于二部分得分：适合的职业有美容师、美发师、护士、教师、秘书等。

【做一做】

针对你将来要从事的工作，找一个相关企业做一个调研，写一篇关于大学生就业问题的调查报告。

【看一看】

技术技能型人才的典范——倪志福

新中国成立之初，倪志福在北京永定机械厂当钳工。1953年他经过研究反复试验，发明了高效、长寿、优质（加工精度高）的"三尖七刃"钻头，解决了当时完成紧急任务的关键难题，其先进性得到世界公认。倪志福的发明立即被命名为"倪志福钻头"。机械工业部、全国总工会于1956年联合做出决定向全国推广。对技术精益求精的倪志福，又根据生产实践的不同需要，使"倪钻"发展成适应对钢、铸铁、黄铜、薄板、胶木、铝合金及毛坯孔、深孔等不同材质、不同加工要求的系列钻头。倪志福的发明，得到了永定机械厂领导、同事和北京理工大学等单位科技人员的支持。为此，倪志福谦虚地把"倪志福钻头"称为"群钻"。

倪志福勤于思考、勇于探索，潜心发明创造。1959年他出席全国群英会，被授予"全国先进生产者"称号。1965年获得国家科委颁发的"倪志福钻头"发明证书。1986年获联合国世界知识产权组织颁发的金质奖章和证书。2001年12月，"倪志福钻头"获国家专利。他还撰写了《倪志福钻头》《群钻的实践与认识》《群钻》等著作。1988年10月至1993年10月倪志福任中华全国总工会主席、党组书记。

走在外太空，不能没有中国人——"海河工匠"孙占海

孙占海，中国航天科技集团有限公司第五研究院总装与环境工程部航天器总装中心特级技师。从业30多年来，他攻克航天器总装技术难题90余项，研制航天器总装工艺装备40余套，排除航天器隐患百余项，圆满完成了多艘神舟系列载人飞船和空间实验室的总装及发射任务，亲手护送9名中国航天员成功飞往太空，被称为"神舟飞船舱门守护人"，凭借其高超的技能水平，助力航天员出舱行走、首次无人交会对接和首次载人交会对接任务圆满完成。孙占海曾荣获神舟六号研制突出贡献奖、中国载人航天突出贡献奖、全国技术能手，享受国务院政府特殊津贴。

"载人航天，人命关天，在我手中不能有丝毫差错。"朴实的话语道出了孙占海的心声，也道出了他不断磨砺技艺、追求卓越的大国工匠精神。孙占海从事星船总装工作30余年，先后参与了21颗星船的总装任务。国家载人航天工程启动后，他带领"神舟班组"承担了神舟飞船、空间实验室和空间站的总装工作，是航天员飞天前"关舱门"唯一指定人。

载人航天工程是当今高新技术发展水平的集中体现。航天器总装更是一个高风险的岗位，飞船总装是14个分系统的"最终集成"，返回舱的操作者更被誉为"刀尖上的舞者"。航天五院总装与环境工程部航天器总装中心特级技师孙占海，在有效操作面积不足0.7平方米，仅有4个踩踏点，管路和电缆交织的狭小闷热空间内，日复一日零缺陷地完成了12 000多台设备装拆任务。在飞船总装期间和飞船临发射前6小时的操作中，有很多项不可测项目，即属于一次性操作并且无法检测。孙占海每次都主动承担这些高危操作，而且至今操作零失误。

从2015年空间站核心舱在天津市航天五院总装开始，孙占海就坚持奋战在第一线。在他的组织和带领下，空间站总装研制团队已经顺利完成了我国首个20吨级航天器——空间站核心舱的总装研制，刷新了我国宇航任务型号的总装研制纪录，为国家2022年前后建成空间站提供了坚实的保障。孙占海说，"走在外太空的世纪里，不能没有中国人。中国空间站是我国从航天大国迈向航天强国的重

要标志,承载的是我们中华民族共同的梦想和期望。"

　　身材偏瘦的孙占海,用他的肩膀撑起了航天梦。三十年如一日,孙占海热血依旧,奋斗依旧。

职业素质反思:

你的规则与自律意识如何?

3-1-1 自我评估

3-1-2 自我评估

3-2 自我反思

模块四　卧薪尝胆

知识目标：

掌握正确的就业与择业理念；了解专业与职业的关系；掌握现代职业人的特征并理解做合格职业人应具备的要素；熟悉所学专业的人才培养目标与未来从事职业应具备的能力。

能力目标：

具备构建自己的专业能力体系的能力。

素质目标：

培养做合格职业人具备的职业素质、职业素养和职业道德

单元1　就业与择业理念

【想一想】

1. 有人说，"先就业、后择业"，你对这句话怎么看？

2. 也有人说，"就业应该骑马找马"，就是说，找一个工作先干着，有好的再跳槽。你认为从对第一个工作负责任的角度，这种说法合适吗？为什么？

【学一学】

一、大学生就业理念存在的问题与误区

（一）大学生就业存在的问题

1. 社会有效需求赶不上毕业生增长速度

近年来我国社会经济发展保持良好、高速的经济增长态势，每年都有大量的

就业岗位需求。但毕业生人数的年年增长，使市场很难有效吸收，也就是说，毕业生的就业不足。根据西方一些国家在由精英教育向大众化教育转变过程中的经验和特点来看，大学生毕业后 1～5 年内就业人数比较少一些，失业率相对高一些，有时甚至高于社会平均失业率，但是总体上受过高等教育的人的就业率要高于社会的平均就业率，而且待遇高于社会其他没有受过高等教育的人。

2. 大学生普遍缺乏职业生涯规划

西方发达国家教育普遍重视学生职业生涯的规划教育，甚至从中小学阶段就开始开设职业规划辅导课程与相关的咨询服务。而在我国，绝大多数学生在进入大学之前所受到的职业辅导几乎为零。进入高等教育阶段，尽管学校逐渐开始重视职业生涯辅导，但从事这项教育工作的专业人员十分缺乏，行业不成熟，而且很多大学生自身也不够重视，并没有达到教育部门提出的大学生职业教育"全程化、全员化、专业化、信息化"的要求。很多毕生求职应聘时出现了对自己和市场环境认知不到位、就业期望不理想、就业目标不明确、就业决策不合理等问题，影响了就业的成功率和质量。

3. "高不成、低不就"的就业尴尬

毕业生的求职观念和心理状态对就业存在着很大影响。当前不少毕业生还停留在计划经济和精英化教育的时代，认不清形势，过高地估计了自己的优势，缺乏对自我的客观、科学的认识，对就业的工作领域、经济待遇、环境条件等方面的期望值居高不下，择业目标与社会需求和自身能力形成巨大反差，出现"高不成、低不就"的尴尬局面，对其顺利就业造成了极大的阻碍。有些毕业生一味追求热门行业，如 IT 行业、金融机构、政府机关等；有的毕业生在求职时只选择一个行业，相关行业根本不考虑；有的毕业生不愿意到基层、落后地区、低待遇单位、小企业，特别是乡镇和私营企业工作，长期"扎堆"在大城市，在各种招聘会上奔波，毫无目标地等待。有的毕业生则一味追求高工资和高待遇，不惜浪费大量的时间和金钱在全国范围内的招聘会上寻找目标。

4. 大学生的就业结构不平衡

由于在就业区域选择上存在着偏好，大学生就业结构总体上不平衡，突出表现为大学生求职时出现的"三多三少"状况，即东部多、西部少，城市多、农村少，外企多、私企少的现象。大学生即便在大城市里找不到工作，也不愿到西部、农村去，因而大学生就业状况表现出地理上的不平衡性。另一方面，由于买方市场的逐步形成，长短线的矛盾一时难以根本解决，不同学科专业、不同学历层次，甚至不同性别之间的就业都存在明显的差异，表现为结构性失衡。男性、重点高校、本科以上学历和理工科毕业生相对其他毕业生较容易找到工作。

5. 部分大学生的能力素质不够

毕业生的能力素质与用人单位的需求也存在较大差距，这加大了毕业生就业的难度。现在用人单位对高校毕业生的敬业精神、职业道德、学习能力、应变能力等方面都提出了越来越高的要求，不仅要求毕业生诚实守信、勤奋敬业，而且还要求他们具有开拓创新意识和团队合作精神。此外，良好的心理素质、沟通协调能力、社会适应能力也是用人单位考虑的主要方面。用人单位重视应聘人员的人品和综合素质，对专业的要求有时反而淡化。因此，那些综合素质好、学习适应能力强、具有创新精神和一专多能的毕业生越来越受欢迎。

据调查，在困扰大学生求职的因素中，企业人士和大学生都认为"对企业岗位专业知识缺乏了解、能力不足"是影响求职就业的最主要因素。大学生在认知、技能层面上和企业的用人标准有差距，在企业给大学生的建议中，"眼高手低"是企业最为诟病的一个缺点。

6."人才高消费"现象比较普遍

近年来，随着大批高校毕业生走出校门，社会对人才的需求量逐渐呈"供大于求"的状态，人才市场上出现"人才高消费"倾向。不少单位聘用人才不是根据自身需要，而是相互攀比，竞相以高文凭、高学历为条件，使毕业生大材小用、用非所学、用非所长。人才市场形成了"博硕多多益善，本科等等再看，大专看都不看，中专靠一边站"的畸形局面。有的单位招聘幼儿园教师、博物馆解说员也要博士生，甚至招聘门卫、擦鞋工、清洁工也非要本科及以上学历。"人才高消费"还导致人才与职位的错位，反而降低了劳动生产率。不少毕业生是迫于生计而屈才低就，采取"先就业再择业的方式"，一旦找到好单位立即跳槽，不利于企业的稳定和发展。另一方面，高学历者低就，造成低学历者失去合理竞争工作岗位的权利，使适合他们的工作岗位大量流失，加剧了就业市场的压力。

（二）高职生就业理念与求职心理上存在的问题与误区

1. 就业理念上的问题

从高职生自身来看，高职生就业前思想准备不够，缺乏正确的择业观，表现出种种与社会客观实际不合拍的现象。

一是定位缺乏理性思考。有些高职生就业前关起门来，自我设计自己，过高地估计自己的实力，总认为自己有专业知识，学业上有一技之长，不愁找不到合适的岗位，却忽视了社会的需求性与现实性。具体表现为自己获得了工作岗位后，并不十分珍惜，在岗位上不是脚踏实地地工作，而是左顾右盼，"吃着碗里的，看着锅里的""这山望着那山高"，时时刻刻寻找"跳槽"的机会。

模块四　卧薪尝胆

二是过分强调专业对口。有些高职生对自己所学的专业情有独钟，认为自己的父母掏兜拿钱，全力以赴地供养自己上了这个学校，就是为了学这门专业，狭隘地认为工作必须与所学的专业对口，过分地强调学以致用。具体表现为寻找职业优先考虑是否与所学专业对口，专业不对口就觉得不理想，不踏实，上岗缺乏干劲，有投错"门"的感觉。

三是期望不合时宜。有些高职生由于就业前接触社会太少，认为自己有知识、有能力、懂技术，择业观明显表现为热衷于寻找比较稳定的、经济收入较高的、地域条件较好的、环境幽雅、"舒适"的"实惠"职业，极不情愿选择到那些条件比较艰苦、地域比较偏僻、信息比较闭塞、交通不便利的地方去创业和工作。

四是安于舒适，不愿到艰苦的地方去创业。有些高职生由于出生在比较富裕的家庭，家庭经济收入比较稳定，因而社会交际面相对比较广，有一定的社会基础。学生本人在社会上经风沐雨的机会少，在意志上往往表现出脆弱、胆怯等特点，在行动上往往表现出遇上舒适、优越的岗位就乐意去就业，遇上艰苦、单调、下力的岗位就打退堂鼓，宁肯待业，也不愿意去就业。

五是心境浮躁，行动盲从。有些高职生入校时成绩平平，修业中虽然拼搏努力，但专业并不突出。三年的高职生活，虽然具备一些特长，但有些华而不实。因此，当他们步入社会，寻求职业时，心境浮躁，压力大，危机感加重，一时不知所措。

2. 求职心理误区

所谓求职心理误区就是个体在求职过程中对自我、求职目标的期望、评价等方面存在不客观或与现实存在较大差异的一种影响求职的心理倾向。大学生虽然身心都有了进一步发展，但是由于一直处于学校生活之中，社会职业经验不足，对自我的评价较高，因此在求职过程中容易出现心理误区，从而导致到他们在求职中的一些不良行为的发生。

误区一：求高心理

不少毕业生自认为学识渊博，从政、经商、做学问可不费吹灰之力，伸手就可以出成果。因此，他们在择业时极容易出现"高不成，低不就"的现象，择业自然困难。

小田是某高职院校应届毕业生，由于学习成绩优秀，在校期间长期担任学生会干部，具有很强的管理和组织能力，深得班主任和系里老师的好评。一次校内招聘会上，他同时被几家用人单位看中，他自己也感到很高兴。然而他最终没有被任何一家企业录用，原因是他提出的薪水和岗位要求让那些中意他的企业均望而却步。据那几家企业人事部经理反映，小田的自身条件确实具有诱惑力，但他的择业心理期望过高，根本不切实际，如果他不尽快调整好心态，恐怕很难找到合适的单位。

误区二：追求享受心理

部分应届毕业生求职时过多考虑物质条件，不但要求月薪高、生活好，还讲究住房、奖金等各种物质享受，如果用人单位稍不满足他们的要求，他们便潇洒地"移情别恋"。一位企业老总说："企业竞争也是人才竞争，我们公司需要具有经济管理才能的大学生，可是他们太傲，动辄讲待遇，眼光这么高，我还敢用他们吗？"

小芬是某职业学院热门专业的毕业生，相貌出众，谈吐不错。她在招聘会场转了几圈，才看中一家信息产业有限公司的公关经理一职。应聘时，小芬各方面与企业谈得都比较好。但她向企业提出的住房条件、电话补贴、交通补助等生活方面的要求过多，企业最终决定放弃她。

误区三：求"大"心理

有相当一部分毕业生认为，只有到大型企业去干，才能充分发挥出聪明才智。他们的理由咄咄逼人：大型企业具备了实现人生价值的物质和精神条件，机遇好、福利好、工作稳定，而小企业只有那么几十或几百号人，资金不雄厚，更谈不上什么发展前途了。其实，有些大型企业里人才济济，竞争十分激烈，而一般的小企业，对人才的需求如饥似渴，事实上已形成了大企业里的大学生"大材小用"，而小企业却"小材大用"的现象。其实，不管在大企业里，还是在小企业里，只要有真才实学，脚踏实地，同样能干出一番事业来。

小林自恃是某职业学院热门专业的毕业生，一定要找一家与自己"身份"相符的企业工作。他先想应聘 TCL 电器销售有限公司高级程序员，无奈应聘者太多，他觉得自己的机会很小，便连求职表都没递，就去下一家企业寻找机会。他又应聘清华同方人工环境有限公司的技术工程师，可人家不招应届毕业生。如此在会场转了 3 个多小时，小林到 8 家大型企业去面试过，结果不是小林觉得企业不好，就是企业认为他条件不够。走出会场，他仍不死心，说不搞定一家大型企业绝不罢休。

误区四：从众心理

行政、人事、财会是大学生追求的热门行业，可毕竟僧多粥少，人才济济，用人单位只好"百里挑一"，落选者甚多。而一些冷门职业尽管急需大批人才，但问津者寥寥无几。这样，在人才市场就出现了"热门难进，冷门更冷"的怪现象。其实，毕业生此时应该多一点"大丈夫能屈能伸"的豁达，不要过分计较一时的顺逆，坚信"天生我才必须用"的信念，从"零"做起，从基层做起，最终才能在社会上找到自己的位置。

小张一直认为行政工作是一个很体面的工作，因此上大学时选择的是行政管理专业。到人才交流会上，他开始去应聘一家储运有限公司的行政助理一职，可该企业半小时竟收到应聘行政助理岗位的求职表12份。小张看机会渺茫，便又去应聘一家经贸发展有限公司的人事助理岗位，这个岗位同样应聘者如云。小张确立的目标是非行政、人事工作不做。结果不是岗位太少，就是应聘这些岗位的人太多。最后，小张只好神情沮丧地离开会场。

误区五：依赖心理

现代社会关系网络复杂，很多同学就以此作为逃避就业的方式，转而要求父母、亲朋好友甚至恋人通过各方人际关系为自己找工作，而不是自己去市场推销自己。这种学生在走上工作岗位后，往往因感觉到自己有依赖对象，而不思进取，给用人单位带来不好印象，从而给自己的成长发展带来负面影响。

在日益严峻的就业压力下，托关系、走后门、找路子等不良之风逐渐抬头，许多毕业生为了"抢"到一份满意的工作，父母亲友齐上阵，挖空心思找"门路"，靠请客吃饭、花钱送礼等手段"就业"。的确，部分同学依靠亲朋的关系找到了比较满意的工作，但是，这些同学是否能在岗位上发挥自己的才能呢？是否能适应岗位的需求呢？这值得深思。部分同学自恃有亲朋的"关系"，怀着"坐、等、靠"的心理，不积极参与到政府、学校、社会组织的就业招聘活动中去，白白失去了一些适合自己的岗位。

王某是某职业学院计算机专业的毕业生，出身干部家庭，自恃家庭背景关系，不主动参与到学校组织的就业活动中去，认为家长会给自己安排一个合适的工作，并且肯定比其他同学好，后来，其家人通过各方面关系将其排在某县客运中心。一年后，客运中心改制，王某被迫下岗。

误区六：自卑心理

有些毕业生自信心不足，因为自己的成绩或是某一方面不太好便过于自卑，认为自己的什么都不如别人，就业时畏头畏尾，不敢应聘好的工作单位。

小乐是安徽某大学学生，性格内向，不自信，平时做事怕被别人取笑。毕业时，当全班同学都在为找工作而四处参加招聘会，忙着投简历时，他却连简历都没有制作，父母为他着急，室友也劝他到招聘会去试一试，他却说："我要成绩没成绩，要能力没能力，什么都不突出，有哪个单位会要我呢？"其实，他并不是像他自己所说的那样一无是处，英语四、六级都顺利一次通过了，计算机也过了国家二级，成绩虽然不算突出但也属于中上等水平，而且做事情也极为仔细认真。他之所以不去找工作，其实是一种自卑的表现，没有看到自己的优点，对自己没有信心，害怕在招聘会上碰壁，怕遭受打击，从而选择了逃避的方式。

与此类似的心理误区还包括：以为"学而优则仕"，削尖脑袋往政府机关钻，往往由于竞争激烈而败下阵来；缺乏独立意识，自己找工作不着急，总希望父母或亲戚帮忙解决；没有竞争意识，保守心理严重，不敢迎接挑战，或过分谦虚，不敢亮出自己的特长；羞怯心理严重，在求职现场丢下自荐书就跑，面对招聘者结结巴巴、面红耳赤；低就心理，总觉得自己技不如人，不敢自我"明码标价"，只求找个单位草草签约了事，给日后工作带来隐患。

总之，择业前要对自己的知识结构、能力、薪资期望、心理承受力等进行全面分析，做出比较准确的定位。不可悲观，把自己定位过低；更不要高估自己，导致期望值过高，一旦不能如意，失望就越大。不要过分在意公司的名气、薪资的高低，只要这家公司、这个岗位适合你，是你所向往和追求的，就应该去试一试，争取被录用。确立从基层做到起，逐步积累经验，循序渐进、谋求发展的思想理念，可能对毕业生一生都会有好处。

三、高职毕业生应该树立什么样的就业与择业理念

1. 树立自信是关键，不盲目攀比学历，注意实际能力的提升

高职高专院校的大学生应该把树立自信作为面向社会的关键，不要认为是高职高专学生就比本科学生低一等、矮一截。因为不同层次的学校培养目标是不一样的，我们应该看到高职高专专科的优势在于最贴近社会需求的专业设置和特殊人才的培养模式。学历固然重要，但学历高未必都是好事，社会需要应用型、技能型、适用型的人才，一些高学历的毕业生的学历优势还有可能转变成劣势。所以高职高专的毕业生应树立信心，增强自信，不去盲目与人攀比学历，应更看重能力的培养、培训与提升，在就业的选择中，充分发挥自身的优势。

2. 遵循成才规律，立志从小事、平凡事做起

成才立业是所有大学生的美好追求，但成才不仅仅是知识和技能的掌握，更重要的是学会如何做"人"。在面对就业竞争时，更应该务实求真、遵循成才规律，立志先从小事、平凡事做起，这不仅能较顺利地适应社会的需求，更能对毕业生的人生之路起好导向作用。

3. 先就业，再择业，寄予未来谋长远

目前，不同学历层次（研究生、本科生和专科生）的毕业生在就业形势上，表现出非常大的差异和不平衡。树立正确的择业观，"先就业，再择业"不失为最佳选择。大学生必须对自己的兴趣、心理、能力、价值观念等进行调整，把自

己从"我想干什么"的一厢情愿转变到"我能干什么"的现实定位中。在择业中,勇敢地"推销"自己,以自信、冷静的态度,扬长避短,主动出击,突出介绍自己的"闪光点"和自己与众不同的地方,以赢得择业的最后胜利。

当然,"先就业,再择业"也要有底线。谁说找到了工作就万事大吉了?没有职业方向的就业,面临的烦恼会更多。麦可思曾发布的《2011年就业蓝皮书》中显示,34%的2010届大学毕业生在工作半年内离职,其中高职院校离职率最高,有44%的高职毕业生工作半年内出现过离职现象。在2010届大学毕业生工作半年内离职的人群中,又有98%为主动离职,社会上称他们为"跳早族"。

北京某国企职员杨女士说,她在毕业后的短短半年里换了三份工作。刚毕业时,杨女士抱着"先就业,再择业"的想法,在一家广告公司获得了一份工作。但仅一个月后,她发现这份工作不是自己想要的,于是果断辞职了。不过,杨女士的第二份工作仅维持了一个星期,原因是"实在忍受不了部门领导的作风",她的第三份工作虽然轻松,但由于工作地点离住所太远,而当时正好有个离住所近且工资更高的工作,所以干了不到一个月,她又辞职了。"我觉得跳槽无所谓对错,只是后悔临毕业求职时,没能充分了解自己的兴趣、志向与能力,之前也没有做好职业规划,就匆匆忙忙找个工作凑合着。"杨女士如是说。

找到工作的人,幸福的原因大都是相似的,但辞职的"跳早族"们却各有各的不幸。当问及"那你想要什么样的生活"时,大多数人的回答却是"我不知道"。的确,目前大学生的就业情况不甚理想,很多学生认为就业困难,学校也常常告诫学生"先就业,再择业",所以毕业生的第一份工作往往找得很随意。在进入单位后,抱着一种"骑驴找马"的心态一边工作一边找工作,进而导致他们工作未满半年就纷纷辞职。对此,麦可思专家认为,对于用人单位而言,"跳早族"会让用人单位浪费培训新员工的成本,因此在招聘时对跳槽频繁的人选也会较为慎重;对于毕业生而言,"跳早"不利于职业能力的提升与职业生涯的规划。找到一份不适合自己的工作,就无法激发工作的热情,于是得不到好的回报,便会更加降低自己的工作积极性,很快就会进入一种恶性循环……

如果能对自己的兴趣、性格及特长多一些了解,对职业多一些认识,或许我们就会对求职多一份把握和自信。明确的职业目标、具体的规划和求职准备,会帮助我们更快地走进属于自己的事业。

4. 转变就业观念,适应市场需求

近年来,面临日益严峻的就业形势,大学生的就业观念必须适应市场对劳动力的需求。现在我们越来越清醒地认识到就业市场的竞争压力,大学生们的期望值在适时地做调整,比如对收入的预期,也越来越现实,不再奢望高薪、高福利

了，也不计较单位是何种性质了。很多大学生每逢招聘会都去参加，每次参加招聘会，都会切合实际地调整就业目标和心理预期。大学生应该适应形势，改变就业观念，以后的路还很长，树立"先就业，后择业"的心态，抱定"可以到任何地方工作"的信念，求职道路就会越来越通畅，自己也就会主动去适应就业市场的需求。思路带来出路，"先就业、再择业"是当代大学生就业观念转变后出现的一个新趋势。在人才流动加快的今天，个人在就业上选择的余地也很大，对于急需就业的毕业生来说，把这个选择的时机留给将来是比较现实的。

5. 看重经济待遇，更要看重发展前途

随着时代和社会的进步，目前大学生的自主意识逐渐加强。过去只是把工资薪水等经济待遇作为首选，现在已经更加注重自我价值的实现、关注企业的发展前途、把企业发展与自我提升结合考虑。这是有较强事业心的表现，是可喜的。在选择职业时同样也是这个道理，你无须考虑这个职业能给你带来多少钱，能不能使你成名，而应该选择最能使你全力以赴干事业的职业，或最能使你兴趣、爱好、品格和长处与优势得到充分发挥的职业。这样一来，你的未来发展前途将会迎来成功的鲜花。

6. 树立良好的就业择业心态，克服不良的就业心理

毕业生就业的成功与否与是否具有良好的心理状态有着密切关系。如今，我们面对严峻的就业形势、众多的竞争对手，如果没有良好的就业择业心态，没有正确的择业技巧和方法是难以成功的。因此，毕业生在就业择业前，一定要有足够的思想准备，树立良好的就业择业心态，克服不良的心理障碍，排除不利的心理干扰，这样才能做到顺利就业。

看看你的责任心

员工有没有责任感是任何一个企业都非常看重的，因为实践证明，只有具备强烈的责任感的人才会全心投入工作。一份工作刚做几天就觉得没兴趣或是嫌待遇不好而跳槽的人，是任何一个企业都不喜欢的。做做下面这个测试，看看你的责任心。

1. 与人约会，你通常准时赴约吗？
2. 你认为自己可靠吗？
3. 你会未雨绸缪，进行储蓄吗？
4. 发现朋友犯法，你会通知警察吗？

5. 外出旅行，找不到垃圾桶时，你会把垃圾带回家吗？
6. 你经常运动以保持健康吗？
7. 你忌吃垃圾食物、脂肪含量过高的食物或其他有害健康的食物吗？
8. 你永远将正事列为优先，再进行其他休闲活动吗？
9. 你从来没有放弃过任何选举权利吗？
10. 收到别人的信，你总会在一两天内就回信吗？
11. "既然决定做一件事情，就要把它做好。"你相信这句话吗？
12. 向别人借钱时，你会跟人约定还款日期吗？
13. 你曾经犯过法吗？
14. 在求学时代，你经常拖延完成作业吗？
15. 小时候，你经常帮忙做家务吗？

评分标准：回答"是"计1分，回答"否"计0分。

累计15道题的总分：

10~15分：你是个非常有责任感的人。你行事谨慎、懂礼貌，为人可靠，并且相当诚实。

3~9分：大多数情况下，你都很有责任感，只是偶尔有些率性而为，没有考虑得很周到。

2分以下：你是个完全不负责任的人。有些朋友的父母可能会对你有成见，力劝子女少跟你来往。你一次又一次地逃避责任，以致每份工作都干不长，手上的钱也总是不够用。

【做一做】

网上下载吴士宏的《逆风飞扬》，然后写一篇读书笔记，在同学之间交流一下体会。

【看一看】

吴士宏：从清洁工到职业经理人

那是1985年，我有充足的理由要走进这扇转门。为了离开原来毫无生气甚至满足不了温饱的护士职业，我凭着一台收音机，花了一年半时间学完了许国璋英语三年的课程。我一直守候着机遇的到来。

我鼓足勇气，穿过那威严的转门和内心的召唤，走进了世界最大的信息产业公司IBM公司的北京办事处。面试像一面筛子。两轮的笔试和一次口试，我都顺利地滤过了严密的网眼。最后主考官问我会不会打字,我条件反射地说:"会!"

"那么你一分钟能打多少?"

"您的要求是多少?"

主考官说了一个标准,我马上承诺说我可以。因为我环视四周,发觉考场里没有一台打字机,果然,主考官说下次录取时再加试打字。

实际上我从未摸过打字机。面试结束,我飞也似的跑回去,向亲友借了170元买了一台打字机,没日没夜地敲打了一星期,双手疲乏得连吃饭都拿不住筷子,我竟奇迹般地敲出了专业打字员的水平,以后好几个月我才还清了这笔不小的债务,而IBM公司却一直没有考我的打字功夫。

我就这样成了这家世界著名企业的一个最普通的员工。

在IBM工作的最早的日子里,我扮演的是一个卑微的角色,沏茶倒水,打扫卫生,完全是脑袋以下肢体的劳作。我曾感到非常自卑,连触摸心目中的高科技象征的传真机都是一种奢望,我仅仅为身处这个安全而又解决温饱的环境中而感到宽慰。

然而这种内心的平衡很快被打破了,有一次我推着平板车买办公用品回来,被门卫拦在大楼门口,故意要检查我的外企工作证。我没有证件,于是僵持在门口,进进出出的人们投来的都是异样的眼光,我内心充满了屈辱,但却无法宣泄,我暗暗发誓:"这种日子不会久的,绝不允许别人把我拦在任何门外。"

还有一件事重创过我敏感的心,有个香港女职员,资格很老,她动辄驱使别人替她做事,我自然成了她驱使的对象。有天,她满脸阴云地冲我走过来:"Juliet(我的英文名),如果你要想喝咖啡请告诉我!"我惊诧之余满头雾水,不知所云,她劈脸喊道:"如果你要喝我的咖啡,麻烦你每次把盖子盖好!"我恍然大悟,她把我当作经常偷喝她咖啡的毛贼了,这是人格的污辱,我顿时浑身战栗,像头愤怒的狮子,把内心的压抑彻底地爆发了出来。事后我对自己说:有朝一日,我要有能力去管理公司里的任何人,无论是外国人还是香港人。

自卑可以像一座大山把人压倒而让你永远沉默,也可以像推进器产生强大的动力。我想着要改变现状,把自我从最低处带领出来。我每天比别人多花6个小时用于工作和学习,于是,在同一批聘用者中,我第一个做了业务代表。接着,同样的付出又使我第一批成为本土的经理,然后又成为第一批去美国本部作战略研究的人。最后,我成为IBM华南区的总经理。这就是多付出的回报。(摘自:吴士宏自述)

单元2　构建自己的专业能力体系

【想一想】

1. 你对"三百六十行，行行出状元"这句话怎么理解？
2. 你是如何理解职业忠诚的？

【学一学】

一、专业与职业的关系

（一）行业、产业、职业

行业，是反映以生产要素组合特征的各类经济活动。主要是指同类或同一物质产品的集合，即以产品导向为基础，如汽车行业、石油化工行业等。行业，是多种职业服务的产业名称，它是职业的集合，即同一行业中集中了各种职业。行业，还是职业中同一技术岗位的集合，如各行业的会计职业。

产业，是各行业在社会生产力布局中发挥不同作用的称谓；产业，是国民经济部门的分类；产业，是按照一定的原则，对经济活动进行分解和组合而形成的多层次的行业概念。由于研究问题的角度不同，产业分类也不一样。通行的产业分类法是三次产业分类法。第一产业以农业为主，第二产业是制造业，其他的经济部门归入第三产业，称为"服务产业"。第一产业包括种植业、畜牧业、狩猎业、林业、渔业，即广义的农业，是以国民经济基础为统一标准规定的。第二产业包括制造业、采掘业、矿业、建筑业、公共事业（煤气、电力、自来水）。第三产业包括运输业、通讯业、仓库业、批发业和零售商业、金融业、房地产业及国防、政府、个人服务业等。

职业，是反映以社会分工为纽带的社会形式和社会关系，是指从业人员为获取主要生活来源而从事的社会性工作类别。职业、行业、产业三者之间既有区别又有密切的联系。

职业，是高职教育专业设置的基础。

（二）专业

高职专业，是社会同类多职业整合、综合统一的结果，它只是以社会职业为背景或研究基础，但它不是单一社会职业，它是社会职业群、岗位群、技术群。因此，高职教育专业是指根据社会职业分工需要，确定人才培养规格，通过整合教学资源和社会实践可利用的资源，分类、分层进行高深知识和专门知识、专门工作经验和技术、技巧，以及行业道德规范等的教授，是教、学、研、训等活动的基本单位。

职业教育的"专业"与职业之间存在着一种紧密的联系，职业教育的专业源自职业和工作岗位，但它又高于职业，这就是职业教育"专业"的本质属性，它是建立在对职业特征研究的基础之上。职业教育，作为以就业为导向的一种教育，与普通教育或高等教育相比，最大的不同点在于其专业鲜明的职业属性。高职教育，不能以社会单一职业为教学单元来设置专业，必须对同类单一存在的社会职业，加以整合与综合，重组成职业教育单元，即专业。所以，职业教育的专业不等同于职业，它不与社会职业一一对应，却又与社会职业有着非常紧密的联系。

二、做合格的职业人

（一）职业人

所谓职业人就是参与社会分工，自身具备较强的专业知识、技能和素质等，并能够通过为社会创造物质财富和精神财富，而获得其合理报酬，在满足自我精神需求和物质需求的同时，实现自我价值最大化的这样一类群体。用我们的话说就是"干什么像什么"。

（二）现代职业人内涵

1. 职业人格特征：全面自由发展的人

职业人格就是人在职业活动中所扮演的角色及其外在行为表现方式。传统职业人概念建立在"物本主义"基础上，以物为中心、以技术为中心，人是机器的附属物，人越来越非人化，越来越成为"非本质"的人，"人即工具"。现代职业人概念建立在"人本主义"基础上：人是目的，一切为了人，为了人的一切；而为了达成目的，在职业活动中又发挥着"工具"的功能，但这种功能已不是物的替代，而是作业活动中上位功能与下位功能之间的关系，是一种以作业为载体的人与人之间的关系。人本主义基础上的职业人格就是借职业活动来实现人的全面自由的发展，提升自己的生命质量，驾驭自己的人生方向，实现自我价值。

2. 职业能力特征：具有关键能力的人

现代职业人应具有关键能力。所谓关键能力又称核心能力或普通能力，是指对劳动者从事任何一种职业都必不可少的跨职业的基础能力。关键能力是指在所有职业领域都至关重要的能力，但它们并不直接与具体的生产活动和商业活动相联系。关键能力包括与个人相关的能力、社会和组织能力。前者如求知欲和创造力、自我革新和独立性、学习能力、责任感、耐挫能力、冒险精神；后者如沟通能力、使用能力、分析能力、计划能力、组织能力等。

3. 职业生涯管理特征：社会贡献与个人幸福最大化的人

现代职业人应科学地管理职业生涯，以平衡和统合的办法，正确处理工作、健康、家庭之间的关系，正确处理劳动和休闲的关系，以求得社会贡献与个人幸福最大化。

（三）做合格的职业人应具备的要素

1. 职业素质

职业素质是劳动者对社会职业了解与适应能力的一种综合体现，其主要表现在职业兴趣、职业能力、职业个性及职业情绪等方面。影响和制约职业素质的因素很多，主要包括：受教育程度、实践经验、社会环境、工作经历，以及自身的一些基本状况（如身体状况）等。一般说来，劳动者能否顺利就业并取得成就，在很大程度上取决于本人的职业素质。

2. 职业素养

职业素养是人类在社会活动中需要遵守的行为规范，是职业内在的要求，是一个人在职业过程中表现出来的综合品质。职业素养具体量化表现为职商（Career Quotient，CQ），体现一个社会人在职场中的成功素养与智慧。

一个人所拥有的资质、知识、行为和技能，是显性素养，这些可以通过各种学历证书、职业证书来证明，或者通过专业考试来验证；而职业道德、职业意识和职业态度，我们称之为隐性素养。显性素养和隐性素养构成一个人所具备的全部职业素养。职业素养包括四个方面：职业道德、职业思想（意识）、职业行为习惯、职业技能。前三项是职业素养中最根基的部分，而职业技能是支撑职业人生的表象内容。前三项属世界观、价值观、人生观范畴的产物，而后一项，是通过学习、培训比较获得的。

职业素养具有十分重要的意义。从个人的角度来看，适者生存，个人缺乏良好的职业素养，就很难取得突出的工作业绩，更谈不上建功立业；从企业角度来看，唯有集中具备较高职业素养的人员才能实现求得生存与发展的目的，他们可以帮助企业节省成本，提高效率，从而提高企业在市场的竞争力；从国家的角度看，国民职业素养的高低直接影响着国家经济的发展，是社会稳定的前提。正因如此,"职业素养教育"才显得尤为重要。

3. 职业道德

职业道德,亦称职业道德素养,就是同人们的职业活动紧密联系的符合职业特点所要求的道德准则、道德情操与道德品质的总和。职业道德的基本要求有以下几方面。

(1) 爱岗敬业

爱岗敬业是为人民服务和集体主义精神的具体体现,是社会主义职业道德一切基本规范的基础。

(2) 诚实守信

诚实守信是忠诚老实、信守诺言,是为人处世的一种美德。诚实守信不仅是做人的准则,也是做事的基本准则。

(3) 办事公道

办事公道是在爱岗敬业、诚实守信的基础上提出的更高一个层次的职业政德的基本要求。办事公道需要有一定的修养基础。

(4) 服务群众

服务群众是为人民服务精神更集中的表现。

(5) 奉献社会

奉献社会,就是全心全意为社会做贡献,是为人民服务,是奉献社会。奉献社会,就是全心全意为社会做贡献,是为人民服务精神的最高体现。

4. 职业忠诚

职业忠诚是比企业忠诚(公司忠诚),对老板、领导者个人忠诚更高层次的职业者的品质。职业忠诚的内涵包括三层含义,一是对事业的献身精神与忠诚意识;二是对职业追求的责任心和使命感;三是把职业作为人生价值实现的舞台,甚至自愿坚守清贫,它是职业素质的最高层次。

职业忠诚是职业工作者都应具备的一种基本品质,只是其程度有所差别而已,职业忠诚意识的外在表现有:①职业行为已经成为职业忠诚者的生活方式,其行为方式具有丰富的职业内涵与崇拜倾向。②思维习惯已经职业化,习惯于用职业理论、职业伦理、职业道德来思考问题、评价事物、处理矛盾。③对本职业领域的方方面面都有亲身经历与体验的欲望,尤其是体现在职业特殊与职业风险的把握与反应的敏感度上,努力做到恰到好处。④终生虔诚地追求把职业工作做到尽善尽美的完美状态,而且,对本职业具有强烈的依赖感。

职业忠诚的关键是把职业当做人生的事业来做。它的基本要求有以下几方面。

(1) 对事业的献身精神和忠诚意识

职业忠诚集中表现为人们对事业和工作的爱。劳动与工作是人类社会产生和发展的前提条件，也是每一个有劳动能力的普通公民的基本义务，是一切财富的源泉。对劳动的热爱，对工作的虔诚，常常会超越个人的私欲，将自己从事的职业看成是民族大业和国家大业的一部分，哪怕是点滴的成功，都与大业息息相关，并因而以此为乐，以此为荣。

（2）对事业执着追求的责任心和使命感

具有职业忠诚品德的人始终视事业为神圣，视职业为生命的一部分。

（3）良好的劳动态度和工作作风

忠诚的人深感职业和岗位只是分工的不同，并无高低贵贱之别。任何职业都有无穷的趣味和无尽的快乐，只要坚持做下去，趣味自然发生，快乐也自然出现。一个人能从自己职业中领略出趣味，发现快乐，生活才有意义和价值。职业忠诚把忠于职守作为主要内容，要求人们忠实地履行自己的职业职责，有强烈的职业责任感，对工作极端负责任，坚决谴责任何不负责任、偷懒耍滑、马虎草率、玩忽职守、敷衍塞责的态度和行为。

（4）精益求精的职业品质和刻苦钻研的精神

职业忠诚不是一般的道德宣教，它必需落实到具体的职业活动中，落实到对所从事的职业和技术的钻研和精通中。只有在业务上精益求精，始终做到学而不厌、习而不倦、勤苦钻研的人才能在本职岗位上有所建树。

职业忠诚，集敬业、乐业、勤业、精业于一身，是人们对自己所从事工作和职业具有的发自内心的尊重、热爱等情感及终生愿意为之献身精神的有机统一，是人们职业价值观和职业操守观的综合化表现，也是人才在岗位和职业上走向成功和卓越的基础和价值源泉。

根据全球人力资源管理服务和咨询公司翰威特的研究，职业忠诚可以分为三个层次：第一层是乐于宣传（Say），就是员工经常会对同事、可能加入企业的人、目前的及潜在的客户说组织的好话；第二层是乐意留下（Stay），就是具有留在组织内的强烈欲望；第三层是全力付出（Strive），就是员工不但全心全力地投入工作，而且愿意付出额外的努力促使企业成功。

比职业忠诚低一个层次的是企业忠诚（公司忠诚），它指员工认可企业文化、环境，相信企业将为其提供发展的机会和应得的物质回报，全身心地投入到工作中去，把个人的发展融入企业发展中去。

比企业忠诚更低的一个层次是对企业老板、领导者个人忠诚，这里不是指阿谀奉承、屈从拍马、迎合领导、竭力讨好的行为，而是为确保整个企业能够正常运行、健康发展。员工忠诚于企业的领导者是职业与团队发展的必须与必要，它有三点要求：一是领导安排的事，必须保质、保量、尽快完成；二是如果领导安排有误，要向领导说明，如果领导执意按照自己的意见去做，必须按领导意见执行，下属对上司只有建议权，工作中不得加入自己的个人观点与意志，但尽量将损失降低到最低程度；三是好事、露脸的事把领导放在前面。实际上，职业忠诚包括企业忠诚（公司忠诚），对企业老板、领导者个人忠诚，其内涵更加丰富，人生的意义更加重大。

高职教育不主张只在"企业忠诚（公司忠诚）和对企业老板、领导者个人忠诚"层面上培养人才。高层次的职业素质，应该是指职业忠诚；企业忠诚（公司忠诚）应该是中级职业素质；对企业老板、领导者个人忠诚应该是初级职业素质。

5. 职业意识

职业意识是作为职业人所具有的意识，以前叫做"主人翁精神"，具体表现为：工作积极认真，有责任感，具有基本的职业道德。职业意识既影响个人的就业和择业方向，又影响整个社会的就业状况。职业意识由就业意识和择业意识构成。

就业意识指人们对自己从事的工作和任职角色的看法；择业意识指人们自己希望从事的职业。职业意识是人们对职业劳动的认识、评价、情感和态度等心理成分的综合反映，是支配和调控全部职业行为和职业活动的调节器，它包括创新意识、竞争意识、协作意识和奉献意识等方面。职业意识是职业道德、职业操守、职业行为等职业要素的总和。职业意识是约定俗成、师承父传的。职业意识是用法律、法规、行业自律、规章制度、企业条文来体现的。它有社会共性，也与行业或企业相通。它是每一个人从事自己所工作的岗位的最基本、也是必须牢记和自我约束的职业要素。

6. 职业心态

职业心态是指在职业当中，根据职业的需求所表露出来的心理感情，即指职业活动的各种对自己职业及其职业能否成功的心理反应。

职业人的八种职业心态如下：

（1）积极主动的心态

首先我们需要具备积极主动的心态。积极心态就是向好的、正确的方面扩张开来，同时第一时间投入进去。主动心态就是"在没有人告诉你而你正做着恰当的事情"。

（2）双赢的心态

吃亏的事情有人干，但亏本的买卖没人做，这是商业规则。我们必须站在双赢的心态上去处理我们与企业之间、企业与商家之间、企业和消费者之间的关系。

（3）包容的心态

企业员工作为集体中的一员，会接触到各种各样的人或事，也会接触到各种各样的消费者。每个人和每个消费者的爱好和需求都不同。我们与他人相处，为客户提供服务，满足客户需求，这就要求我们学会包容，包容他人的不同喜好，包容别人的挑剔。

（4）自信的心态

自信是一切行动的原动力，没有了自信就没有了行动。

（5）行动的心态

行动是最有说服力的。事实胜于雄辩。

（6）给予的心态

也称它是"奉献心态"。要索取，首先学会给予、奉献。没有给予和奉献，你就不可能索取。

（7）学习的心态

孔子说"三人行必有我师"。竞争在加剧，实力和能力的打拼将越加激烈。谁不去学习，谁就不能提高；谁就不会去创新，谁就会落后。要把你的同事、上级、客户和竞争对手看成是自己的老师，取其善，弃其不善。学习不但是一种心态，更应该是我们的一种生活方式。

（8）老板的心态

也称主人翁心态。企业的每位员工要像老板一样去思考问题，办事情。不要认为自己是打工者，企业的命运与自己无关。事实上企业和员工之间是利益的结合体。

7. 职业习惯

职业习惯即职业行为习惯，职业行为习惯是长期从事某一固定的职业，无形中也会使人的生活习惯、处事方式、行为规范形成以职业行为习惯为准则的恒定思维方式和动作方式。

要培养自己良好职业习惯可以有如下方法：

（1）要守时

信守时间是职业人的基本常识，如果迟到而不以为意，势必会耽误大事。

（2）要忠诚

忠诚是指对组织的忠诚以及对自己职业的忠诚。当我们选择了一个组织作为事业的起点，我们在这个组织一天，就要努力工作一天，为组织创造价值。而忠诚并不是从一而终，而是指在组织就职期间，要对组织保持忠诚。

（3）要尊重

要尊重他人的生活方式和个人隐私。在人际交往中，一些敏感话题是不能涉及的，如个人隐私、同事之间的关系、薪资收入等。

（4）要负责

如果你希望得到信任，那么就应该先做一个负责的人。一个成熟的职业人要有强烈的责任感做支撑，对自己的决策和行为负责。"干一行专一行"，既然选择了这个职业，就要具备强烈的责任心。一份工作刚做几天就觉得"没兴趣"，或是嫌待遇不好，然后跳槽，这是很不负责任的行为。

（5）要积极

要培养积极的心态，一方面学会称赞他人，每个人都希望得到他人的欣赏，大多数人会因为某方面受到赞美而更加努力；另一方面要学会微笑，微笑是一种令人愉悦的表情，可帮助你建立良好的人际关系。

（6）要遵守规章制度

任何企业都有它的一套切实可行的管理制度，不管你喜不喜欢，作为新人，遵守制度是起码的职业道德。入职后，应该首先学习员工守则，熟悉企业文化，以便在制度规定的范围内行使自己的职责，发挥所能。

（7）要做好职业定位

做职业定位时，首先要考虑自己的性格特点，性格特点与职业特点不能冲突太大，比如擅长跟物打交道的人，就先不要做那些频繁与陌生人沟通的工作。

（8）职场新人要先从基层做起

很多人不愿意从公司的基层做起，结果错失了很多机会，一个成功者往往对自己所做之事的最基本信息非常熟悉。

8. 职业能力

职业能力是人们从事某种职业活动必须具备的、影响职业活动效率的个人心理特征。人的职业能力是由多种能力叠加并复合而成的，它是人们从事某项职业必须具备的多种能力的总和，是择业的基本参照和就业的基本条件，也是胜任职业岗位工作的基本要求。职业能力包括专业能力、方法能力和社会能力三个部分。专业能力，即基本生存能力，掌握技能与知识；方法能力，即基本发展能力，学会学习、学会工作；社会能力，即基本发展能力，学会共处、学会做人。

三、构建自己的专业能力体系

（一）明确所学专业的人才培养目标

每一个专业都有自己的人才培养目标，内容包括以下几个要素：第一，培养什么人？第二，培养的人服务于哪些行业、企业、部门或岗位（群）？第三，培养的人应该具有什么样的知识、素质、能力，尤其是职业素质与职业技能？

例如，某职业学院的计算机应用技术专业的培养目标为：

本专业培养理想信念坚定，德、智、体、美、劳全面发展，具有一定的科学文化水平，良好的人文素养、职业道德和创新意识，精益求精的工匠精神，较强的就业能力和可持续发展的能力；掌握本专业知识和技术技能，面向广告与图形制作企业、制版印刷企业、多媒体行业企业、软硬件销售服务企业及一般企事业单位，培养从事计算机软硬件产品营销和维护、图形图像处理、动画设计和实现、软件开发、数据库管理、网站设计与网络维护等工作的高素质复合型技术技能人才。

培养目标中明确了就业面向的企业：广告与图形制作企业、制版印刷企业、多媒体行业企业、软硬件销售服务企业、政府及一般企事业单位。

明确了主要就业部门：设计部门、工程部门、生产部门、维护部门、销售部门、网络管理部门。

明确了可从事的工作岗位：平面设计员、动画制作员、多媒体作品制作员、硬件维护工程师、软件使用与维护员、数据库管理员、软件开发程序员、网站设计与维护员、网络管理员。

（二）了解未来从事的职业岗位（群）及其具备的能力体系

职业岗位是已经成为模式的职业并与专门工作高度相关的具体位置。职业岗位群是指同一职业内部，以某一工作岗位为主体的多个同质与相近的一组岗位。这种多个同质与相近的一组岗位群，是高职专业的服务范畴，即主要目的是培养能够胜任多个岗位就业需要的人才。

以计算机应用技术专业为例，未来从事的职业岗位（群）及其具备的能力体系见表4-1。

表4-1 计算机应用技术专业岗位群及能力要求

序号	核心工作岗位及相关工作岗位	岗位描述	职业能力要求与素质
1	平面设计员（核心岗位）	根据设计需求，进行图片处理、图形绘制、特效设计、文字编排、色彩运用、版式排列、主题创意、辅助设计等操作	①了解美术基础 ②熟练掌握各种图形设计软件 ③熟练运用色彩和编排文字 ④熟练掌握辅助设计软件和方法 ⑤具有丰富的想象力和观察力 ⑥良好的沟通交流能力，较强的需求了解及分析能力 ⑦具备团队合作精神，拥有良好的职业素质，有责任感

续表

序号	核心工作岗位及相关工作岗位	岗位描述	职业能力要求与素质
2	动画制作员（核心岗位）	根据动画制作项目的需要，进行二、三维动画的制作	①了解动画的流程 ②熟练掌握二、三维动画的制作软件，例如：Flash、3DSMAX等 ③具有较强的三维空间造型能力 ④具有丰富的想象力和观察力 ⑤良好的沟通交流能力，较强的需求了解及分析能力 ⑥具备团队合作精神，拥有良好的职业素质，有责任感
3	多媒体作品制作员（核心岗位）	根据多媒体制作项目，实现多媒体素材的收集、制作和合成；从而实现多媒体作品的创作策划、分析与设计，产品测试、打包及发布	①了解设计制作的流程 ②熟练掌握多媒体制作软件 ③图形、动画、音频、视频素材的采集和制作 ④具有一定的多媒体编程能力 ⑤具有丰富的构思和创意 ⑥良好的沟通交流能力，较强的需求了解及分析能力 ⑦具备团队合作精神，拥有良好的职业素质，有责任感 ⑧具有较强的分析和解决问题能力
4	硬件维护工程师（核心岗位）	通过与客户沟通，按照需求进行硬件系统方案设计、产品选型、成本评估；硬件的组装和维护；计算机系统及办公设备的更新、升级、调优、备份及恢复	①熟悉主流厂商硬件产品功能、性能、特点，了解各种产品的价格并进行选型和报价 ②熟悉操作系统的安装和使用 ③计算机硬件的安装、配置调试能力 ④掌握办公设备的故障诊断、分析、隔离、排除 ⑤文档管理能力 ⑥具备团结协作、耐心细致的职业素质
5	软件使用与维护员（核心岗位）	掌握计算机各类软件的销售、安装、使用和维护；熟练使用操作系统进行信息处理	①熟悉通用软件产品功能，正确采购各种软件产品 ②掌握系统软件和各种应用软件的安装和使用 ③计算机软件故障诊断、分析、隔离、排除 ④熟练掌握各种信息处理技术 ⑤文档管理能力 ⑥具备团结协作、耐心细致的职业素质

续表

序号	核心工作岗位及相关工作岗位	岗位描述	职业能力要求与素质
6	软件开发程序员（核心岗位）	根据软件产品需求，进行软件的系统分析、设计、代码编写、版本管理、文档撰写、测试、维护等工作，熟悉设计、开发工具、软件包、中间件使用，遵守开发规范，服从工作安排	①熟悉 B/S、C/S 结构业务系统的基本构架、了解主流开发工具与使用环境 ②具有良好的编码能力，熟悉基本的开发语言与测试方法 ③具有软件工程的概念、良好的编程习惯与文档管理 ④良好的沟通交流能力、较强的需求了解及分析能力 ⑤求知欲和进取心 ⑥较强的英语阅读和写作能力 ⑦具备团队合作精神，拥有良好的职业素质，有责任感
7	数据库管理员（相关岗位）	根据需求进行数据库分析和设计，创建符合规范的数据库，满足系统运行的需要；常用数据库应用软件应用；完成数据库日常维护、备份及恢复，能对数据库性能进行优化升级	①熟练掌握数据库基本原理 ②熟练掌握一种中型以上数据库系统及其安装与配置 ③掌握数据库设计与建模的基本方法和规范 ④掌握数据库备份、恢复及日常维护的基本操作 ⑤掌握数据库性能优化的基本方法 ⑥具有业务分析能力 ⑦具备文档管理能力 ⑧一定的沟通和交流能力
8	网站设计与维护员（核心岗位）	根据网站设计产品需求理解和分析系统，进行网站规划，网站脚本编写，网页与数据库关联，调试并修改缺陷，整理并提交设计文档；企业网站日常维护与管理	①精通主流网页设计制作、工具软件的使用 ②掌握网站建设的方法和技巧 ③熟悉 B/S 架构，具有后台程序开发能力 ④网站发布与维护能力 ⑤具有一定的网络系统构建能力 ⑥具备一定的美工和平面设计基础 ⑦较强的信息收集、加工、处理能力 ⑧具备逻辑思维、抽象思维和创新思维能力 ⑨具备文档管理能力 ⑩良好的沟通交流和技术表达能力
9	网络管理员（相关岗位）	主要进行企业网络配置安装、管理与维护、监控、故障排除、优化；设备升级；文档撰写、归档等	①熟悉主流厂商网络设备功能、性能、特点和使用，能根据需要选型 ②熟悉网络操作系统的使用 ③常用网络设备安装、配置调试能力 ④掌握故障诊断、分析、隔离、排除的一般方法、流程 ⑤文档管理能力 ⑥具备团结协作、耐心细致的职业素质和良好的交流沟通能力

(三)明确从业岗位(群)上应该能够完成的具体工作任务与工作过程

在未来的职业岗位上,都具体干哪些典型的工作?这些工作应该怎么干?以计算机应用技术专业为例,见表 4-2。

表 4-2 典型工作任务及其工作过程

序号	典型工作任务	工作过程
1	平面设计	接受工作任务,创意后进行图形图像的处理和合成,实现标志设计、海报设计、包装设计、广告设计、产品造型、图文排版、广告文案撰写
2	辅助设计	接受工作任务,具备一定的图形表达能力、造型能力及空间想象力。能够绘制及修改平面图形;绘制及修改三维图形;对三维图形进行后期渲染;绘图后出图
3	二维动画制作	接受工作任务,理解工作任务,发挥想象力,进行剧本分析;绘制故事板;制作摄制表;完成角色和背景设计;配音与音效制作;原画创作;中间画制作;清线扫描;上色;合成输出
4	三维动画制作	接受工作任务,较全面地掌握三维建模及动画制作技术的各个功能和制作流程;室内效果图制作;材质添加;灯光照明;渲染输出;动画的修改完善
5	多媒体制作	接受工作任务,根据多媒体制作项目,进行多媒体作品的创作策划;分析与设计;实现多媒体素材的分类、获取和合成;产品测试;打包及发布
6	硬件选购、组装与维护	接受客户咨询,通过与客户沟通,按照需求进行硬件系统方案设计、产品选型、成本评估;硬件的组装和维护;计算机系统及办公设备的更新、升级、调优、备份及恢复
7	软件销售、使用与维护	接受客户咨询,理解需求分析和设计对象,熟悉系统架构及功能;售前/售后技术支持;接收用户上报的系统问题;记录、查询及解答问题;确认问题是否解决;满意度回访
8	软件开发	接受工作任务,阅读理解需求分析与概要设计;进行模块级详细设计与接口设计;经审核按照规范进行代码编写;测试用例,进行单元测试与出错处理,撰写测试报告;代码提交,技术归档
9	数据库管理与开发	接受工作任务,进行数据库需求分析,实现数据库建模和设计;创建数据库表、存储过程、触发器等数据库对象;在系统运行中对数据库进行日常维护;进行数据库的备份和恢复;对数据库进行调优
10	网页设计与网站构建	接受工作任务,根据网站设计产品需求理解和分析系统,进行网站规划;网站脚本编写;网页与数据库关联;调试并修改缺陷;整理并提交设计文档;企业网站日常维护与管理
11	网络管理与维护	接受工作任务,主要进行企业网络配置、安装、管理与维护、监控、故障排除、优化、设备升级、文档撰写归档等

（四）准备并考取职业资格证书

职业资格证书是劳动就业制度的一项重要内容，也是一种特殊形式的国家考试制度。它是指按照国家制定的职业技能标准或任职资格条件，通过政府认定的考核鉴定机构，对劳动者的技能水平或职业资格进行客观公正、科学规范的评价和鉴定，对合格者授予相应的国家职业资格证书。

高职院校办学特点之一是实行双证制（或多证制），即毕业生在取得毕业证书的同时，还需考取与自己的专业或将要从事的职业相关的职业资格证书。学生在校期间应该对考取的职业资格证书进行好科学的规划：考什么证书，什么时候考，考哪一个等级，都需要哪些知识和技能，必须提前做好准备。

（五）参加职业技能竞赛

职业技能竞赛是依据国家职业技能标准，结合生产和经营工作实际开展的以突出操作技能和解决实际问题能力为重点的、有组织的群众性竞赛活动。开展职业技能竞赛，以赛促教、以赛促学，已经成为职业教育的一种教学模式。目前，一般每年开展国家级、省市级、院级水平的职业技能竞赛活动。对于国家级、省市级竞赛中获奖的学生，一些省市有推荐升学（升本）的政策。

（六）参加专业社团

学生社团是指学生为了实现会员的共同意愿和满足个人兴趣爱好的需求、自愿组成的、按照其章程开展活动的群众性学生组织。学生社团是我国校园文化建设的重要载体，是我国高校第二课堂的引领者。

大学生社团一般分为文娱类社团和专业社团。学生应该积极主动地参加社团，特别是专业社团的活动，这对于学生的职业素质与职业技能的自主培养、自我锻炼、自我提高是非常重要的一个舞台。

1. 积极参与学校社团活动，增强沟通能力以及适应能力

社团活动能够提高沟通能力。高校丰富的社团文化活动为大学生的能力培养提供了良好的平台。通过参与社团活动，学生可以锻炼自己的沟通能力。而沟通能力包括良好的口头交流技巧以及良好的倾听技巧。在加入社团时，作为新进人员的大学生，要进行一系列的面试等活动，这其中包括当众自我简介、工作计划等。在这个过程中，能够锻炼学生倾听的技巧以及与面试人员的沟通技巧；参与社团工作的过程中，要面临与领导及其他成员的沟通问题；组织社团工作的过程，更是一个锻炼学生加强沟通技巧及倾听其他成员意见的过程。因此，参与学

校社团工作，能够锻炼良好的沟通技巧。

社团活动可以增强适应能力。学校的社团活动是一个有组织有保障的过程，在这个过程中，参与者会遇到形形色色的问题。而作为参与者的学生必须去解决这些琐碎的、甚至超越了学生本身能力的问题，这就锻炼了学生解决问题的能力。在参与活动或者解决问题的过程中，学生应该具有创造性地思考，这样才能有效及时地解决问题，保证活动正常顺利地进行。创造性地思考无论在个体解决问题的过程中，还是在组织团体解决问题的过程中，都具有重要的作用。因此学生要加强社团活动的参与，增强自己解决问题、创造性思考的适应能力。

2. 积极寻找社会工作机会，培养人际技能技巧

实践能力不是苦读书本读出来的，也不是毫不付出凭空而来的，大学生要走出教室，走出学校，深入到社会中，与工作亲身接触，才能有增强实践能力的机会。

寻找社会兼职工作，加强群体效果技能。在社会的工作中，人们是需要不断地与他人沟通互动的。在社会的兼职工作中，接触不同阶层的客户、不同经历的同事，学会人际沟通技巧，可以为将来的实际工作打下良好的基础。良好的人际沟通技能可以让你的工作事半功倍，可以轻易地化解工作中的困扰与难题。一个人，只有在工作中，才能体会团队工作的精髓，才能获得团队工作的原则及技巧。职场中，团队的合作能力越来越影响着一个人的职场生涯。只有在团队中找准自己的位置，做好自己的工作，与同事和谐相处，才能获得工作的乐趣。

积极投入兼职工作，获得影响能力方面的技能。影响能力主要包括理解组织文化和分享领导这两个层面。组织文化是随着组织的发展壮大而不断沉淀发展的，员工只有深入地理解组织文化，才能获得对组织的归属感。大学生在进行兼职工作时，也要积极地理解组织文化，及时地融入组织氛围中，将来从事具体的工作时，才能够进入角色。

测测你的敬业精神

以下每题有三个选项：A. 不赞成；B. 基本赞成/有点不赞成；C. 赞成。

1. 只为本企业工作。
2. 不擅自离开工作岗位。
3. 在工作日的任何时间里，绝对不做一切有碍工作的事。
4. 对企业使命有清晰的认识，认同企业的价值观。

5. 积极参加企业组织的业务技能培训。
6. 乐于承担更大的责任,接受更繁重的任务。
7. 凡是支持本行业和属于本行业的人,均予以肯定。
8. 不做有损企业名誉的任何事情。
9. 不拿企业的任何物品。
10. 对企业的商业秘密绝对守口如瓶。
11. 在规定的休息时间之后,及时返回工作场所。
12. 看到别人有违反企业规定的举动,及时纠正。
13. 不管能否得到相应的奖励都能积极提出有利于企业的意见。
14. 关心自己和同事的身心健康。
15. 对外界人士积极宣扬企业。
16. 把企业的目标放在个人目标之上。
17. 乐于在工作时间之外自动自发地加班。
18. 业余时间注重钻研与工作有关的技能,加强职业素养的学习。
19. 为保证工作绩效,善于劳逸结合,调节身心。
20. 能享受工作中的乐趣。

评分标准：

A 为 1 分,B 为 3 分,C 为 5 分。

测评分析：

累计 20 道题的总分

40 分以下：敬业度很低。

40~59 分：敬业度一般。

60~80 分：敬业度上等。

80 分以上：敬业度优异。

【做一做】

对你所学的专业,做一个调研,列出几个主要的岗位和工作能力。

【看一看】

蓝领精英许振超

许振超,男,出生于 1950 年,初中毕业。全国总工会兼职副主席。1974 年进青岛港工作。曾先后荣获青岛市劳动模范、青岛市优秀共产党员、山东省有突出贡献工人技师、省自学成才先进个人、全国"五一劳动奖章"获得者和全国交通系统劳动模范、全国劳动模范、全国优秀共产党员等称号,被誉为新时期产业工人的杰出代表。

1974年,许振超初中毕业后到青岛港当了一名码头工人。他操作的是当时最先进的起重机械——门机。许振超勤学苦练,7天就学会了,是一起学习的工人中第一个能独立操作的。然而,会开容易开好难。师傅开门机,钩头起吊平稳,钢丝绳走的是"一条线";到了许振超手里,钩头稳不住,钢丝绳直打晃。特别是矿石装火车作业,一钩货放下,洒在车外的比进车内的还多。看到工人们忙着拿铁锹清理,许振超十分内疚。还有,矿石装火车装多了,工人要费不少劲扒去多的;装少了,亏吨,货主不干。为了早日掌握这项技术,每次作业完毕,别人歇着了,许振超还留在车上,练习停钩、稳钩。四五个月后,他开的门机钢丝绳走起来也一条线了,一钩矿石吊起,稳稳落下,不多不少,正好装满一车皮。这手"一钩准"的绝活,很快就被大家传开了。一次,许振超干散粮装火车作业,发现粮食颗粒小,更易撒漏。他便在工作之余,吊起满满一桶水,练习走钩头,直至练到钩头行进过程中滴水不洒。再去装散粮,一抓斗下去,从舱内到车内,平平稳稳,又练成一个绝活——"一钩清"。许振超的活干净利索,装卸工人们二次劳动强度大大减轻,谁都愿意跟他搭班。

📖 **职业素质反思:**

你对奉献社会的认知与践行程度如何?

4-1 自我评估

4-2 自我反思

模块五 主动出击

知识目标：

了解就业信息的获取方法及途径；掌握就业信息搜集、筛选与使用的方法；了解就业陷阱并掌握防范对策；熟悉并掌握求职前的准备内容。

能力目标：

具备求职能力与防范求职陷阱的能力。

素质目标：

培养明确职业目标的意识，梳理正确的世界观、人生观、价值观。

单元1 就业信息获取途径与方法

【想一想】

"职位""薪水""公司背景""发展空间""幸福感"这5个要素中，你认为哪一个最重要？为什么？

【学一学】

一、就业信息

（一）就业信息的含义

就业信息是指用人单位发布的、择业者未知的、经过加工处理后对择业者具有一定价值且客观存在的有关就业的信息和情报。

在当今信息时代,信息的重要性不言而喻。谁能够以最快捷的方式占有最广、最准确、最有效的信息,谁就掌握了成功的机遇,大学毕业生的求职择业也是如此。有一句名言说得好,"命运青睐有准备的头脑"。

(二) 就业信息的意义

1. 就业信息是择业决策的重要依据

毕业生就业顺利与否,不仅取决于一个人的知识、能力、素质、体力以及社会和经济的因素,而且还取决于就业信息的广度与深度、数量与质量、准确性与可靠性。要想使自己的择业决策更具科学性,就必须占有大量的就业信息,譬如国家的就业方针、地方及行业的就业政策、自己所属院校的就业办法、有关的就业服务机构等。当然,更为主要的还是用人单位的需求信息。

2. 就业信息可以帮助学生更好地了解和融入市场

了解了就业信息,特别是了解了市场需求,知道市场需要什么人、哪里需要人、都是什么岗位、岗位对人才的知识、能力、素质的要求是什么,可以帮助学生及早准备,树立正确的职业定位,珍惜在校学习时间,全面提高自身素质,增强在人才市场上的竞争力。

3. 就业信息可以帮助学生更好地寻找和确定就业单位

在毕业生就业单位确定之前,在一个不算短的时期内,他们可能会经历一场"寻寻觅觅"般的苦闷和焦虑的人生体验。不过,如果一个毕业生懂得如何去搜集和运用各种就业信息,他就有可能从容得多,他可能会在更短的时间内寻找到更多也更适合自己的就业岗位,同时,由于他对自己和就业单位都有了相当的了解,也就有可能在较短时间内确定自己的就业单位。

4. 就业信息是顺利应聘的可靠保证

现在几乎所有的用人单位都十分重视应聘人员的整体素质,而全面了解和考察毕业生的主要方式就是应聘面试。面试是毕业生求职过程中的关键环节,要想顺利通过面试关,就必须事先对用人单位的情况有一定程度的了解。如果一个毕业生在求职应聘过程中,只能抽象地表达一个求职的意愿,而对企业的经营方式、产品结构、市场行情及以往的历史和今后的发展一无所知,那么他的应聘结果就可想而知了。

(三) 就业信息的内容

就业信息可以分为宏观信息和微观信息。

1. 宏观信息

宏观信息是指国家的政治经济情况,国家或地区社会经济的方针政策规定,国家对毕业生的就业政策与劳动人事制度改革的信息，社会各部门、企业的职业需求情况及未来产业、职业发展趋势所要求的信息。简单说，宏观信息包括行业信息、职业信息、企业信息等。掌握这些信息，就可宏观地把握就业方向。

2. 微观信息

微观信息是指某些具体的就业信息。如用人单位的职位空缺情况、岗位职责、职业发展前景、需求专业、任职条件、福利待遇等。这些信息是在大学即将毕业时所必须搜集的具体材料。

（四）搜集就业信息的原则

搜集就业信息时应力求做到"早""广""实""准"。

所谓"早"就是搜集信息要及时，要早做准备，不能事到临头再去抱佛脚。

所谓"广"就是指求职者信息面不能太窄，要广泛搜集各个方面、不同层次的就业信息，使自己放弃或忽略了有关"后备"信息，在求职遇挫时感到无所适从。

所谓"实"就是搜集的信息要具体，用人单位的地点、环境、人员构成、生活待遇、发展前景、对新聘人员的基本要求、联系电话等方面的信息掌握得越具体越好。

所谓"准"就是要做到准确无误。一方面，用人单位需要什么层次、什么专业的人才，在性别、相貌、外语水平等方面有什么特殊要求；另一方面，由于需求信息也和商品信息一样，具有很强的时效性，你所了解的信息是不是过期的信息，用人单位是否已经物色到了合适人选，这些都要搞清楚，不能似是而非。

某高职院校毕业生小郭来自农村，刚进大学时，看到师兄师姐和高年级的老乡们为找工作辛苦奔波，他心中也暗暗为自己的将来着急。从大二开始小郭就有意识地收集求职方面的资料，了解相关就业政策。有一次，一位即将毕业参加工作的老乡临别时将一些用人单位的资料、发布就业信息的报纸、刊物和一些毕业生就业指导方面的书籍送给了他，他就利用课余时间把资料翻了一遍，对有关求职方面的信息有了初步了解，他还细心地把用人单位的通信地址、网址和联系方式一一在小本子上抄录下来，以备将来派上用场。

从那以后，只要有机会他就会主动向毕业的校友、老乡和在校老师了解就业信息动态，并分门别类地整理所收集的用人单位需求信息。到了学校推荐就业的时候，小郭不慌不忙，按自己的计划开始行动了。他先是给分布在广东和浙江等地的校友和老乡们打电话，请他们帮忙提供单位最新的需求信息；然后他在班主任和亲戚那儿留下了自己的自荐材料；最后他通过学校就业指导中心、网络、报纸等媒体了解了政府部门和学校即将安排举行的各类招聘会信息。他对所有收集的信息进行了分析比较，挑选了一些用人单位并一一发求职信。

春节前，各种渠道的信息便开始反馈回来。有几家单位有意接收他，那些单位对小郭如此熟悉单位的情况惊讶不已，他们认为，就凭这一点，单位也愿意聘用他。小郭真没想到，自己的求职之路这样顺利地走出了第一步。

二、就业信息的获取途径

（一）校内就业指导中心

学校就业指导中心是搜集就业信息的主渠道。在毕业生就业过程中，学校就业指导中心会及时向毕业生发布有关需求信息，进行就业指导，让毕业生了解有关就业政策及社会需求状况，同时提供就业咨询服务。由于学校既与毕业生就业工作所涉及的各级主管部门之间保持着密切联系，同时也是用人单位选择聘用毕业生所依赖的一个主要窗口，这一特定的位置，使得其对就业信息的占有量大于任何一个部门，同时在信息的准确性、权威性和可靠性方面都有明显的优势。

（二）各地人才市场和招聘会

随着就业机制的完善和就业市场的繁荣，各地及各行业大多都建立了人才市场或人才交流中心，主要是负责收集发布人才供需信息，办理人才交流登记，组织毕业生与企业供需见面会，为毕业生与用人单位双方提供直接见面、洽谈的机会。各级政府部门、各类企业及各学校也经常举办规模大小不等的招聘会，政府部门和学校组织的招聘会大多是免费的公益性活动，毕业生通过招聘会可以有针对性地获取用人单位的招聘资料，了解各行业需求，增长自己的求职能力，展现毕业生个人风采，争取更多的就业机会。

（三）学生顶岗实习单位

学校根据教学计划一般安排学生到企业进行半年到一年的顶岗实习，与学生所学的专业知识紧紧相连，有利于毕业生开阔视野，而顶岗实习又是大学生自我开发信息的重要途径：可以直接掌握准确、可靠的就业信息，了解企业对毕业生的具体要求，并在实践过程中找到自身不足和缺点，及时进行弥补，同时也能够了解用人单位的动态，掌握企业的发展前景。通过社会实践了解和获取就业信息对毕业生来说是一门必须主动参与的必修课。有的企业实行顶岗实习与就业一条龙，企业择优录用。

（四）各种社会关系

俗话说，"多一个朋友多一条路"，人际网络也是获取就业信息的一个重要渠道。一切信息的发出者和接受者都是人，信息自始至终都是在人与人之间传递的。有些用人单位愿意聘用经人介绍或推荐的求职者，他们认为这样聘用的人更可靠、更放心。所以对于即将步入社会的大学生来说，亲朋好友、老师等都是他们获取就业信息的重要渠道，因为他们来自社会的各行各业和各个阶层，可以从不同渠道了解各种需求信息，因此，他们提供的信息具有直接、有效、可靠的特性，比较符合学生本人的求职意向。这些信息一旦被毕业生获取，很有可能会转变为就业岗位。

（五）网络及各种传播媒体

信息化时代网络的应用越来越普遍，通过网络资源获取就业信息是毕业生收集信息的一种高效、便利的途径。网络信息快捷、成本低、信息量也相当丰富，避免了不少奔波之苦。但网上信息鱼龙混杂，要擦亮眼睛，选择正规、权威的网站，想方设法对网上的信息进行求证。其他如广播、电视、报纸、杂志等新闻媒体也日益受到招聘机构和求职者的青睐。随着国家和社会对毕业生就业工作的重视，大学毕业生就业不再是纯粹的个人事件，已成为社会关注的热点，关注毕业生就业工作的媒体也在不断增加，从这些媒体上可以收集和了解每年大学生就业的政策法规、行业现状、职业前景、人才需求等方面的信息。

三、就业信息的搜集、筛选与使用

（一）就业信息的搜集

毕业生搜集就业信息主要有以下两种方法：

1. 全方位搜集法

把与专业有关联的就业信息统统收集起来，再按一定的标准进行整理和筛选，以备使用。这种方法获取的就业信息广泛，选择的余地大，但较浪费时间和精力。

2. 定方向搜集法

根据自己选定的职业方向和求职的行业范围来搜集相关的信息。这种方法以个人的专业方向、能力倾向和兴趣特长为依据，便于找到更适合自己特点、更能发挥作用的职业和单位。需要注意的是，当毕业生选定的职业方向和求职范围过于狭窄时，有可能大大缩小选择余地，特别是所选定的职业属于竞争异常激烈的"热门"工作时，很可能给下一步的择业带来较大困难。

（二）就业信息的筛选

毕业生通过上述渠道所收集到的原始就业信息都比较杂乱，有相当一部分信息是没有用处的。毕业生应根据自己的实际情况和需求，对信息去粗取精、去伪存真，有目的、有针对性地加以筛选处理，使获得的信息更具准确性、全面性和有效性，使之更好地为自己的求职服务，在处理这些信息时应把握以下技巧：

1. 搜集方向

搜集与专业相符、有发展前景、适合自己特点、有发挥作用空间的就业信息。

2. 掌握重点

将收集到的所有就业信息进行比较，初步筛选之后，把重点信息选出，标明并注意留存，一般信息则仅做参考。

3. 适合自己

每个人的情况不一样，毕业生应选择适合自己的信息。

4. 注意信息的时效性

搜集到就业信息后，应适时使用，以免过期。

5. 分类判断

把通过各种渠道搜集来的信息按地区、性质进行分类，再按自己的择业标准进行等级分类，把那些自己感兴趣的单位列为第一等级，作为求职择业的重要选择方向。

6. 兼顾冷门

确定信息搜集范围时不能局限于"热门"单位和周边较近地区，否则，会大大降低就业的成功率。

（三）就业信息的使用

只有充分利用了那些可用信息并帮助自己顺利完成了求职择业的过程，才算达到了收集信息的目的。在求职过程中，毕业生应学会利用好手中的就业信息，互通有无，及时出击，在有限的时间内找到一份令自己满意的工作。

1. 及时运用有价值的信息去选择适合于自己的工作

收集和筛选信息的最终目的就是为了使用。要将职业的要求与自己已经具备的条件对照，选择适合于自己的最佳职位，即达到人职的最佳匹配。当发现有适合自己的工作时，一定要及时主动出击，全力以赴，以免错失良机，遗憾终生。

2. 善于根据信息发现自己不足

根据筛选出来的信息要求，对照自身条件，发现不足，主动调整自己的知识结构，提高就业能力。如发现自己哪方面的课程知识不足，就主动去学习；或发现自己有哪些方面的技能欠缺，就马上去参加训练，主动学习和掌握相关的知识和技能，以弥补自己的不足，亡羊补牢还为时不晚。

3. 及时输出对他人有用的信息

有些信息对自己不一定有用，但对他人也许有使用价值，应当及时拿出来与他人进行沟通，通过与他人的沟通，也许能从中获取对自己有用的信息。

四、了解求职陷阱

（一）常见的求职陷阱

在大学生求职过程中，信息芜杂，真假难辨。一些大学生涉世不深，社会经验缺失，难免跌入求职陷阱。以下是求职陷阱的例子。

1. "高薪"招聘

招聘广告上常常铺天盖地的"高薪诚聘××"，开出的薪金越高就越能吸引求职者的眼球。但是，等到求职者过五关斩六将接触到实质待遇问题时，用人单位又玩起了数字游戏。有的单位甚至打出"保证年薪多少万以上"的承诺，这常出现在以业绩提成为主要收入的行业，而最后能否实现还需看求职者的工作表现及能力。求职者应当先衡量在没有业绩提成的情况下，固定底薪是否达到可接受的水平，不要被广告误导。

2. 设下骗局

星级饭店招聘男女公关经理，无须工作经验，无学历要求；底薪2 000元，月薪可达数万元，具体根据个人所得小费而定。要求女生身高165cm以上，男生身高180cm以上，长相好。

这样的招聘广告往往是骗人加入色情行业的。所以一定要多加小心，不要盲目前往。

3. 招聘摆样子

某企业招聘，把笔试或者面试地点安排在员工上班可见的醒目位置，或者特设招聘台，或者把笔试和面试时间安排在非工作时间。

这种招聘的真正目的，很可能并非为了招新人，而是为了给现有员工施压，所以求职者不要对这些招聘抱太大希望。

4. 招聘是假，宣传是真

某企业常年招聘，但从不透露到底要招多少人，且招聘的信息从不更换或者很少更换。招聘会上该公司往往发给求职者很多宣传册、介绍公司文化的资料等。

这类企业的目的，大多是为了宣传或者为公司积累人才库，实际上他们现在并不缺人，所以求职者一定要查清楚底细，再去应聘。

5. 夸大头衔

一些公司为了提高入职要求，或为吸引些较高学历的应聘者，将职务头衔粉饰得光彩照人，有别于一般惯用的职务称号。明明招的是推销人员，却非要用"业务主管""部门经理"等来诱惑求职者；明明是打杂文员，却一律说成是"储备干部"；明明做的是最底层的推销工作，可偏要说成是"做一回自己的老板"。

6. 掩饰危机

某些公司会在报刊、职介或者人才网站大量刊登广告，给人不断发展的错觉，目的是掩饰裁员危机，以避开债权人的追逐压力。另外，一些单位做广告仅仅是为了提高单位知名度。

7. "不限男女"

碍于有关禁止性别歧视的规定，招聘广告中不能列明"非男不用"或"非女不聘"，但实质上某些行业特性就是如此，例如秘书、厨师等。毕业生应当预先冷静探析，切莫浪费时间和精力。

8. "长期招聘"或"急聘"

某些不法用人单位在招聘广告上冠以"长期招聘""急聘""大量求聘"等字眼，目的是借助广告大量吸纳"新鲜血液"，在试用新手的短期内再淘汰不合适的员工。求职者可能只领到试用期的工资就会"下岗"，有的甚至借试工之名欺骗求职者为其提供无偿的劳动。"长期招聘"使这些不法用人单位一直都有可以剥削的廉价劳动力。

9. 语言歧义

某报曾经刊登一则被指责有性别歧视的招聘广告，经法庭裁定，由于文句中无任何标点符号，使人可得出两种不同的理解，而成功脱罪。由此可见，雇主可以利用长句来避开有关法律的约束。求职者应当仔细推敲广告词语的含意，以免浪费宝贵时间和精力。

10. 泄露个人信息

求职者在就聘时还需提防"暗箭伤人"。有些不法分子在报纸上刊登招聘信息,却是"醉翁之意不在酒"。他们的目的不在于招聘人才,而是诱使应聘者递上个人资料,然后假冒他人身份到银行申办信用卡,最后拿着卡进行疯狂透支消费;或者对应聘的女性进行性骚扰。因此,求职时要有目的、有针对地应聘,对自身资料要加强保密。

11. 地点偏僻,员工诡异

若面试地点比较偏僻,最好能有友人陪同并在外等候;而面试时若发现其他员工不像在工作,面试官员态度轻佻时,女性求职者务必提高警觉,除不饮用公司提供的茶水外,最好尽快结束面谈并离开。

12. 还没工作,就先收钱

还没有正式上班,雇主便先要求预付工作保证金、材料费、培训费、拍照费或意外保险费等,此时要当心陷阱。如果需支付费用,一定要索要发票或收据,并应当留意发票上财务专用章的单位名称与公司实际名称是否一致。

13. 每天在招聘人员

公司的招聘广告长期刊登,且每次都以征求储备干部、兼职助理含糊带过,去电询问又对具体工作岗位待遇和长期福利等实质问题语焉未详时,要当心。

14. 索取身份证件

一些非法公司常借口办理各类手续,索取身份证和印章,以应聘者的名义从事各种违法犯罪活动,使求职者糊里糊涂沦为违法犯罪甚至抵债的"替罪羊"。

15. 高薪急聘,轻易被录取

当招聘公司声称待遇优厚、工作轻松、免经验,而去面试时发现根本没有问什么,甚至连毕业证都没有仔细鉴别,就被轻易录取时,要当心陷阱。

16. 动辄要和应聘者签署各种文件

不要随便和公司签署协议,每一份签字都意味着一定的法律后果。此外,不缴纳任何不知用途的费用,不购买公司以任何名义要求购买的有形或无形产品。如果在应聘的过程中感觉有不合理的要求,应该明确拒绝。

17. 该公司为不曾听闻过的企业

面试前可利用相关管理部门、亲朋好友的信息或者利用互联网查阅资料,确认是否为合法企业。最好能了解到公司的资质和规模,比如到工商行政机关去查询其注册资本额。如果发现其规模很小,就需要提高警惕性。

(二)常见的职介陷阱

1. 无照无证、打游击

最明显的非法职业介绍机构一般均为无《企业法人营业执照》《职业介绍许

可证》，只是所谓的"租一间房、一张办公桌、一部电话"，甚至使用假身份证、假公章，深藏小巷出租楼的"双无"机构，这样的违法职介行为很容易被人们辨认。其招聘信息，基本上都是虚假和不存在的，目的就是为了骗取求职者的报名费、职介费。求职者按其提供的地址去应聘，不是找不到地方就是单位根本不招人。一些非法职介机构为了逃避劳动部门的打击，将过期的《职业介绍许可证》进行涂改，再私刻公章，在车站、码头附近巷子里租一间小房，马路上放几块招聘信息牌，几个"职介所"集中租房，形成团伙，以壮声势、增加真实感、欺骗求职者。

2. 有照无证、走骗门

非法职介中，已有相当一部分具有了独立的法人资格，它们大多注册在郊区私营经济开发区，在各大开发区或劳动密集型用人单位的周边地区租用一定的办公场所，同时注册的"工商营业执照"上也多注有"劳务信息咨询""人力资源信息咨询""劳务输出"等经营范围，如此借"信息咨询"之名，行职业介绍之实，因而更具欺骗性，一般求职者因难以识别而容易上当受骗。而且，由于有利可图，这类"有照无证"违法从事职业介绍活动的机构还在日渐增多。由于没有受到专门的职介许可证的约束，这类机构往往是各种职介陷阱的制造者。

3. 滥广告、假信息

非法职介大多以张贴马路广告、派发小卡片等形式招揽求职者，而有的非法职介竟然还在专业性招聘报纸或刊物上刊登广告，有的更是利用互联网发电子邮件，信息量大、影响面广，具有极大的欺骗性。一些职介机构，为壮大声势，在职位推介中，刊登一些已过期的所谓"招聘"，甚至有些职介机构公布的招聘信息只是将报纸上、电线杆上抄来的别人的招聘广告拼凑在一起而已。

4. 多名目、乱收费

非法职介的收费也日趋提高，以成都市为例，过去违法职介收费一般在几十元到二三百元不等，现在已发现收费最高的竟达千元以上。非法职介往往要求求职者支付诸如信息费、报名费、登记费、资料费、推荐费、注册费等名目繁多的费用。比较常见的是采取多处收费方式，比如，甲所与乙所串通，甲处以各种目的收取介绍费，乙处进行培训和考核，考核合格后再予推荐，如不合格则不退回介绍费，结果往往大半不合格。总之，骗人手段日趋多样化，且更具隐蔽性。据媒体的曝光，许多合法的职介机构也存在上述违法的行为。

一天中午，小吴正在寝室睡午觉，有人推门进来说是上门中介，之所以上门服务，是为了节约成本。小吴看了那人手上的人员登记表，上面果然有很多自己熟悉的名字。于是也就放心地交了"建档费"，并记下了那个人的手机号。当几天后小吴拨打那人留下的手机号时，电话那边是一个女生。女生在电话里愤怒不已地告诉他，她是被陷害的，自己根本就不认识那个人，请不要再打这个手机号。

5. 职介与用人单位勾结

这是最令求职者头疼的问题。职介机构和用人单位勾结，欺骗、欺诈求职者。一些中介和单位共同创造出子虚乌有的岗位，作为骗取钱财的工具。如果有应聘者前往，不仅要在职介所支付介绍费，到用人单位进行"面试"或被"录用"时还要缴纳报名费、手续费、培训费、考试费等。而且不言而喻的结果是——要么"面试"都不过关，要么被压榨完了试用期的廉价劳动力之后再因"考核不合格"而被"辞退"。

刚从学校毕业的李某通过职介所的介绍来到一家公司应聘。但令他感到奇怪的是，职介和用人单位的负责人对他的简历、学历都不感兴趣，而只是让他支付200元的职介费，并承诺只要交费就可上岗。然而，当李某付清费用之后，却被用人单位告知没有通过面试，他这才感到自己上当受骗了。

（三）常见的就业合同陷阱

1. 格式合同

一些用人单位在劳动部门制订的合同示范文本基础上事先拟好劳动合同，表面看起来这种合同似乎无可挑剔，可是在具体条款上却表达含糊，甚至可以有几种解释。一旦发生纠纷，招聘方总会振振有词地拿出这种所谓的规范合同来为自己辩护，并称自己依照合同享有最终解释权等，最后吃亏的往往是应聘者。

2. 单方合同

一些企业利用应聘者求职心切的心理，只约定应聘方有哪些义务，如遵守企业的各项规章制度，若有违反要承担怎样的责任；悔约要交纳违约金等，而合同上关于用人单位的义务几乎一字不提。这是最典型的不平等合同，如果接受这样的合同，无疑是"人为刀俎，我为鱼肉"，任人宰割。

3. 口头合同

依照《劳动合同法》的规定，劳动合同必须采用书面的方式。这样，可以避免口头承诺的冠冕堂皇的劳动条件落空时，因无书面合同而难以追究承诺方法律责任的发生。许多用人单位与求职者就权、责、利达成口头约定，但并不签订书面正式文本。一部分涉世未深的大学毕业生极易相信那些诱人的许诺，以为对方许诺的东西就是真能得到的东西，毫不怀疑对方的诚意。可是，这种口头合同是最靠不住的，如果碰上不讲诚信的招聘方，那些许诺就会像肥皂泡一样破灭。

4. 生死合同

一些危险性行业的用人单位为逃避承担的责任，常常在签订合同时，要求应聘方接受合同中的"生死条款"，即一旦发生意外事故，企业不承担任何责任。有的求职者为了得到工作，违心地签了合同，却不知这样做的结果更使用人单位无视劳动者的安全。如果真的发生了意外，也许连讨个说法的机会也没有。因此，签订这样的合同时，一定要按国家《工伤保险条例》的规定，力争自己的合法权益。

5. "两张皮"合同

有些用人单位慑于劳动主管部门的监督，往往与应聘方签订两份合同。一份合同用来应付劳动部门的检查，另一份合同才是双方真正履行的合同。用来应付检查的合同常常是用人单位一手炮制的，连签名也是假冒的，应聘者不但见不到这份合同，甚至不知道有这份合同的存在。而双方真正履行的那份合同，是不能暴露在阳光下的，因为那一定是一份只利于用人单位的不平等合同。

合同是劳动者维护自己权利的武器，失去了这个武器，不但会失去自己的尊严，同时也会失去本应该得到的利益。签合同时，一定要擦亮眼睛，冷静思考，谨慎自己的每一个签名。

五、就业陷阱防范对策

（一）识别招聘广告，了解劳动法律

近年来，就业市场竞争越来越激烈，导致大学生求职心切，盲目相信虚假招聘广告，非法职介机构或个别用人单位设置种种陷阱引诱毕业生上当的案例屡见不鲜。这就要求大学生一定要擦亮双眼，学会识别各种虚假广告和网络求职陷阱，谨防上当受骗。

案例：王某大学毕业后，一直在积极找工作。某日，在浏览某求职网站的时候，他发现了一条某信息咨询公司的招聘广告。广告写明："岗位——市场推广员；用工形式——劳动合同制员工；薪水——每月底薪 1 600 元人民币，并根据业绩另有提成。"王某看了觉得非常适合自己，立刻就把公司的招聘广告记录了下来，并按上面的联系方式，与这家公司联系。经过简单的面试后，被该公司正式录用。

在短暂培训之后，公司拿出一份为期一年的《市场推广代表合作协议》，要求包括王某在内的新员工签字。王某翻阅内容，密密麻麻的小字几大篇，有条有理、文书规范、用语专业，其中约定了工作岗位、业绩提成等条款，想到招聘广

告里提到的"根据业绩另有提成",便爽快地签了字。一晃半年过去了,公司竟然一直没有支付王某每月1 600元的工资,更没有为他缴纳社会保险费。

王某找公司交涉,公司却说已与他签订了《市场推广代表合作协议》,所以他是公司的"代理商"而非签有劳动合同的员工,不存在劳动关系,不符合缴纳社会保险费的条件。

王某听了非常气愤,向公司出具了当初打印的公司发布在招聘网站上的招聘广告,指出里面明明白白地写着招收"劳动合同工",怎么能说自己是"代理商"呢?但公司强调,招聘广告在法律上属于"要约邀请",不具有法律上的约束力,双方的法律关系还是要以最终达成的协议为准,因此双方就是业务代理关系。

几经交涉无果,王某只能向区劳动争议仲裁委员会申请劳动仲裁,要求公司支付拖欠的工资,补办招退工手续。最终经法院的调解,公司承认其与王某的劳动合同关系,为王某补发了工资并补办了社会保险。

1. 招聘广告的法律性质

用人单位招聘有关岗位人员时,正是通过招聘广告的形式,对所需人员提出了要求。同样,劳动者也是通过招聘广告了解了用人单位的企业性质、招聘的岗位、人数及相关的薪酬、福利待遇等信息。招聘信息已经成为求职的首选渠道,那么招聘广告到底属于什么性质呢?

对于一般广告,法律认为它不具有合同效力,而只是希望别人来与自己签订合同的一个邀请,所以一般广告对发出人并不产生法律的约束力。根据我国《合同法》的规定,所谓"要约"是指向特定人发出的希望订立合同的意思表示,只要受要约人承诺了,合同就成立了。"要约"有两个条件:一是内容具体明确,即应当包含所要订立的合同基本内容;二是到达受约人,要约即具有约束力。如果,承诺对要约的实质性内容提出修改,那就不是承诺而是发出了新的要约。本案中提到的"要约邀请"是指希望别人向自己发出要约的意思表示,最典型的就是商业广告。因此,商业广告中经常有一些夸张的意思表示,以吸引别人向自己发出要约。

但是法律同时规定,如果广告内容十分具体、明确,符合要约规定的,就应该认为是"要约",而不再是"要约邀请"。上面案例中公司发布的招聘广告中已经包含了岗位是业务代表、月薪1 600元,并有业绩提成。这事实上已经包含劳动合同的主要内容,非常具体、明确,应当是"要约"而不是"要约邀请"。

此外,根据劳动和社会保障部门的有关规定,用人单位的招聘行为是受到劳动保障行政部门监管的。主要有两种方式:委托职业介绍所发布招聘信息;经劳动保障部门同意，自行发布。

用人单位如委托职介机构发布招聘信息，需要出示单位介绍信、劳动保障年检手册、营业执照（副本）或其他法人登记文件、招聘简章和经办人身份证件。其中，招聘简章必须具备：

①单位的所有制性质；

②工种岗位要求；

③用工形式、劳动报酬、福利待遇和劳动保护；

④单位的固定和法定地址、电话、联系人等信息。

用人单位但凡经过劳动保障行政部门审核同意，利用报刊、广播、电视等新闻媒介或其他形式发布招聘广告的，须提供：

①单位行政介绍信、劳动保障年检手册和单位法人代码证书；

②营业执照副本；

③招聘广告文书。其文本中也应包含类似于上述招聘简章的内容。

可见，招聘广告的内容应该是具体的，应该包含劳动合同的主要条款。这主要体现了劳动合同法对劳动者的保护，防止用人单位利用招聘广告欺骗劳动者，让劳动者可以看得明白，选得放心。因此，用人单位发布的招聘广告应该是要约。

2. 招聘广告的证据作用

现在各种各类报刊的招聘广告是求职者索取求职信息的重要来源，可许多求职者一旦求职成功，这份招聘广告往往就随手丢弃了。殊不知，一个小小的招聘广告，在劳动争议中却是一个有用的证据。一旦发生劳动争议，无论劳动者还是用人单位都可以此为据，证明已经承诺的信息。

其实，不仅是遇上王某这样的事，需要保留招聘广告，对所有通过招聘广告求职的毕业生来说，招聘广告都具有非常重要的证据作用。

（1）可以证明自己与用人单位的雇佣关系

曾有媒体报道，某劳动者在某招聘会场结识了某公司正在招聘的公司副总助理，其后便开始在该公司工作，未签订劳动合同。此后，双方因工资纠纷，发生劳动争议。公司却提出该劳动者非公司员工，系该副总个人雇用，与公司无关。因无招聘广告作证，劳动者最终输掉了官司。

（2）可以证明用人单位的录用标准

根据《劳动法》的有关规定，用人单位在试用期内解除与劳动者的劳动关系，就必须证明其不符合录用标准，而招聘广告的内容也可作为"录用标准"。因此，劳动者应注意保留聘广告，并充分了解其中的内容，尤其在试用期内，要严格照章行事。

（3）可以确定劳动合同的主要条款

有些用人单位在招聘的时候，有各种各样的承诺，如出国培训、住房补贴等。但在正式签订劳动合同的时候，往往就拒不认账了。

因此，毕业生在就业后应保留招聘广告，以后与用人单位交涉的时候，招聘广告是个非常有力的证据。

（二）网上求职注意规避风险

网上求职，是指通过互联网找工作的求职方法。求职者通过互联网查询招聘信息，填写求职信和个人简历，并通过 E-mail 或者网上提交系统提交给招聘单位。用人单位在获得求职者的求职信息后，给予求职者面试的机会，以进行下一步招聘工作。

应该说，随着互联网在中国的普及，现在越来越多求职者都有通过网上求职的经历，但是许多求职者并不清楚网上求职应注意哪些法律问题。

1. 谨防网上求职受骗

小李就要大学毕业了，他的文化程度是大专，去了几场招聘会结果都不太理想。"我在网上看到很多招聘网站都有大量的招聘信息，而且我觉得都挺不错的。"于是，小李将自己的简历传给很多"对口"的单位。

3月2日，小李收到了这样一封邮件，邮件上说小李的基本条件和学历条件都符合公司的要求，经过公司讨论同意录用他为职员。但是在工作前要先进行业务培训，考虑到小李家不在大连，公司优先照顾他，可以让小李先汇教材费400元，在沈阳自学，然后再来大连参加进一步培训。

这则录用信息让小李喜出望外，小李一直都想去沿海城市工作，这么容易就找到了一个不错的工作实在是"点子好"。

可是等了一个星期，小李也不见有教材邮到，就连忙拨打联系人的手机，又发了几个邮件，此时，手机关机，邮件也没有人回复，小李这时才意识到：被骗了！

网上求职的骗局有通常有以下几类：一是骗子公司动不动就要求付费。求职者往往被要求汇款作为报名费、押金、手续费，凡是这类情况，求职者应当立即放弃，甚至可以举报；二是网上传销的骗局。一些人在网上声称只需要交几十元会费就可以在家创业云云，其实这只不过搬到了网上的传销而已；三是收集个人信息和求职数据的骗局；四是榨取廉价劳动力的骗局。

某高校外语专业的毕业生孙某，通过招聘网站应聘一家公司，该公司以考查他翻译能力为由，发送一些英语材料让他翻译，可翻译了好几次之后，仍没有得到该公司录用的表示。如此三番五次"考查"之后，孙某明白了，该公司只是叫他为他们免费翻译英语技术材料，根本不招人。

求职者为了防止网上诈骗，应尽量寻找那些比较正规、知名的网站，以减少不必要的麻烦。一般正规网站在刊登人才需求信息时，都会仔细验证招聘单位的真实性，要求对方能提供单位营业执照、办理人员的身份证件以及加盖公章的单位证明等，严防虚假信息的发生。求职者在无法确定所要应聘单位的真实性与可靠性时，可以登录当地的工商局网站查询一下企业的注册情况，或者直接在搜索引擎"GOOGLE"或"百度"里输入"公司名+骗子"，看一下搜索结果，或者到一些求职论坛发帖请教。

2. 注意个人信息保密

某高校正在找工作的女生小钟，不断接到外地或本地的陌生来电，这些人操着不同口音，问小钟的问题大同小异：是否愿意从事"特殊服务"。更让小钟吃惊的是，对方对小钟的年龄、籍贯和爱好等了如指掌。小钟百思不得其解，不由得有些害怕：这些陌生人是怎样把自己了解得这么详细呢？后来，小钟发现身边的女同学也有遇到这类情况的，大家不约而同想到了前不久在互联网上发布的求职简历。原来麻烦来自他们在网上发布的求职信息。这个时候她们才注意到登录查询求职者的个人信息，不需要浏览人提供任何身份证明。自己当时在网上提供的年龄、毕业院校、所学专业、籍贯、家庭住址、手机和身份证号码甚至写真照片等信息在网上一览无余。小钟没想到，她一直认为省事的求职办法，却给自己带来那么多烦恼。

网上求职要注意对一些私人的信息进行相应的保护，不要在网站上透露家庭地址等个人安全信息，求职者只需要留下个人的电话、电邮及自己的大概位置就可以了，以防被一些犯罪分子所利用。

此外，常常有网上"雇主"以招聘为名，诈骗求职者的信用卡号、银行账号、社会保险账号、身份证或者身份证复印件等个人机密信息。毕业生应提高警惕，注意防范。

综上所述，毕业生应当处处防范求职陷阱。当发现自己遭遇求职陷阱时，不要慌乱，更不要自认倒霉，要果断地拿起法律的武器来捍卫自己的合法权益。首要的选择是向所在地区劳动监察部门咨询或举报，请求查处，也可以直接向人民法院起诉。

（三）识别职介陷阱

作为高职应届毕业生，最好通过政府开办的年度人才招聘会或者各大学开办的应届毕业生双向选择会求职。当不得不选择职介机构时，必须注意防范识别职介陷阱。以下是辨别虚假职介的方法。

1. 上门就看"四证"

要识别职介机构的性质，首先就要看其是否合法，也就是"四证"是否齐全。如果是营利性的职业介绍机构，在营业场所的明显位置一定同时挂有各行政主管部门颁发的《企业法人营业执照》《职业介绍许可证》或《人才中介服务许可证》《税务登记证》《收费许可证》等证照原件。

2. 注意职介的设施

合法职介所都有规范的名称，大门外无一例外地要写上"××职业介绍所"或"××市××区职业介绍中心"等字样。合法职介所都有变体的"介"字标志，周围都有管理部门批准的、正式固定、面积数平方米以上的信息广告栏。规范的职介所营业面积一般不少于100平方米，而且一般在3楼以下。

3. 注意职介的服务

合法职介所不兼营其他业务，还应在经营场所公布劳动部门的举报和投诉电话，其工作人员也应佩戴由劳动部门统一制作的工作牌，同时在向求职者提供合适的岗位时还应出示用人单位委托其代为招聘的委托书。此外，职介组织应当在其服务场所的醒目位置悬挂收费项目、收费标准。

4. 注意职介的收费

求职者需掌握的一个重要的判断标准就是看这个机构是否违规收费。有的省份劳动保障部门规定，正规职介机构在正式给求职者推荐工作之前只能收取为数不多的建档费，并在一年内为其提供求职机会。而且，推荐成功所收取的费用一般不高于所提供工作月工资的10%，如果对方收取过高的中介费就应当引起警觉。

5. 及时向有关部门查询、报告

如果遇到无证照或证照不全的歪中介，应及时向相关的劳动保障部门、工商管理部门或公安部门反映，有关部门可以根据相应管理条例规定对其进行处罚，所收介绍费等费用应退还给本人。

（四）谨防用人单位招聘陷阱

求职者应尽可能事先了解公司的基本情况，应聘时也要多留个"心眼"：注意公司内部的摆设、工作人员的谈话，注意该公司是否正常运作，面试时是否草率等。

（五）谨防合同陷阱

合同，是当事人一方与另一方设立权利义务关系、维护各自权利的法律依据。在签合同时,双方的地位是平等的,所以,写进合同的内容应是相互协商的结果,应体现出双方的权利和义务。合同是一份具有约束力的法律文本,它约束的是双方的行为,而不仅仅只是一方的行为。当一方当事人的行为违背了合同规定,另一方当事人有追究对方违约责任的权利。

大学生就业已是完全的"自主择业、双向选择"的今天,合同已成为规范就业市场的重要法律依据,是合同当事人双方维护自己权利的法律武器。但是,如果求职者与对方签订的是一份不利于自己的不平等合同,那么反过来,合同也许就成了对自己具有极大杀伤力的陷阱。

在就业市场,因为合同陷阱引发的纠纷比比皆是。一些毕业生签订的劳动合同中有不少陷阱条款,例如,有的规定毕业生的试用期长达12个月,有的规定毕业生不得恋爱结婚,甚至还出现了"生死合同"。一些用人单位正是利用求职者合同意识淡薄、法制观念不强、求职心切或盲目轻信设下合同陷阱,当经验欠缺的求职者掉进陷阱后大呼上当时,常常已身不由己,合同上白纸黑字签着自己的名字,只好任人宰割。

在就业难的今天,招聘方常常处于强势地位,有的求职者为了得到一份工作,明知是一份不平等的合同,也只好委曲求全地签字。但更多的人是合同意识淡薄,经验不足或求职心切,不小心掉进合同陷阱。所以,求职者在签订合同时一定要对合同字斟句酌进行推敲,谨防合同陷阱。

王军在求职过程中曾四处碰壁,终于在一次人才招聘会上应聘上一家物资供应公司。公司一位负责人与他交谈后表示很满意,希望能当场签下合同,职位是公司销售部储备干部。并许诺:去了后有住房,而且月薪3 000元以上。王军喜出望外,没有丝毫犹豫就同意当场签约,生怕错失良机。对方出具的是一份早已打印好的格式规范、条文专业的合同,双方的权利义务似乎也规定得很清楚。他只是草草地浏览了一下合同,就怀着一种兴奋的心情在上面签下了自己的名字。

等到正式上班之后,王军才慢慢明白,他干的正式职务是一线销售员,所谓的月工资3 000元以上仅仅是有可能实现的最高值。因为销售人员的工资实行的是上不封顶下不保底,与销售业绩直接挂钩。销售部有十几名销售员,只有一位业绩突出的销售员曾拿到过3 000多元的月工资。对方许诺的住房其实是一间水泥瓦沿墙搭建的偏房,不到30平方米,挤住着8个人。

王军愤愤不平地找到了那位公司负责人讨个说法,却被告知,"当初的许诺只是口头上说的,并没有写进合同;至于住房嘛,不就是条件差点儿吗?如果好好干,月工资肯定不会低于3 000元。"

王军找出当初与单位签订的合同,在工资条款里只写着"工资待遇高",在住房条款里用词更是模糊:"由公司提供住处"。看到这里,他大呼上当,可是再往下看,却吓了一身冷汗。合同规定,合同期间为三年,劳动者如果要提前解除合同,应当支付违约金 1 万元。

【测一测】

看看你的忠诚度

对照自身情况,符合的画"√",不相符的画"×",看看你的忠诚度。

1. 你是否觉得薪水是你目前工作的唯一动力?(　　)
2. 如果其他公司为你提供更好的薪水和待遇,你会立刻选择离开现在的公司吗?(　　)
3. 你是否能够像老板那样对待自己的工作?(　　)
4. 你是否经常对工作有高度的热情?(　　)
5. 你是否对工作中的一些利益冲突、是非得失很在意,并为之投入过多的精力?(　　)
6. 你是否对企业和行业的前景充满了信心?(　　)
7. 你是否很信任你的老板?(　　)
8. 你是否能够与同事和谐愉快地相处?(　　)
9. 你是否经常自觉地维护企业的利益和形象,坚持以最佳的服务态度面对公司的客户?(　　)
10. 你是否为自己能在当前企业任职而感到自豪?(　　)

参考答案

1.(×) 2.(×) 3.(√) 4.(√) 5.(×)
6.(√) 7.(√) 8.(√) 9.(√) 10.(√)

结果分析:

如果你的答案有 7 个以上与所给答案吻合,那么可以说你对公司是忠诚的,很少会做出不利于公司的事情,而且这种忠诚属于主动忠诚。

如果你的答案有 5~6 个与所给答案是吻合的,你的忠诚度在 50%~70% 之间,而且基本是被动忠诚,一旦外界对你的利益诱惑超过了你的忠诚底线,那么你就很可能会背叛对企业的忠诚。

如果你的答案只有 0~4 个与所给答案是吻合的,那你的忠诚度就低于 50%,可以说,你对现在这家企业的忠诚度很低,只要外界对你稍加诱惑,你随时可能离开企业。

【做一做】

为自己做一个获取就业信息的实施方案。就信息的来源渠道、收集信息的方法以及信息的整理等做出一个设计预案。

【看一看】

你怎样选择？

一次英语口语课上，老师给大家留了一个家庭作业：学习一篇文章并思考文章的问题，下一堂课将用英语进行讨论。那只是老师为了我们练习说英语而布置的一篇文章，但由此却引出了一些思考。

我把那篇文章翻译成中文，大意是：年轻的亚瑟国王被邻国的伏兵抓获。邻国的君主被亚瑟的年轻和乐观所打动，没有杀他，并承诺只要亚瑟可以回答一个非常难的问题，他就可以给亚瑟自由。亚瑟有一年的时间来思考这个问题。如果一年的时间还不能给他答案，亚瑟就会被处死。这个问题是：女人真正想要的是什么？这个问题连最有见识的人都困惑难解，何况年轻的亚瑟，对于他这是个无法回答的问题。但总比死亡要好得多，亚瑟接受了国王的命题在一年的最后一天给他答案。亚瑟回到自己的国家，开始向每个人征求答案：公主，修女，牧师，智者，宫廷小丑。他问了所有的人，但没有人可以给他一个满意的回答。人们告诉他去请教一个老女巫，只有她才能知道答案。但是他们警告他，女巫的收费非常高，因为她昂贵的收费在全国是出名的。一年的最后一天到了，亚瑟别无选择，只好去找女巫。女巫答应回答他的问题，但他必须首先接受她的交换条件：和亚瑟王最高贵的圆桌武士之一，他最亲近的朋友——加温结婚。亚瑟王惊骇极了，看看女巫：驼背、丑陋不堪，只有一个牙齿，身上发出臭水沟般难闻的气味，而且经常制造出奇怪的声音。他从没有见过如此不和谐的怪物。他拒绝了，他因为不能强迫他的朋友娶这样的女人而让自己背负沉重的精神包袱。加温知道这个消息后，对亚瑟说："我同意和女巫结婚，没有比拯救亚瑟的生命和保存圆桌更重要的事了。"于是婚礼宣布了。女巫于是回答了亚瑟的问题：女人真正想要的是主宰自己的命运。每个人都立即知道女巫说出了一个伟大的真理，亚瑟的生命被解救了。于是邻国的君主放了亚瑟王并给了他永远的自由。来看看加温和女巫的婚礼吧，这是怎样的婚礼呀！亚瑟王在无法解脱的极度痛苦中哭泣。加温一如既往的谦和，而女巫却在庆典上表现出她最坏的行为：她用手抓东西吃，打嗝，放屁，让所有的人感到恶心，不舒服。新婚的夜晚来临了：加温依然坚强地面对可怕的夜晚，走进新房。是怎样的景象在等待着他呀！一个他从没见过的美丽的少女半躺在婚床上！加温惊呆了，问她到底是怎么回事。美女回答说，因为当她是个丑陋的女巫时加温对她非常的好，于是她在一天的时间里一半是她可怕的一面，另一半是她美少女的一面。那么加温想要她在白天或夜晚是哪一面呢？多么残酷的问题呀！加温开始思考他的困境：在白天向朋友们展现一个美丽的女人，而在夜晚，在他自己的屋子里，面对的是一个又老又丑如幽灵般的女巫呢？还是选择白天拥有一个丑陋的女巫妻子，但在晚上与一个美丽的女人共同度过每一个亲密的时刻？如果你是加温，会怎样选择呢？

　　第二天的口语课上，答案五花八门，归纳起来也就是两种：一种选择白天是女巫，夜晚是美女，理由是妻子是自己的，不必爱慕虚荣，苦乐自知就可以了；一种选择白天是美女，因为可以得到别人羡慕的目光，至于晚上，回到家里，漆黑的屋子，美丑都无所谓了。老师听了所有同学的答案，没有说什么，只是问我们是否想知道加温的回答。大家说当然想。老师说："加温没有做任何选择，只是对他的妻子说：'既然女人最想要的是主宰自己的命运，那么就由你自己决定吧。'于是女巫选择白天夜晚都是美丽的女人。所有的人都沉默了——竟没有一个人做出加温的选择。有时我们是不是很自私，以自己的喜好去安排别人的生活，却没有想过人家是不是愿意。而当你尊重别人、理解别人时，往往得到的更多。如果我们多一些爱心，多一点关怀给人，我们是不是也会得到更多的回报？"

单元2　求职前的准备

【想一想】

在向企业推荐自己之前，你做了哪些准备？

【学一学】

一、目标职业准备

　　目标职业准备就是要了解自己心仪的职业是什么。确定职业目标的前提是尽可能充分地了解职业，并据此判断职业是否真的如你心中所向往。比如停留在片面认识和单纯想象中的你，肯定并不知晓记者职业光鲜背后的无奈：工作时间特殊，无法按时接送孩子；工作环境复杂，经常为采访新闻接触形形色色的人，身在危险的第一线……但是，如果记者身上所体现的社会责任感是你认同的第一价值观，那么即使有再多超出想象的困难，你还是会乐在其中。其实，左右你是否愿意从事该职业的原因是多方面的，所以你需要一个全面的评价体系来帮助你了解自己想从事的职业。

（一）职业内容

职业内容是每个职业最基本的特征，它能告诉我们一项工作的职责是什么，工作当中会运用到哪些技能等。只有了解了职业内容，我们才能结合自身特点来判断自己是否对这个职业感兴趣。

（二）职业工作方式和环境

不同的职业工作方式和环境是完全不同的，这涉及每个职业从业者日常的活动范围、环境、接触的人群等问题。比如有的职业需要长期久坐，如计算机操作员；有的职业需要经常和他人交流，如销售代表；还有的职业工作条件和环境很恶劣，甚至很危险，如炼钢工人要在高温环境下工作，建筑工人要在户外频繁地高空作业等。这些更具体的细节将有助于你对该职业的认识和判断。

（三）职业能提供的工作满足感

工作中的成就感很大程度上决定了一个人从事该职业的积极性和热情，你需要了解你是否能够从这项工作中获得满足感和价值感以驱动你持续地劳动。

（四）职业要求的知识和任职资格

你对以上三项内容都有所了解之后，一定还想知道，怎样才能从事这个职业，即需要怎样的知识技能做准备、需要怎样的能力和知识结构才能胜任这份工作。这也是我们下一步制定具体行动计划的"标杆"。

（五）揭开职业的神秘面纱

要想了解一个职业的真相，最简单有效的方式莫过于让我们有机会体验真实的一天。该职业每天都做些什么？不同的职业，想必差别挺大。

我要在什么样的条件下完成这些工作内容？户外作业，还是室内久坐？独立进行工作，还是团队协作？经常需要与人交流吗？在完成工作任务中，会需要我用到哪些技能和知识？数学推理能力，还是阅读、写作能力？经济学与会计学基础，抑或计算机方面的知识积累？在工作过程中，我所感受到的工作氛围和风格是怎样的？我喜欢吗？结束了一天的工作后，我的内心是否觉得充实和满足？该职业的价值观是否真的符合我心目中的标准呢？

如果能回答上述这些问题，那么你也就完成了对某一职业较全面的认识和了解。或许现实中你并没有机会逐一观摩或通过实习去体会自己所向往的那些职业的真实环境，但你可以借助于中国职业信息系统等相关内容，从多维度包括对从业者的职业要求（工作任务，工作要求的性格、智体能力、技能、知识结构和任职资格，工作方式和环境）、从业者追求的工作满足感（工作兴趣、价值观、企业氛围），了解一个立体的职业全貌。即使不是亲身体验，也能让你身临其境地感知职业的真实一天。

二、法律知识准备

法律知识准备要求了解就业协议与劳动合同。

（一）就业协议与劳动合同的异同

大学毕业生在正式工作之前，都会与用人单位签订就业协议和劳动合同，一般签订就业协议在先，签订劳动合同在后。但你也许并不明白这两者有何不同，因此不能完全明确自己的责任与应当享有的权益。

毕业生琳琳，寒假期间在某地就业市场与某企业签订就业协议书，当地人事部门盖章进行签证，随后将协议书寄到学校，学校盖章同意。后来琳琳又参加某银行组织的面试，该银行表示同意接收，她向学校索要就业协议，毕业办的老师解释，因为她已经和某企业签了协议，如要再和银行签协议，则应先承担违约责任。琳琳表示很不理解。

像上例中的琳琳这样对就业协议的法律性质缺少真正的了解，不明确自己对所签协议的用人单位负有何种责任的情形在应届大学毕业生求职者中确实存在。的确，毕业生就业协议和劳动合同并不是完全相同的，那么它们的共同之处与区别分别在哪里呢？我们大致可以进行这样的归纳。

1. 相同之处

就业协议是高校毕业生与用人单位确立劳动关系的法律依据。就确立劳动关系这一点来说，就业协议与劳动合同是相通的，可以这样认为，就业协议的实质就是准劳动合同，是劳动合同的一种特殊表现形式。它们的相同表现在以下几方面：

（1）合同的性质一致

用人单位对大学毕业生这类劳动者，与面向社会公开招聘的劳动者，在培养、使用、待遇等方面可能有所不同，但从确立劳动关系这一点来说，就业协议与劳动合同是一致的。

（2）主体的意思表达一致

签订就业协议的双方在表达主观愿望、意思表示真实、无强制胁迫方面与劳动者和用人单位之间签订劳动合同而双方的主观意思表达所处的状态完全一致。

（3）法律依据一致

由于就业协议是确立劳动关系的一种协议，用人单位对毕业生录用、接收之后，要有见习期（或试用期），最低劳动年限的规定，与动合同的要求相一致，因此就业协议应当遵循《劳动法》中劳动合同等有关规定，发生争议纠纷，应依法解决。

2. 不同之处

劳动合同是劳动者与用人单位确立劳动关系，明确双方权利和义务关系的协议。《劳动法》规定，建立劳动关系应当签订劳动合同。就业协议是高校毕业生与用人单位确立劳动关系，明确双方在毕业生就业工作中权利和义务的协议。教育部颁布的《普通高等学校毕业生就业工作暂行规定》要求："经供需见面和双向选择后，毕业生、用人单位和高等学校应当签订毕业生就业协议书，作为指定就业计划和派遣的依据。"

（1）适用的法律、法规不同

劳动合同适用《劳动法》及劳动人事部门颁布的有关劳动人事方面的规章。而就业协议因目前无《就业法》，也无国务院颁布的有关毕业生就业方面的法规，因此只能适用教育部颁发的《普通高等学校毕业生就业工作暂行规定》和有关政策。

（2）适用主体不同

劳动合同是劳动者与用人单位之间确立劳动关系的协议，只要双方当事人协商一致，符合国家的法律、行政法规，无欺诈、胁迫等行为，经双方签字盖章，合同即生效。目前的就业协议除毕业生与用人单位双方签字、盖章外，尚需学校和签证机关（人事部门）介入。

（3）内容不同

依据《劳动法》的规定，劳动合同的内容比较详细，而就业协议的条款就比较简单，主要是毕业生如实向用人单位介绍自己的情况，愿意在规定期限内到用人单位报到，用人单位如实向毕业生介绍本单位情况，愿意录用该毕业生等，另外还有一些简单条款。

（4）适用的人员不同

劳动合同可以适用于各类人员。凡是中华人民共和国公民，只要有劳动能力并符合法律规定的条件,经过供需见面,双向选择,一经录用都可以与用人单位签订劳动合同,而就业协议适用的人群相对单一,只适用于高校毕业生、研究生。

(5) 签订时间不同

一般来说就业协议签订在前,劳动合同订立在后。就业协议是毕业生在找工作过程中,落实用人单位后签订的,就业协议的签订在学生离校前。劳动合同是毕业生到用人单位报到后订立的。如果毕业生与用人单位在工资待遇、住房等方面有事先约定,可在就业协议的约定条款中注明,附后补充,日后订立劳动合同时对此内容应予认可。

简单地说,两者的程度不同,劳动合同的法律力度较大,不管是权利还是义务,一旦签订,就必须遵守,一旦有违约现象,必须承担应负的责任。而协议带有双方协商的成分,一旦有一方违约,后果比合同要轻一些。

(二) 防患于未然:违约责任与劳动争议

虽然你一定也希望自己在职业岗位上和用人单位"心心相印",彼此信任,为了共同的事业目标合作努力。但就业协议和劳动合同,就是为违约责任与劳动争议问题准备的,尽管你不愿意在职场上走到这一步,但它确有可能发生,因此我们应该对合同中规定的责任、义务有一个清晰的认识,了解法律法规的内容,才能防患于未然。

1. 三方协议

毕业时,毕业生们都会和学校、用人单位签订一份"三方协议"。对于三方协议的界定,一般理解为,根据国家毕业生就业政策,毕业生、用人单位、学校在协议书上签字、盖章后,协议书便生效,对三方面都具有约束力,各方面应该遵守协议、履行协议。如果三方中有一方反悔的,即视为"违约",而且必须向另外两方承担违约责任。

学校作为我们毕业生和用人单位的见证方,一般不会涉及违约,事实上可能会出现违约问题的多是毕业生或用人单位。一般情况下,毕业生和用人单位会出现的违约状况大致可以分为如下几种。

(1) 毕业生的违约行为

①同时与多家单位签约,再定取舍;

②先确定一个用人单位垫底,一旦找到更理想的用人单位,则抛弃前者,满足后者;

③向用人单位提供不真实的选用情况;

④其他违约行为。

（2）用人单位的违约行为

①拒收毕业生；

②提供不真实的情况和虚假材料，误导毕业生与之签约；

③其他违约行为，如为约束毕业生而收取一些不合理费用；违反行政法规、规章，不执行有关规定，侵害毕业生的合法权益。

按照规定，就业协议书一经签署即具有法律效力，任何一方不得擅自解除，否则违约方应向权利受损方支付协议条款所规定的违约金。从实际情况来看，就业违约多为毕业生违约。如果毕业生违约，除本人应承担违约责任、支付违约金、诚信危机外，往往还会造成其他不良的后果，包括用人单位、学校甚至是其他毕业生都会受到一定的不良影响。因此，在签署就业协议之前应经过慎重的思考，完全明确自己签署协议后所负有的责任，然后再确定签署就业协议。

当毕业生到用人单位报到后，三方协议即告终止，此时用人单位会与其签订一份正式的劳动合同，其中约定了劳动者在单位的试用期限、服务期限、工资待遇及其他各项福利等事宜，合同签订之后，双方即正式确定了劳动关系。

2. 试用期权益

劳动合同之中约定的试用期是毕业生工作的第一个阶段，需要熟悉、学习、适应的内容很多，因此，这也是毕业生和用人单位双方最容易出现纠纷的阶段。因此我们将试用期比较容易出现的劳动纠纷做一个简单的归纳。

（1）试用期时限

试用期是用人单位和劳动者建立劳动关系后为相互了解、选择而约定的不超过6个月的考察期。试用期包括在劳动合同期限中。按照《劳动法》的规定，劳动合同可以约定不超过6个月的试用期。劳动合同期限在6个月以下的，试用期不得超过15日；劳动合同期限在6个月以上一年以下的，试行期不得超过30日；劳动合同期限在一年以上两年以下的，试用期不得超过60日；劳动合同期限在两年以上的，试用期不得超过6个月。

（2）试用期辞职

根据《劳动法》的规定，劳动者在试用期内可以随时通知用人单位解除劳动合同（无须提前通知）。有些用人单位在劳动合同中约定劳动者在试用期解除合同需承担违约责任，这实际上限制了劳动者的解除权，因此，这种约定是侵害劳动者合法权利的行为，对于这种约定条律，法律一般确认为无效。

小冯毕业前与一家单位的市场部签订了就业协议，并在7月份毕业后来到这家单位上班。但是工作了不久他就感觉自己的身体状况很难适应单位高强度的工作方式，而且现有工作也不适合其今后发展定位，于是在 8 月底向单位提交了解除协议申请。虽然单位答应了他的离职要求，却以违约为由，要求其必须缴纳 5 000 元违约金。小冯觉得很委屈，身体不好无法胜任工作是客观原因，再说现在还处于试用期，没有签订劳动合同，凭什么说自己违约？自己在公司已经工作了一个多月，一分钱的工资都没有拿到，反而还要交 5 000 元。由于小冯不肯交违约金，单位就拒绝帮助其办理离职手续，双方的僵持让小冯感觉损失很大。

其实，在 7 月份毕业后小冯已按照约定与单位建立了劳动关系，原来的就业协议已经履行完毕。小冯辞职时仍处于试用期内，依据劳动法规定，他随时可以解除劳动关系；如果双方没有签订劳动合同，那么也属于事实劳动关系，小冯依然可以随时解除劳动关系而无须支付违约金。但反之，如果在报到后，毕业生因为发生疾病不能坚持正常工作的，用人单位则应该按照在职人员的有关规定处理，即使处于试用期，单位也不能随意将其辞退，也就是我们下面所要说的试用期辞退问题。

（3）试用期辞退

根据《劳动法》第二十五条规定，劳动者在试用期间被证明不符合录用条件的，用人单位可以解除劳动合同。法律规定得很清楚，用人单位可解除劳动合同的条件是其必须举证证明劳动者在试用期间不符合录用条件。这里毕业生应当明确，用人单位要求解除劳动合同时，举证责任在用人单位，劳动者无须提供自己符合录用条件的证明。

（4）只签试用期合同不签劳动合同

劳动者被用人单位录用后，双方可以在劳动合同中约定试用期，试用期应包括在劳动合同期限内，劳动合同是试用期存在的前提条件。不允许只签订试用期合同，而不签订劳动合同。这样签订的试用期合同是无效的，但"试用期"合同的无效，并不导致劳动法对劳动者的保护失效。北京劳动合同管理规定：只签订试用期合同，试用期后用人单位不愿意再签订劳动合同，劳动者可以反推（如试用期为一月，可反推合同期为一年，反推依据按《劳动法》关于试用期限的相关规定）计算得出自己的合同期。

3. 纠纷处理方式

如果出现了以上情况，甚至更多更为复杂的劳动纠纷，你该如何应对呢？这就需要你清楚劳动争议通常的处理方式。几个简单的解决方法如下。

（1）协商解决

劳动争议发生后，当事人就争议事项进行商量，使双方消除矛盾，找出解决争议的方法。不愿协商或者协商不成的，当事人可以并有权申请调解或仲裁。

(2) 企业调解

劳动争议发生后，当事人可以向本单位劳动争议调解委员会申请调解，企业调解达成协议的，制作调解书，双方当事人应自觉履行（此协议不具有法律约束力）；如果从当事人申请之日起30日内未达成协议，则视为调解不成。当事人可以在规定的期限60～90天内，向劳动争议仲裁委员会申请仲裁。另外，当事人不愿调解或调解达成协议后反悔的，也可直接向仲裁委员会申请仲裁。

(3) 劳动仲裁

劳动争议一般由所在行政区域内的劳动争议仲裁委员会受理，当发生争议的单位与职工不在同一劳动争议仲裁委员会管辖地区时，由职工当事人工资关系所在地的劳动争议仲裁委员会处理。如果当事人任何一方对裁决不服，则应在收到裁决书15日内向当地人民法院起诉，期满不起诉的，裁决书即发生法律效力，当事人对发生法律效力的调解书和裁决书应当依照规定的期限履行。

(4) 法院判决

当事人任何一方不服裁决向人民法院起诉的，法院将按照民事诉讼法的有关程序进行。首先对双方当事人进行民事调解，如果双方当事人就劳动争议达成协议，法院将制定民事调解书，调解书一经送达当事人立即生效，与判决书具有同等法律效力。如果调解不成，法院应当在规定的时间内做出书面判决。原、被告任何一方对判决不服的，可在法定期限（自收到判决书起15日）内向上级人民法院提起上诉。

(三) 社会保险：薪资之外的正当权益

一般当毕业生成为用人单位的员工之后，用人单位都要为员工缴纳养老保险、失业保险、医疗保险和工伤保险，也就是我们俗称的"四险"（也称为"四金"）。如果在户籍地工作，往往单位还会缴纳生育保险。有些缺乏诚信的用人单位会利用毕业生存在实习期等理由推迟缴纳"四险"，给毕业生造成不同程度的损失。刚刚毕业的小宇就遇到了这样的问题。

小宇大学毕业后参加工作，没有和单位签订劳动合同。她的单位是一家私营企业，老板承诺试用期满后再给她上"四险"。5个月后，小宇转正了，但工资却少了。原因有二：一是企业员工每个月要扣个人基金，其实就是押金。如果员工说不做了，公司就把这笔钱没收了。如果做满一年，企业就把这钱算做年终奖发给员工。二是要扣下"四险"的钱。她原本一个月还有一千多元，可现在七除八扣，拿到手里的只有几百元了。

模块五　主动出击

小宇的境遇十分尴尬，但有时情况会更糟，比如所加入的单位根本就是一家没有注册的公司，"四险"就更不知道如何保障了。如果你遇到了和小宇类似的遭遇，绝不可以保持沉默，而应该主动去争取自己的权益才能使情况有机会得到好转。如果你"不幸"已经和企业签了《试用期合同》，也不用慌。因为《试用期合同》是不受法律保护的，尤其是新人的"四险"，一般是不会写在《试用期合同》里的，你的"四险"权利就会自然地受到《劳动法》的保护。企业雇主建立基金，应该与当事人协商，未取得一致，企业单方面扣工资做基金，是被明令禁止的。企业若是有这种行为，你可以通过向劳动监察部门举报的方式来解决。

如果你服务的公司还没有注册，这就意味着他们不具备开立"四险"账户的资格，你不妨向企业要"四险"中属企业应缴纳部分的金额，作为自由职业者缴费。

如果企业有意违法拖长试用期的期限，并以"试用期"为借口，不为刚刚加入的毕业生们交纳"四险"，这就严重侵害了毕业生的权益。遇到这种情况如若自己不能解决，就应尽快向当地劳动保障部门举报，请求帮助维权。对于就业的权益问题，你可以在就业前了解相关法律法规知识，如上网搜寻最新出台的《劳动法》，阅读相关法律法规，或向前辈们请教关于这方面的经验，做到心中有数。

三、心理准备

心理准备就是要克服求职心理误区，形成良好的就业求职心态。

所谓求职心理误区就是个体在求职过程中对自我、求职目标的期望、评价等方面存在不客观或与现实存在较大差异的一种影响求职的心理倾向。大学生虽然身心都有了进一步发展，但是由于一直处于学校生活之中，社会职业经验不足，对自我的评价较高，因此在求职过程中容易出现心理误区，从而导致到他们在求职中的一些不良行为的发生，如求高心理、追求享受心理、求"大"心理、从众心理、依赖心理、自卑心理、"试试看"心理等。

四、材料准备

毕业生的求职材料包括求职信、个人简历、就业推荐表以及各种荣誉证书、技能资格证书等，能够从多方面、多角度准确全面地反映毕业生专业水平、组织能力、实践能力和综合素质等基本情况。形式既可以是书面的，也可以是网络电子版本的。

写求职信、准备求职材料是求职全过程的第一个环节，也是求职者以书面形式与用人单位所做的第一次接触。它事关求职的成败,因此不能掉以轻心、马虎从事,务必认真、慎重,全面展示自己的情况,争取在众多求职者中领先一步,争取成功就业。

(一)求职信

求职信实质上是有目的、有针对性的,对不同的用人单位做自我介绍并表达求职的愿望,一般是对招聘单位有所了解的前提下,经过深思熟虑后向用人单位推销自己。

1. 求职信的内容

求职信格式与一般书信格式大致相同,即包括称呼、开头、正文、结尾、落款。如果是到外资企业应聘,最好使用外文写求职信。如果用外文写求职信,应按国外格式书写。

求职信的基本内容应包括以下几个方面:

(1)简要说明自己的基本情况

个人的基本情况包括姓名、性别、籍贯、政治面貌、毕业学校、毕业时间和所学专业等。不同学校有不同的专业特点和不同的生源地,有不同的隶属关系,毕业生的质量一般也有差异,因此,有必要向用人单位介绍一下这方面的情况。

介绍专业时可以从业务工作范围、知识结构和能力结构三个方面入手,列出所学过的专业知识与招聘来源,要简明扼要。假如并没有以求取广告为依据,也不知道对方是否需要招聘新的职员,只是写一封求职信以投石问路,那么,一定要说明对该用人单位的印象,以表示希望到该单位求职的强烈愿望。

(2)说明胜任某项工作的条件

这是求职信的核心部分,主要是向对方阐明有哪些优势足以胜任该项工作,如适合所求职位的知识、经验、专业技能、特长、性格、兴趣和能力等。

要表明自己的态度和强调自己的优点,如具有工作热情,能承受工作压力,愿意任劳任怨工作,有毅力,有观察力,有创意才能等,让招聘者发现择业者良好的工作态度,感觉是个可塑之才。

要根据应聘岗位的要求,有针对性地推销自己,起到吸引和打动对方的目的。例如,有两位毕业生同时应聘某企业的推销员。一位学生在学习上略为逊色,但在求职信中展示了社交、应变能力,列举了担任学生干部时如何踏实工作,锻炼自己,获得了奖励,在与师生交往中如何受到有关方面的表扬和同学们的好评等,结果被录取了;另一位也展示了的社交、应变能力也很强,但认为自己的学习成绩更加突出，就在这一方面大力推销自己，而忽视了推销员对社交能力的要求，结果在初选时被淘汰了。再如，某部门需要一名档案管理员，有好几位学生写求职信。其中一位写道："我性格活泼、开朗、爱好文艺活动，是学校文艺宣传队的队员，并曾在学校文艺汇演中获奖。"这些与应聘岗位毫不相干甚至相悖的特长，其效果自然适得其反；既然爱唱歌跳舞，档案室还能留得住你吗？你能安心于枯燥、细致的档案工作吗？求职的结果也就可想而知了。

（3）介绍自己的潜力

写求职信时应注意扬长避短，明示或暗示自己具备与岗位能力要求相关的潜力。例如，介绍自己曾担任过何种社会工作及取得的成绩，即表示自己有管理方面的能力，有发展、培养的前途。再如，在谋求会计工作时，介绍自己能使用和操作算盘和计算机，就表示将来可以承担办公自动化的重任。又如，向宣传或公关部门推荐自己有文艺、绘画、摄影或书法等特长，即暗示自己能承担各种宣传任务。在这方面如果将计算机操作和珠算操作比赛得奖证书，或者将绘画、摄影、书法等得奖作品（复印件）作为求职信附件呈送对方，那效果之佳不言而喻。

（4）表达面谈愿望

信的结尾要表明自己有脚踏实地干好工作的决心和勇气，希望有一个面谈的机会，并且等待对方的回音。在要求面谈时，文字切忌华而不实，一定要表露殷切之心情，如写明"随时等候召唤"等。此外，还要写清楚详细的通信地址、邮政编码和电话号码，以便互相联系。

（5）注明附件名称

信的末尾应注明随信附上的有关材料，如毕业证书、结业证书、荣誉证书、推荐表、发表的文章复印件、个人简历、自传、有关人士的推荐信、近期照片等，这可以给对方以办事认真、考虑周全的好印象。

2. 写好求职信需要注意的问题

（1）要得体，有针对性

要研究将应聘单位的性质和特点，该单位的现状和奋斗目标，这样才能把求职信写得有的放矢，适合对方的口味，另外还要设法打听到有关招聘决策机构者的姓名，写上合适称谓，使之感到亲切。

（2）精雕细琢，精心设计

写一封内容充实、结构严谨、有创意的求职信来推销自己，使人有耳目一新之感。广告学中有"引起注意"策略，就是说一则广告如不能引起消费者注意等于白做。求职信亦是如此。有一个吸引人的开头至关重要，许多招聘者都很忙，没有太多的时间读邮件，如果一封信不能马上吸引他的注意力，他可能不会看完它，你这封岂不是白费功夫？

（3）用语要得体、热情、诚恳、有礼貌。有些求职信虽然文理通顺，但对方看后内心总是有些不悦，甚至反感。

最常见的错误写法如下：

一是限定对方时间，如："本人某月某日要赴外地实习。敬请某月某日前复信为盼。"这好像在下最后通牒，对方绝对不会买账。

二是为对方规定义务，如："本人谨以最诚挚的态度，应聘贵公司的业务员，盼望获得贵公司的尊重和考虑。"这样的句子言外之意是：你如果不考虑我、聘用我，就是对我的不尊重。这样的语气对方是不能接受的。

三是用以上压下的口吻，如："贵公司总经理某某要我直接写信给你"，或"某某首长很关心我的求职问题，让我写信找你"。收信人会感到自己不被重视，没有受到应有的尊重。

四是盛气凌人，如："现有几家公司欲聘用我，所以请你们速回复我"。这样的语句措辞，往往会激怒对方。

求职者以老老实实、谦虚谨慎的态度为佳，这样会取得更好的效果，"求职信"是书面材料，不是面对面交谈，该用书面语言时，不可用口语，否则使用口语容易使对方感到你的书面表达能力欠佳。比如说，"你们公司"写成"贵公司"、"我在等你们答复"写成"学生候贵公司赐教"等。这样可以显示自己的文字功底。

（二）个人简历

个人简历是概括介绍自己的个人情况、受教育程度、成长经历和所取得的成绩等有关内容的一种求职材料，一般很少单独寄出，它总是作为求职信和学校就业推荐表的附件，呈送用人单位。个人简历是推销自己的广告，应抱积极的态度，精心设计出一份真正符合自己水平与风格的简历，勇敢地把自己的才能、特长显示出来，引起别人进一步了解的欲望，争取得到面试的机会。

1. 个人简历的内容构成

（1）开头部分

包括标题、姓名、出生年月、学历、身体状况、家庭背景、联系地址和求职目标等。特别是求职目标，一定要结合自己的情况，根据自己的专业特长和兴趣明确无误地提出来。

（2）主体部分

主要陈述自己的个人经历、求职资格和所具备的各种能力，包括你的优势、特长、取得的成绩、获得的荣誉以及一些相关的资料和信息等。个人经历的撰写是简历成功的关键环节，要用最简练、朴素的语言撰写；要扬长避短、切不可弄虚作假；叙述不可以自我为中心，甚至刚愎自用。陈述个人资历和能力时要有说服力，语气坚定有力，不要让人产生疑问。

（3）结尾部分

结尾一般是提供证明自己资格和能力的证明人和证明材料。证明人可以是在校期间的老师、工作单位领导、社会团体负责人等，最好不要让亲朋好友做证明人。证明材料作为附件包括学历证明、证书、资质证书、学校老师的推荐信等，这些材料不要写在简历上，可附在简历后。

2. 个人简历的制作要求

（1）简明扼要

一份简历不可能描述你的全部，用人单位也不可能通过简历掌握你的整体情况，而是大致了解你，从而挑选出参加面试的人员。因此，简历应尽量短小精干，在文字上要"简"，但在内容上一定要"精"；语言要简洁明快，力避冗长啰唆，表格型简历模板，见表 5-1。要使招聘人员在短时间内看完，并留下深刻印象。要求尽量在一页纸内完成。

表 5-1 表格型简历模板

姓名		性别		年龄		
政治面貌		婚姻状况				
毕业院校		所学专业				照片
学历层次		家庭住址				
通信地址		所获学位				
联系电话		E-mail				
应聘职位						
教育情况						
获奖情况						
语言能力						
兴趣爱好						
工作经历						
其他说明						

（2）重点突出

求职者应目标明确，清楚表达自己喜欢什么工作。简历内容要突出重点，突出自己的优势和特长，那些与求职目标有关的情况要详细介绍，在列举个人经历、获奖情况和证书时，一定要把与应聘职位相关的情况放在醒目的位置，其他无关紧要的情况可以简单略过，所写重点一定要与用人单位的需要相符。

（3）条理清楚

简历并不过分强调有"文采"，但一定要表述清楚、逻辑严密、层次清晰，便于阅读和理解，避免把所有信息杂糅在一起，让人理不出头绪。要使招聘者能够一目了然，而且最好使他看到文字介绍能产生联想。

（4）版面美观

简历的关键在于能否给人留下深刻的印象。一份好的简历，除了内容方面的要求之外，版面设计也是一个非常重要的因素。因此，必须对简历进行必要的加工，精心编排、设计和打印，力求整洁、美观，让招聘者能感知你的个人形象和魅力，使你在众多简历中脱颖而出。

（5）真实可信

简历最首要、最基本的要求是客观真实。简历从头到尾要贯穿一个原则，就是实事求是地描绘自己、展示自己，给人一种可信度。当然，对自己的优势说够、说透，对缺点讲得隐约含蓄点，适度掩饰也是允许的。简历可以做成表格型和文字叙述型两种。

3. 写简历的几种禁忌

①不要像写论文那样准备厚厚的一本。企业看一份简历的时间一般不会超过5分钟，没有哪个企业领导会有耐心读你的"专著"，要善于抓住要点，建议长度不要超过2页A4纸。

②不要把那些跟职位和工作无关的兴趣爱好都一股脑地写进去，比如旅游、看小说、唱歌、钢琴九级等，这些兴趣爱好通常不会给你加分。

③不要把在学校的各科成绩单都附上，你是去企业应聘，不是申请出国留学。当然，如果你的学习成绩特别优秀，那你就写上曾经连续几年拿过一等奖学金或者成绩全年级第几名等，这就足够了。

④简历不要设计得过于华丽，这会让用人单位觉得你太会包装自己，把工夫都用在了外表上，甚至认为你的简历是请专门的美术人员"装潢"出来的。

⑤与应聘职位无关的工作经验不要写。根据用人单位的性质、对职位的要求，提供出足以向用人单位证明自己能力的背景资料就可以了。

⑥简历中不要面面俱到地展示你所有方面的才能，这样用人单位会抓不住

重点。

⑦建议不要在简历中写明最低薪水要求及职位要求，否则你可能失去面谈的机会，不要自己给自己设定过高的门槛。

4. 投简历的最佳时间段

公司人力资源部属于支持性质的部门，杂事非常多，所以 HR 们尽可能地压缩看简历的时间。如何在合适的时间将你的简历送到 HR 面前，有助于你的简历不被淹没。下面是简历最佳投递时间的分析。

周一，一周才开始，HR 要总结上周的工作，也要计划本周的安排，基本上上午开会，下午在消化。这一天 HR 看简历的心情非常浮躁，所以对简历的分量要求很高。

周二到周四，是简历到达的合适时间，其中周三到达最佳。

周五，HR 基本上都要作一周总结或者外出参加一些会议，而且周末上班心都比较散。所以周五收到的简历当天基本不看，通常积压到下周一才会看，但是通过周六、周日两天邮件的累积，你的简历早就排到邮件列表的最后去了。

周六到周日，HR 休息，非工作日投出的简历很可能与周末的垃圾邮件混杂在一起，结果被周一来上班的 HR 不耐烦地点个全选，统统删了。

另外，投递简历最好挑 HR 上班的时间，这样你的邮件通知就会在电脑的桌面上直接跳出来。其中，上午比下午效果好，而上午又以 9：30—11：00 为佳，下午以 13：30—15：30 为佳。这是因为太早了 HR 没进入工作状态，太晚了 HR 等着下班休息，早没了看简历的心情。

（三）就业推荐表

毕业生就业推荐表是学校就业主管部门（如毕业生就业指导中心）发给毕业生的、用于反映毕业生各方面情况的书面材料，是学校通过正规途径向用人单位推荐学生的简明客观的书面材料。

毕业生就业推荐表涉及面广，内容丰富。用人单位在接受毕业生书面材料时，一般都会把学校统一制作的推荐表作为考察毕业生的主要依据。毕业生在求职择业时，一般使用推荐表复印件。当用人单位确定要接收毕业生，正式签约时才使用正式推荐表。

推荐表的权威性、可靠性以及重复使用性，要求毕业生在填写推荐表时，应本着诚实客观、认真负责的态度填写有关内容，既不贬低自己，也不过分的夸张。字迹要工整、清晰、整洁，最好用碳素墨水或蓝黑墨水书写，以便复印。

填写就业推荐表应注意如下事项：

①根据推荐表的"说明"项目如实填写。
②学校、院（系）、专业名称必须填写完全、准确。
③必须贴一寸免冠半身照片，并加盖院（系）公章。
④姓名填写与户口、身份证姓名必须相一致，不得有异，否则会给录用、编制和审批就业方案、办理报到手续带来不必要的麻烦。
⑤奖惩情况原则上填写校、院（系）两级以上级别的奖励、处分情况。
⑥自我鉴定要客观、简练。
⑦学习成绩栏必须如实填写，不得涂改。
⑧推荐表填写后在规定时间内交院（系）、学校审查盖章。

（四）求职登记表

在人才交流中心和招聘会上求职，或者到用人单位应聘时往往需要填写求职登记表，其内容包括个人基本情况、爱好、特长、求职意向、个人简历、主要成绩或所获得的荣誉、家庭及主要社会关系等。填写这类表格时应注意以下几点。

1. 讲究针对性

讲究针对性是指求职者要学会登记内容的取舍。例如，有的同学在外语水平栏中填上托福的成绩，这对英语要求较高的单位很有吸引力，而有的单位则怀疑考托福是不是要出国，今后工作是否能安心等，可能会由于多此一举，而失去一次就业的机会。

2. 时间不能间断

所有表格涉及简历的时间都不能间断，时序清楚，年谱衔接，这样，可以不让人感到求职者有所隐瞒。

3. 内容要真实

家庭及主要社会关系要如实填写，并写清与自己的关系，他们的姓名、年龄、工作单位及职务。特别是一些重要的社会关系，书面介绍比口述更能让招聘者接受，往往会收到意想不到的效果。

（五）证明材料

求职材料大都是对个人情况的文字表述，但"口说无凭"，为了证明材料真实可靠，需要对自己的能力、学历等提供真凭实据。主要包括以下几个方面。

（1）学历证明、等级证书、荣誉证书、技能竞赛获奖证书等。
（2）曾发表过的文章、曾写过的论文或专题报告，包括学校和社会对这些作品的评价，以及在指导实践或在实际应用中的效果等。

(3) 参加学校社团以及志愿者活动的证明资料。

(4) 参加企业顶岗实践的证明材料，以及优秀实习生证书等。

(5) 有关人士的推荐信。毕业生在求职过程中，教师、校友及专家等有关人士的推荐，往往可以起到重要的作用。教师在教学、科研方面往往与对口的用人单位有着多方面的联系和合作，有些骨干教师与企业的领导或技术骨干常常是同学或朋友。同时，教师对自己学生的情况又比较了解，对于他们的推荐信，企业领导或部门负责人往往比较重视。校友是学兄、学姐，与毕业生感情融洽，许多校友已在部门工作，有的已经担任领导，与其他单位也会有多方面联系，他们的推荐作用不可忽略；专家具有一定权威性，他们的推荐效果更好。

(6) 照片。如果对自己的形象比较自信或用人单位对此提出要求，可以贴上照片。照片准备的原则是扬长避短，个子不高的可照半身像，个子高的可照全身像，以彩照为佳，女生在照相时，不要浓妆艳抹，也不要穿奇装异服；男生在照相时，不要留胡子、留长发，应给人以有活力、有朝气之感，落落大方，又不失学生本色。照片形象的原则：女生要美艳不能妖气，男生要潇洒不能流气。

（六）职业技能等级证书

我国提出职业技能等级证书和学历证书并重制度之后，职业技能等级证书被认为是就业的"通行证"，职业技能等级证书的地位正在悄然发生变化。

目前用人单位对求职者的专业技能要求较高，求职者应考取与自己专业和将要从事的行业相关、社会认可度较高的专业证书更为实用，而那些含金量不高的证书，对用人单位并没有太大的吸引力。所以高职院校的学生考证时，一定要有针对性和实用性，如人力资源专业的学生可以选择人力资源师等级考试，文秘专业的学生则可以选择中高级秘书培训和办公自动化认证。

职业技能等级证书只是一块普通的"敲门砖"，而不是万能的"金钥匙"。职业技能等级证书在找工作时的作用只是加大了得到面试的机会，即在同等条件下，用人单位会优先考虑持有证书的求职者。

以上介绍的是就业材料准备方面的有关内容。按通常程序，招聘单位不可能第一次接触就面谈，而是首先看应聘者投送的书面材料。在一定程度上说，应聘材料是一块敲门砖，门能被敲开，是应聘成功的第一步，所以绝不可以轻视应聘材料的准备工作。

五、了解就业工作的流程

高校毕业生的就业程序，主要包括了解有关就业政策，收集处理需求信息，做好个人自荐、面试的材料和心理准备的工作,参加"供需见面、双向选择"活动,签订就业协议书等环节。

(一) 掌握就业政策

高职毕业生是面向生产、建设、管理、服务一线的技术技能型专门人才,为适应经济建设和社会发展的需要,国家制定了相关的就业政策,地方政府为了优化配置人才资源,也推出各种鼓励就业的优惠政策配套措施。因此,高校毕业生在面向社会求职择业之时,需要向学校及有关部门了解当年国家在高校毕业生就业过程中的具体政策规定,还需要知道自己所在学校、学校所在地区及自己将要去就业的地区、单位的就业政策规定,只有如此,才能从容地选择职业。

(二) 供需见面,双向选择

高校毕业生在了解相关就业政策、了解就业信息做好材料准备和心理准备的基础上,就进入下一关键程序,即"供需见面、双向选择"。

供需见面会有多种多样,有地方双选、学校双选、集中双选、分散双选等类型。高校毕业生应积极参加学校的双选和地方人事部门举办的地方双选,这对广大高校毕业生来说是信息量较大、就业机会较多的两种最主要的双选会。

大规模的应届毕业生"供需见面、双向选择"活动,主要由就业指导部门或有关高校发起组织,即由就业指导部门或学校出面组织、发邀请函,在一定时间内将用人单位和毕业生相邀到一定的场所(一般是校内),进行面对面地选择、咨询、确定取舍、接收个人自荐材料的就业市场形势。

各地区的劳动人事部门也会在一段时间内举行大型的招聘会(一般在11~12月、2~3月、4~5月),一年有若干次。

针对应届毕业生的供需见面会有如下特点:

(1) 时间性

一般集中在毕业生毕业前的最后几个月,根据用人单位的多少,可举办若干次供需见面会,但每一次供需见面会一般在1~2天内就结束。

(2) 直接性

用人单位与应届毕业生面对面进行洽谈接触,互相咨询考查,互相展示有关资料和信息,用人单位甚至可以对毕业生进行各种现场的目测、口试、笔试等。

(3) 明确性

用人单位需求的职位、人数专业及基本条件比较明确,一般在洽谈前都会张榜公示,并准备相关资料以备索取,毕业生在洽谈中可以向用人单位询问其他相关具体情况并提出自己个人的要求。

(4) 高效性

一般情况下供需洽谈后用人单位要宣布录用结果,特别是在学校举办的双选会上选用学校的应届毕业生的比例较高,毕业生也会根据录用情况决定自己的取舍,双方认同签约后择业程序结束。

在"供需见面、双向选择"这一程序中,主办方、用人单位、毕业生各自充当不同的角色,承担着不同的职责。

主办方,即供需见面会的组织者。不仅要保障供求双方的利益,而且要努力创造良好的供需双方相互选择的环境,在会议程序、场地安排、信息宣传、安全保卫、咨询服务等各方面尽可能地提供周到的服务,并使整个供需见面会在有组织、有纪律、有秩序的状态下进行。

用人单位,是需求的一方。要在供求见面会上向学校和毕业生提供详细、准确、真实的单位状况、地域特征、工作条件、生活待遇和需求信息。对洽谈中出现的问题要及时与学校取得联系。

毕业生,是供方角色。要认真分析用人单位提供的需求信息,在洽谈见面过程中,要尽可能向用人单位提供准确、真实的个人资料和去向意愿,不明白的地方要问清楚,自己的特殊要求和看法要当即提出,在整个洽谈中,要有礼貌、勤思考、善抉择。供需双方都有选择的权利。

(三) 签订就业协议书

通过供需见面会,毕业生与用人单位针对录(聘)用毕业生达成一致意见后,即进入用人单位、毕业生及培养毕业生的学校签订就业协议书的程序。有关就业协议书的签订及注意事项后续章节另有详细的介绍。

最后,也是非常重要的是,一旦遇到问题而犹豫不决时怎么办?一般来说,毕业生对就业单位、职位、待遇、工作条件等方面存有疑问,应及时向学校就业工作人员或身边有丰富经验的亲友咨询,征求他们的意见,经过深思熟虑后方可签约,切莫一人与多家用人单位同时签约。

就业协议书一经签订,学校将以此为依据统一汇总纳入学校的就业方案。用人单位也将以此为依据做好相应的人事接收及岗位安排,毕业生求职择业程序就告一段落。

【测一测】

志向测评

测评目标：抱负水平

测评说明：以下问题是测试抱负水平，请选择一个最符合你的答案。

测评题：

1. 我总是不断提高奋斗目标：
    A. 完全不同意
    B. 非常不同意
    C. 稍有不同意
    D. 无所谓
    E. 稍有同意
    F. 非常同意
    G. 完全同意

2. 我并不苛求自己：
    A. 完全不同意
    B. 非常不同意
    C. 稍有不同意
    D. 无所谓
    E. 稍有同意
    F. 非常同意
    G. 完全同意

3. 我择业时很看重在工作中能否不断提高能力：
    A. 完全不同意
    B. 非常不同意
    C. 稍有不同意
    D. 无所谓
    E. 稍有同意
    F. 非常同意
    G. 完全同意

4. 我喜欢既省力又收入高的工作：
    A. 完全不同意

B. 非常不同意

C. 稍有不同意

D. 无所谓

E. 稍有同意

F. 非常同意

G. 完全同意

5. 我总是乐于尝试没做过的事：

A. 完全不同意

B. 非常不同意

C. 稍有不同意

D. 无所谓

E. 稍有同意

F. 非常同意

G. 完全同意

6. 我的天赋如果不被别人看重，我宁可放弃：

A. 完全不同意

B. 非常不同意

C. 稍有不同意

D. 无所谓

E. 稍有同意

F. 非常同意

G. 完全同意

测评标准，见表5-2。

表5-2　不同题号答案下的得分情况

题号 \ 答案	A	B	C	D	E	F	G
1	1	2	3	4	5	6	7
2	7	6	5	4	3	2	1
3	1	2	3	4	5	6	7
4	7	6	5	4	3	2	1
5	1	2	3	4	5	6	7
6	7	6	5	4	3	2	1

测评分析：

得分在 6~22 分：志向、抱负水平很低；

得分在 23~26 分：有一定的抱负水平；

得分在 27~35 分：胸怀大志，志向远大。

【做一做】

写一份求职简历。

【看一看】

哈佛大学的调查

1970 年，美国哈佛大学对当年毕业的天之骄子们进行了一次关于人生目标的调查：27% 的人，没有目标；60% 的人，目标模糊；10% 的人，有清晰但比较短期的目标；3% 的人，有清晰而长远的目标。1995 年，即 25 年后，哈佛大学再次对这一批 1970 年毕业的学生进行了跟踪调查，结果发现：3% 的人，25 年间他们朝着一个既定的方向不懈努力，现在几乎都成为社会各界的成功人士，其中不乏行业领袖及社会精英；10% 的人，他们的短期目标不断实现，已成为各个行业、各个领域中的专业人士，大都生活在社会的中上层；60% 的人，他们安稳地生活与工作，但都没什么特别突出的成绩，几乎都生活在社会的中下层；剩下 27% 的人，他们的生活没有目标，过得很不如意，并且常常在抱怨他人、抱怨这个不肯给他们机会的世界……

职业素质反思：

你的安全意识如何？

5-1 自我评估　　5-2 自我反思

模块六　积极应对

知识目标：

了解求职中笔试与面试的种类与技巧；掌握笔试与面试的主要内容并熟悉笔试与面试前的各种准备；掌握求职策略与交谈技巧；理解面对求职失败的方法；熟悉报到所涉及的相关问题。

能力目标：

具备应对求职的能力，具备与人沟通能力。

素质目标：

培养正确控制情绪的素质及正确面对失败的心态。

单元1　笔试与面试技巧

【想一想】

当你明确知道应聘的单位及其所属行业，你觉得应如何准备参加笔试呢？

【学一学】

一、笔试

（一）常见的笔试种类

1. 专业考试

专业考试主要是为了检验求职者文化知识水平和相关的实际能力。一些用人单位通过看毕业生成绩单就可大致了解其知识能力基本情况，所以一般可免于笔试，但也有一些特殊的用人单位，需要通过笔试的方式对求职的大学毕业生进行文化专业知识的再考核。值得引起注意的是这种考试方式已被越来越多的热门就业单位所采用。

2. 心理测试

心理测试是用事先编制好的标准化量表或问卷要求被试者完成，根据完成的数量和质量来判定其心理水平或个性差异的方法。

3. 命题写作

这种考试目的在于求职者考察文字表达能力以及分析问题和逻辑思维的能力。比如限时写出一份会议通知、请示、报告或某项工作总结，或就某个案例进行分析，也可能提出一个论点，予以论证或批驳等。

4. 智商测试

智商=（智龄÷实足年龄）×100，"智商"就是人的智力发展水平，表现为一个人的抽象思维、形象思维、思维方式、推理能力、注意力、头脑反应速度、记忆力等。

智商测试主要为一些跨国公司采用，他们对毕业生所学专业一般没有特殊要求，在他们看来，专业能力可以通过公司的培训获得，他们更看重的是毕业生是否具有接受新知识的能力。

5. 综合能力测试

综合能力测试有智商测试的要求，但程度更高。比如应试者要在规定的时间内对一组数据、一组资料进行分析，找出合理的地方和存在的问题，并设计出解决问题的方案。这对应试者的理解能力、发现问题、分析和解决问题的能力、知识面等素质的全方位测试，甚至有时要求用外语答题，相对而言要求更高一些，难度更大一些。

6. 国家公务员录用考试

国家公务员的录用考试采取笔试和面试的方式，测试应聘者的公共基础知识、专业知识水平，以及其他适应职位要求的业务素质与工作能力。

笔试分公共科目和专业科目两种。公共科目由国务院人事部门统一确定；专业科目由国务院人事部门和省级政府人事部门按照管理权限分别确定或批准。报考A类职位的应聘者，笔试科目考《行政就业能力测验》（A）和《申论》；报考B类职位的应聘者，笔试科目考《行政就业能力测验》（B）。报考法院、检察院书记员、法警职位以及公安系统所有职位的还必须进行专业科目笔试。其他专业性较强的职位，如需要进行专业科目笔试，由用人部门提出意见，省直部门报省委组织部或省人事厅批准，地方部门报市委组织部或市人事局批准，并在招考简章中公布，专业笔试有关事项由用人单位另行通知。

通常，笔试合格者方可参加面试。

（二）笔试的准备

1. 了解笔试内容

笔试一般包括以下几个方面的内容：一是知识面的考核，主要是一些通用性的基础知识和担任某一职务所要求具备的业务知识。二是智力测试，主要测试毕业生的记忆力、分析观察能力、综合归纳能力、思维反应能力、不断接收新知识的学习能力。三是技能测验，主要是对受聘者处理问题的速度与质量的测试，检验其对知识和智力运用的程度和能力。

良好的笔试成绩来自平时的努力学习。在大学期间刻苦学习，将所学专业及基础知识弄懂学会，这样在考试时就能信心十足，得心应手。

有时用人单位笔试内容包括该单位的工作特点、文化特征等，以了解笔试人员对该单位的关注程度。所以，考前一定要浏览该单位的官方网站，熟悉该单位的相关内容。

2. 笔试前应进行简单的复习

复习已学过的知识是笔试准备的重要方式。一般来说笔试都有个大体的范围，可围绕这个范围翻阅一些有关的图书资料。有些课程内容，因时间已久，可能淡忘，经过简单的复习，有助于恢复记忆。

3. 要保持良好的身心状态

考试前，一定要适当减轻思想负担，适当参加一些文体活动，从而使高度紧张的大脑得到放松休息；要有良好充足的睡眠，以保证考试时有充沛的精力和良好的竞技状态。

（三）笔试的技巧

1. 有备无患

提前熟悉考场环境、掌握注意事项，有利于消除应试时的紧张心理。除携带必备的证件外，一些考试必备的文具如签字笔或钢笔（最好为黑色签字笔）、2B铅笔、橡皮等，也要准备齐全。不要把复习重点放在难点、怪题上，要把基础知识掌握好，在实际运用上下功夫。

2. 增强信心

笔试怯场，大多是由于缺乏自信心所致。客观冷静地对自己进行正确评估，能克服自卑心理,增强自信心。应聘笔试同高考不同,高考是"一锤定音",而求职应聘考试则有多次机会。

3. 科学答卷

拿到试卷后,首先应浏览一遍,了解题目的多少和难易程度,以便掌握答题速度。然后按照先易后难的原则排出答题顺序,先攻相对简单的题,后攻难题。这样就不会因为攻难题而浪费时间太多,而没有时间做那些会答的题。遇到较大的综合题或论述题,则应先列出提纲,再逐条撰写。最后,要尽量挤出时间对容易出错的地方进行复查,特别注意不要漏题,更不能犯跑题、出现错别字、语法不通、词不达意等错误。另外应当注意卷面整洁、字迹清晰,书写过于潦草、字迹难于辨认会影响考试成绩。因为求职笔试不同于其他专业考试,"醉翁之意不在酒",有时招聘单位并不特别在意应聘者考分的些许高低。认真的态度、细致的作风,则会大大增强被录用的可能性。

某毕业生去一家大型公司应聘市场经理时,人家给出的题,题目写得很简单:英国每年买几个高尔夫球?没有其他数据,要求在45钟内完成。这样的笔试题如何下手呢?

这是很无厘头的题目,但涉及很多管理知识。

"英国买"其实就是英国进口,进口的数量与市场需求有关,市场需求与人口有关。

可以假设16~70岁有多少英国人,其中最有可能打高尔夫球的30~45岁有多少人。你至少应该知道英国大概有多少人。

为了使数据精确,你要在试题上写清你是如何进行抽样调查的。这是考你市场数据调查的水平。写完步骤之后,你假设为50万人口在打高尔夫球,经常打的有多少人?这些人估计每年要用多少球?其他的人会多久打一次?需要用多少球?加起来就是英国总的市场需求。

然后是考你国际贸易的知识,为何要进口?从哪儿进口?进口之后,可以再出口吗?这题不是要你随便弄个数字,而是一个思考的过程。

二、面试

(一) 面试的含义

面试是一种最为古老,同时也是最具生命力的人才选拔方式。其产生和发展的历史可以追溯到先秦时期的孔子甚至更远。

当时孔子面试时至少从两个方面对人进行考察,即一个人的言谈和举止形象,通过言谈对其能力进行了解。

三国时期的诸葛亮对面试的方法也有一定的研究,对于面试中的言谈与观察,他提出了一套系统的方法,这就是著名的识人之道——七观法:问之以是非而观其志;穷之以辞辨而观其变;咨之以计谋而观其识;告之以祸难而观其勇;醉之以酒而观其性;临之以利以观其廉;期之以事以观其信。

面试就是一种事先经过精心设计的、考官与应试者之间面对面地观察、直接交谈或置应试者于某种特定的情景之中进行观察,从而对应试者的知识、工作能力、工作经验、性格、态度和待人接物的方式等素质进行考察的一种人员选拔的测试活动。

(二)面试的构成要素

面试要素,是指构成面试的一些基本的必要因素。面试要素有十个,即面试目的、面试内容、面试方法、面试考官、面试考生、面试试题、面试时间、面试考场、面试信息、面试评定。

1. 面试目的

面试目的,是指面试想要达到的境地,希望实现的结果。

2. 面试内容

面试内容,也叫测评项目或测评要素,指面试需要测评的考生的基本素质内容。在面试时一般把考生的素质结构划分为许多具体的素质指标,施测时,只选择部分重要的和相关的素质指标进行测评。因此,如何恰当地有针对性地选择与岗位要求密切相关的素质进行测评,是十分重要的问题。

3. 面试方法

面试方法,是指面试活动的组织方式,是影响面试效果的重要因素之一。不同的面试方法对考生素质测评的侧重点也不同。常见的面试方法很多,如面谈法、情景模拟法、无领导小组讨论法等。

4. 面试考官

面试考官,是面试的直接组织者,在面试中扮演着十分重要的角色,面试考官的素质如何对面试结果有很大影响。面试考官的任务是提出试题,了解考生在面试中的行为表现并进行素质评定。

5. 面试考生

面试考生,是面试试题的直接承受者。在面试中,考生通过对面试试题的"反应",即作答,达到被测试的目的。

6. 面试试题

面试试题,主要指面试考官向考生提出的各种不同的行为要求。面试方法不同，提出的要求也不相同。在自由式面谈中，这种要求表现为"随意的话题"；在结构化面谈中，这种要求表现为精心设计的一个个具体的"问题"；在小组讨论面试中，它表现为"讨论的议题"；在情景测评中，试题则体现为具体情境中的各种要求。

7. 面试时间

面试时间，是面试活动在时间维度上的体现。一般而言，面试时间越长，面试结果可信度越高。但是，受各种因素影响，面试时间往往比较短。

8. 面试考场

面试考场，是面试活动在空间维度上的体现。面试时，场地的大小、温度的高低、光线的明暗，以及噪声、干扰等问题对面试都有很大影响，不可忽视。

9. 面试信息

面试信息，指面试测评过程中考官所发出的信息。最主要的考官信息，是考官对考生下达的测评指令，以及对考生的行为反应所表现的态度等。考生信息，指面试测评过程中考生所表现出的行为反应信息，包括自觉发出的和不自觉发出的、语言的和非语言的。最主要的考生信息是对考官的测评指令作出的行为反应，即作答情况。

10. 面试评定

面试评定，指面试考官对考生素质能力情况进行评分或评价。

（三）常见的面试类型

1. 模式化面试

由主试人根据预先准备好的询问题目和有关细节，逐一发问。其目的是获得有关应试者全面、真实的材料，观察应试者的仪表、谈吐和行为，以及沟通意见等。

如面试官提问：你为什么想进本公司？具体对哪一个工作最感兴趣？如果其他公司和本公司都录用你时，你怎么办？你觉得你的哪些方面可以在本公司得到发挥？你准备怎样把大学里学到的知识用到工作中去？

2. 问题式面试

由主试人对应试者提出一个问题或一项计划，请你予以完成解决。其目的是观察应试者在特殊情况中的表现，以判断其解决问题的能力。

例如，对于应试管理岗位或秘书岗位的人，面试官提出，如何准备召开一个100人的会议？请你说出一个方案等。

3. 非引导式面试

即主试人海阔天空地与应试者交谈，让应试者自由地发表议论，尽量活跃谈话气氛，在闲聊中观察应试者的能力、知识、谈吐和风度。

4. 压力式面试

由主试人有意识地对应试者施加压力，针对某一问题做一连串的发问，不仅详细，而且追根问底，直至无法回答。甚至有意刺激应试者，看你在突如其来的压力下能否作出恰当的反应，以观察其机智程度和应变能力。

5. 综合式面试

由主试人通过多种方式综合考查应试者多方面的才能。如用外语同应试者会话以考查其外语水平，让应试者写段文字以考查其书法，让应试者讲一段课文以考查其演讲能力，也许还会要求你使用计算机或打字机等。

以上几种面试是根据面试的种类划分的。在实际面试过程中，主试人可能只采取一种面试方式，也可能同时采用几种面试方式。

（四）面试测评的主要内容

在人员甄选实践中，面试测评的主要内容如下：

1. 仪表风度

这是指应试者的体型、外貌、气色、衣着举止、精神状态等。因此，仪表风度是用人单位录用面试的一项重要内容。研究表明，仪表端庄、衣着整洁、举止文明的人，一般做事有规律、注意自我约束、责任心强。

2. 专业知识

了解应试者掌握专业知识的深度和广度，其专业知识是否符合所要录用职位的要求，作为对专业知识笔试的补充。面试对专业知识的考察更具灵活性和深度，所提问题也更接近空缺岗位对专业知识的需求。

3. 工作实践经验

一般根据查阅应试者的个人简历或求职登记表的结果，做些相关的提问，查询应试者有关背景及过去工作的情况，以补充、证实其所具有的实践经验。通过工作经历与实践经验的了解，还可以考察应试者的责任感、主动性、思维能力、口头表达能力及遇事的理智状况等。

4. 口头表达能力

面试中应试者是否能够将自己的思想、观点、意见或建议顺畅地用语言表达出来。考察的具体内容包括：表达的逻辑性、准确性、感染力、音质、音色、音量、音调等。

5. 综合分析能力

面试中，应试者是否能对主考官所提出的问题通过分析抓住本质，并且说理透彻、分析全面、条理清晰。

6. 反应能力与应变能力

主要看应试者对主考官所提的问题理解是否准确贴切，回答的迅速性、准确性等。对于突发问题的反应是否机智敏捷、回答恰当。对于意外事情的处理是否得当、妥当等。

7. 人际交往能力

在面试中，通过询问应试者经常参与哪些社团活动，喜欢同哪种类型的人打交道，在各种社交场合所扮演的角色，可以了解应试者的人际交往倾向和与人相处的技巧。

8. 自我控制能力与情绪稳定性

自我控制能力对于诸如国家公务员及许多其他类型的工作人员（如企业的管理人员）显得尤为重要。

9. 工作态度

一是了解应试者对过去学习、工作的态度；二是了解其对现报考职位的态度。在过去学习或工作中态度不认真，做什么、做好做坏都无所谓的人，在新的工作岗位上也很难说能勤勤恳恳、认真负责。

10. 上进心、进取心

上进心、进取心强烈的人，一般都确立有事业上的奋斗目标，并为之而积极努力，表现为努力把现有工作做好，且不安于现状，工作中常有创新。上进心不强的人，一般都是安于现状，无所事事，不求有功，但求能敷衍了事，因此对什么事都不热心。

11. 求职动机

了解应试者为何希望来本单位工作，对哪类工作最感兴趣，在工作中追求什么，判断本单位所能提供的职位或工作条件等能否满足其工作要求和期望。

12. 业余兴趣与爱好

了解应试者休闲时间爱从事哪些运动，喜欢阅读哪些书籍以及喜欢什么样的电视节目，有什么样的嗜好等，可以了解一个人的兴趣与爱好，这对录用后的工作安排常有好处。

此外，面试时主考官还会向应试者介绍本单位及拟聘职位的情况与要求，讨论有关工薪、福利等应试者关心的问题，以及回答应试者可能要问到的其他一些问题等。

（五）面试前的准备

面试前的准备工作成功与否是你面试成功的一个前提条件，所以优秀的求职者总是非常重视面试前的准备工作的。"不打无把握之仗",可以说,好的面试准备工作已是你面试取得成功的一半。

1. 考察招聘单位

应聘前,你应该全面考察招聘单位的情况。了解你要应聘单位的大致情况,如工作性质、业务范围、行业特色及发展前景等,对你可应聘的岗位的职责、条件、工作时间等也应有一个全面的了解。这不仅会决定你是否应聘,还可以使你在应聘后能尽快适应工作环境。同时,你对招聘单位了解得越详细,招聘方就越觉得你愿意在这里工作,而且会认为你是一个善于思考、有心、有能力的人,会增加对你的好感。根据专家调查,如果毕业生对用人单位不熟悉,有75%的招聘者不会对他有好感。

2. 设计自我介绍

招聘者往往以询问求职者的有关情况作为面试的切入点。面试前准备一个简短的自我介绍腹稿是必要的。自我介绍要精简凝练、恰如其分,在有限的时间内,针对"客户"的需要,将自己最美好的一面,毫无保留地表现出来。自我介绍要明确以下重点内容。

(1) 自我认识

首先必须认清自我,一定要弄清以下三个问题:你现在是干什么的?你将来要干什么?你过去是干什么的?

第一个问题:现在是干什么的?回答这个问题,要点是:你是你自己,不是别人。除非你把自己与别人区别开来,在共同点的基础上更强调不同点,否则你绝无可能在众多的应征求职者中夺魁。对于这第一个问题,自我反省越深,自我鉴定就越成功。

第二个问题:你将来要干什么?如果你申请的是一份举足轻重的工作,雇主肯定很关注你对未来的自我设计。你的回答要具体、合理,并符合你现在的身份,要有一个更别致的风格。

最后一个问题:你过去是干什么的?你的过去当然都在履历上已有反映。你在面试中再度回答这个问题时,不可忽略之处是:不要抖落一个与你的将来毫不相干的过去。如果你中途彻底改行,更要在描述你的执着、就业目标的一贯性上下些功夫。要做到这一点,又要忠实于事实和本人,最简单的方法是:找到过去与将来的联系点,收集过去的资料,再按目标主次排列。

用这样的方法,以现在为出发点,以将来为目标,以过去为证实,最重要的是加深了你的自我分析和理解。其实,在面试的时候不一定有机会或者有必要照搬你的准备材料,但这三个问题的内在联系点一定会体现在自我表述的整体感觉中，使你的形象栩栩如生。

（2）投其所好

清楚自己的强项后，便可以开始准备自我介绍的内容，包括工作模式、优点、技能，突出成就、专业知识、学术背景等。

只有短短一分钟，所以一切还是与面试单位有关的好。如果是一个电脑软件公司，应说些电脑软件的话题。但有一点必须谨记：话题所到之处，必须突出自己对该单位可以做出的贡献，如增加营业额、减低成本、发掘新市场等。

（3）铺排次序

内容的次序亦极重要，是否能抓住听众的注意力，全在于事件的编排方式。所以排在头等位置的，应是你最想让人记住的事情。而这些事情，一般都是你最得意之作。与此同时，可呈上一些有关的作品或纪录增加印象分。

3. 面试心理准备

面试时，应聘者在特殊的环境中接受招聘者的考核，不仅要迅速、机敏地回答、处理现场提出的问题，还要使自己的言谈举止恰到好处，符合测试要求。因此，面试前做好必要的心理准备，调整好情绪，克服怯场心理，使自己具有饱满的精神状态，力争取得面试的最佳效果，是非常必要的。

（1）避免冲突心理

根据心理学所揭示的规律，人的行为是由动机支配的，而动机则是由需要和愿望引起的。一般来说，人的求职行为是在某种就业动机策动下，为达到某个就业目标而发生的。在同一时间内就业目标也可能存在多个，在各个不同的目标之间会存在各种各样的矛盾，引起目标冲突。不及时解决这些冲突，往往会导致心理冲突。

解决就业目标冲突，首先要以正确的就业动机为基础，不能患得患失。其次，要郑重思考，面对现实，权衡利弊，分析自己的知识状况、能力水平、身体素质、目标远近以及其他主客观原因，不能好高骛远。在就业目标发生冲突时，你要以最重要的期望为目标，做出迅速果断的选择。

（2）消除紧张心理

所谓紧张是人们在面对那些自己认为很难解决的事情时，所产生的情绪和身体上的异常反应。人们在体验到紧张后会发生各种生理与心理上的变化和反应，如心跳加快、呼吸速度加快、血压增高、皮肤和内脏的血管自行收缩、瞳孔放大、血糖上升等。

面试不仅是了解求职者的知识和人品，更重要的是通过相互交谈测试求职者的应变能力和处世能力。如果过度紧张，甚至怯场，应变能力也就无从谈起。

那么，怎样才能克服紧张情绪呢？

第一，不要把面试看得过重。

应采取超然的态度，记住这样一句话：胜败乃兵家常事。即使面试失败了，你也没有失去什么，却得到了面试的经验，还有更好的机会在等待你。

第二，增强自信心。

首先，不要把招聘者看得过于神秘。其实，并不是每个招聘者都是学识渊博、心计多端、难以对付的。他们同你一样，都是普普通通的人，有些人恐怕还没有你那么多的知识和经验，了解了这一点也就不会有畏惧感了。其次，多想自己的优点、优势和特长。即使有缺点，或许对所应聘的工作来说还是优点呢。通过这样的暗示作用，可增加自信，消除紧张。

第三，掌握说话节奏。

放缓说话速度有助于稳定情绪和理顺思路，从而保证口齿清楚、思路清晰、有条不紊。

（3）防止羞怯心理

羞怯是许多人都有过的一种普遍的情绪体验，主要是指由于性格内向或挫折引起的过多约束自己的言行，以致无法真实表现自己情感的一种心理障碍。

羞怯感强的人，在招聘者面前会感到有一种无形的压力，他们不敢迎视对方的目光，缺乏表现自己的信心和勇气。面试时常出现脸红、冒汗、张口结舌、语无伦次等现象。他们对自己的神态举止和言谈过分敏感，生怕自己在别人面前失态出丑。

减少羞怯心理，增强自信心是最有效的途径之一。除此之外，还应注意以下几点。

第一，不要过多地计较他人的评论。

羞怯感强的人，最怕得到否定的评价，结果越害怕越不敢表现自己，越不敢与人交往，恶性循环的圆圈使他们在羞怯的旋涡中越陷越深。其实，被人评论是正常的事，应把它作为改善自己的动力，而不应把它当成精神负担。

第二，扩大自己的知识面。

只有具备丰富的知识，才能在各种求职活动中，不会因知识过分狭窄而受窘。这里所说的知识，不仅包括你的专业知识和其他科学文化知识，而且也包括面试的基本礼节和推销自我的基本技巧。你可以从有关求职的书刊上获得这些知识，也可以从你周围的同学、朋友身上获得。

第三，学会控制自己。

常用方法是自我暗示法，每当在面试时，自感有可能紧张、羞怯时，就提醒自己镇定下来,什么都不去想,把招聘者当作自己的熟人和朋友,羞怯心理就会减少大半。

第四,争取锻炼的机会。

开始可以拣容易的做,如在熟人的圈子里练习面试,锻炼自己的表达能力,运用和熟悉自我推销的技巧,培养对羞怯的心理抗力。然后按循序渐进的原则,扩大范围,增加难度。要尽可能地参加各种类型的"人才交流会""人才洽谈会"和"毕业生供需见面会",把它们看成是锻炼自己的机会。

有专家建议,在正式面试前要像戏剧演出前的彩排一样进行预演。把为面试准备的衣服、道具都用上,同镜子里的你进行"面试",看看自己的外表、姿势、态度和言辞如何。也可以把朋友叫来充当招聘者进行"演习"。这对进一步熟悉面试内容,使行为举止自然、流畅,克服紧张和羞怯,增强自信都有重要作用。

(4)克服自卑心理

一般说来,自卑的人,多是性格内向、勤于反思而又敏感多疑的人。他们的自尊心很强,但不懂得如何积极地获取自尊,而是采取消极退避的方式以保护自尊。在推荐自我的过程中,他们也希望自己给对方留下好印象,可又总怀疑自己的能力,不相信自己能够做到,仿佛自己的一举一动都是在公众面前演出。所以只要置身于陌生人面前,便会产生不知所措的惊慌,有的人立即会出现脸红、低头、出冷汗、干笑等动作,有的人还会出现喉头颤抖、发音吐字不清,甚至全身发软等现象。

4. 赢得好感的准备

由于面试的主观性特点,被录取的人往往是那些能使招聘者相信他就是最适合人选的应聘者。因此,作为求职者,赢得好感,给对方以良好的第一印象是特别要注意的。

怎样才能给招聘者以良好的第一印象呢?以下原则对形成良好的印象是非常重要的。

第一,提前到达。

迟到是面试的一大忌讳,它不但会使招聘者对你的可靠性发生怀疑,而且也会给对方一个不好的印象。此外,迟到还会使求职者产生一种内疚心理,无形之中将自己放到被动、尴尬的地位。据国外求职专家统计,迟到的求职者面试时获得录用的可能性只相当于不迟到者的一半。

所以,要提前5~10分钟到达面试地点,以表示求职的诚意,给对方以信任感,同时也可调整自己的心态,做一些简单的仪表准备,以免仓促上阵,手忙脚乱。为了做到这一点,一定要牢记面试的时间地点,最好能提前去一趟,一来可以观察、熟悉环境，二来便于掌握路途往返时间，以免因一时找不到地方或途中延误而迟到。如果迟到了，既不说理由，也不道歉，肯定会给招聘者留下不好的印象，甚至会丧失面试的机会。

即使遇上恶劣天气，也不能放弃面试机会，同样要准时到达。有人提出"恶劣天气面试理论"，认为越是坏天气，越是面试的好机会。这不仅因为恶劣天气竞争者会减少，重要的是可以体现求职者的诚意、守信和可靠品质，给对方以好感。

第二，单独前往。

有些人面试时习惯带上一位同学或朋友前往，目的可能是为了减少焦虑、消除紧张，或让他们给自己当"参谋"。不管什么原因，这种做法对求职是不利的。会给对方留下你缺乏自信心、独立性不强的印象。

第三，记住对方的名字。

这一点是非常重要的。心理学家研究发现，对一个人来说他的名字是最亲切、最重要的，没有任何其他语言能比亲切地唤他的名字更能打动他的心。人们总是希望自己的姓名能被更多的人知晓，如果求职者初次见面时能道出招聘者的尊姓大名，彼此间立即就会产生一种亲切感和熟悉感。

第四，注意仪表仪容。

穿着打扮，有意无意地反映着一个人的修养，它往往左右着招聘者对求职者的观感和第一印象。整洁干净的人会被认为有良好的生活方式，容易获得他人好感。因此，面试前有必要打理一下仪表仪容。

第五，熟悉自己的求职资料，携带齐全的资料文件。

预先准备好填写完整的履历表、有关招聘广告、文凭、推荐信等以备招聘者查阅，并留意把这些文件有条不紊地折叠起来。这样可以给招聘者办事有条理的感觉。

第六，倘若你获得面试通知，而你所谋求的工作需要某种特殊的知识或技能，在你面试时，极可能会被问到某一方面的问题，或要你当场做测验，以衡量你的知识或能力，如打字的速度、操作机器的能力、用算盘计算的准确性和速度等。遇到这种情形，你最好事先温习这方面的知识，练习有关的技能。认真准备，这对自己、对他人都是负责的表现。

（六）面试技巧

1. 着装的技巧

（1）一般面试对男女试者都适用的着装技巧

①正式的着装优于非正式的；

②一身以明快色彩为主的得体服装是最好的选择；

③千万不要冒险去尝试看上去土里土气的装扮；

④干净和整洁是很必要的，指甲、服装、鞋子、头发都应如此；

⑤千万要注意整体感，不要东找一条领带、西找一件衬衫，又随便借来西装外套，配上很旧的西裤，那虽然也算是一身正式着装，却会显得十分邋遢；

⑥衣服口袋里不要放太多的东西，以免鼓出各种形状，不甚雅观；

⑦着装完毕后，可以去请教家人或朋友、同学，让他们提供些许意见给你，多少会有些帮助。

(2) 男士着装技巧

男士在应聘时一般上身着西装、衬衣、下身穿长裤。其具体穿着规范如下。

①西装的套件。西装有上装和套装之分。非正式场合，可以穿上装，配以各种西裤或牛仔裤等；半正式场合，应着套装，可视场合、气氛，在服装的色彩、图案上选择大胆些；正式场合，则必须穿颜色亲和的套装，以深色、平色为宜。男士面试应当穿正式场合的套装西服。

②衬衫。与西装配套的衬衫须挺括、无皱折，尤其是领口；衬衣袖子应以抬手时比西装衣袖长出2cm左右为宜，衬衣的领子略高于西服边，衬衫下摆应塞进西裤；如不系领带，可不扣领扣。衬衫以白色为主，不要选择带花纹或图案的衬衫。另外，最好在面试之前，把你的衬衫送到干洗店熨烫一下。

③领带。领带必须打在高领衬衫上，要与衬衫、西服和谐；其长度到皮带扣处为宜；若内穿毛衣或背心，领带必须置于毛衣或背心内，且衣服下端不能露出领带头。领带夹是用来固定领带的，其位置不能太往上，以从上往下数衬衫的第四粒纽扣处为宜。领带的选择应该与西装和衬衫相配。领带图案以单色、印花条纹、螺旋纹为主。

④西装的纽扣。西装有单排扣和双排扣之分。双排扣西装，一般要求将扣全部扣好；单排扣西装，若是三粒扣子的只系中间一粒，两粒扣子的只系上面一粒，或者全部不扣。

⑤西装的胸饰。西装的胸袋又称手帕兜，用来插装饰性手帕，也可空着。手帕须根据不同的场合折叠成各种形状。

⑥西装要干净、平整、裤子要熨出裤线。

⑦穿西装一定要穿皮鞋，且要上油擦亮，皮鞋的颜色要与西装相配套。穿皮鞋还要配上合适的袜子，使之在西装与皮鞋之间起到一种过渡作用。

⑧鞋子、腰带、公文包的颜色最好相同或相似。最理想的是三者均为黑色。

它们是职业男士的整体着装中最引人注目之处,有助于提升自己的品位。

(3) 女士着装技巧

女士服饰其原则是"在流行中略带保守",配合流行但不损其形象。凉鞋、项链、内衣外穿、透明衣服是女士面试着装中的大忌。

①女士面试套裙为着装首选。现在占主导地位的是两件套套裙。同一色彩,同一质地的素色面料、冷色调为主、体现典雅、端庄、稳重;可上浅下深——庄重而正统;也可上深下浅——富有活力与动感。套裙颜色不超过三种颜色,否则会显得杂乱无章。正式场合套装不带任何图案,但也可以用格子、圆点面料制作,静中有动,有活力;不宜有其他点缀,如金钱、亮片、彩条、绣花、扣链、皮革等。

对裙装一般的传统观点是:裙短则不雅,裙长则无神,裙下摆恰好抵达着装者小腿肚子上最为丰满处,乃是最为标准、最为理想的裙长。

套裙的穿法:

a. 大小适度。

上衣最短可以齐腰,袖子恰到腕处,裙子最长可达小腿中部;裙摆过长会显矮小,过短则显得滑稽而随便,过于紧身则会"引火上身"。

b. 穿着到位。

领子翻好,兜盖拉出,拉链拉好,扣好衣扣,上衣不披穿。

着套装应兼顾举止、动作、姿态,如站、坐、起等,否则无美感而言。

②长袖衬衫是最好的选择,而且最好在外衣的袖口外露出一圈。这是比较典型的职业装束,不要穿短袖衬衫,更不能穿无袖衬衫。

③衬衫的颜色最好选择白色或蓝色,此外还可以选择浅灰色或深蓝色。

④高跟鞋是女士面试的最佳选择,但要避免穿过高的高跟鞋,除非走起路来你能如履平地。鞋的颜色应该与套装相配,以黑色为正统,最好是牛皮鞋。

⑤袜子的颜色不应该太显眼,颜色宜为单色如肉色、浅棕、浅灰等几种常规颜色。

总之面试着装,大原则当然就是——整齐清洁。面试时精心着装会给面试官一个非常好的第一印象。有了这样的铺垫,胜利也就近在眼前了。作为面试者千万不可在面试时大大咧咧、疏于准备、自以为是、不修边幅,这些做法往往使你失去机会。

2. 行为技巧

进入面试场合不要紧张。如门关着,应先敲门得到允许后再进去。开关门的动作要轻,以从容、自然为好。见面时要向招聘者主动打招呼问好致意,称呼应当得体。在主试人没有请你坐下时，切勿急于落座。主试人请你坐下时，应道声"谢谢"。坐下后保持良好的体态，切忌大大咧咧、左顾右盼、满不在乎、跷起二郎腿、不断抖动足部。一定要避免身体左右摇晃、抠鼻子、挖耳塞等不良动作，以免引起反感。离去时应询问"还有什么要问的吗？"得到允许后应微笑起立，道谢并说"再见"。

3. 语言表达的技巧

面试场上你的语言表达艺术标志着你的成熟程度和综合素养。对求职应试者来说，掌握语言表达的技巧无疑是重要的。那么，面试中怎样恰当地运用谈话的技巧呢？

（1）口齿清晰，语言流利，文雅得体

交谈时要注意发音准确，吐字清晰。还要注意控制说话的速度，以免磕磕绊绊，影响语言的流畅。为了增添语言的魅力，应注意修辞美妙，忌用口头禅，更不能有不文明的语言。

（2）语气平和，语调恰当，音量适中

面试时要注意语言、语调、语气的正确运用。语气是指说话的口气；语调则是指一句话的腔调，也就是语音的高低轻重配置。打招呼问候时宜用上升语调，加重语气并带拖音，以引起对方注意。自我介绍时，最好多用平缓的陈述语气，不宜使用感叹语气或祈使句。声音过大令人厌烦，声音过小则难以听清，音量的大小要根据面试现场情况而定。两人面谈且距离较近时声音不宜过大，群体面试而且场地开阔时声音不宜过小，以每个主试人都能听清你的讲话为原则。

（3）语言要含蓄、机智、幽默

说话时除了表达清晰以外，适当的时候可以插进幽默的语言，使谈话增加轻松愉快的气氛，也会展现自己的优雅气质、从容风度和机智的品格。尤其当遇到难以回答的问题时，机智幽默的语言会显示自己的智慧，有助于化险为夷，并给人以良好的印象。

（4）注意听者的反应

求职面试不同于演讲，而是更接近于一般的交谈。交谈中，应随时注意听者的反应。比如：听者心不在焉，可能表示他对自己这段话没有兴趣，你得设法转移话题；侧耳倾听可能说明自己音量太小难于听清，皱眉、摆头可能说明自己言语有不当之处。根据对方的这些反应，就要适时地调整自己的语言、语气、语调、音量、修辞，包括陈述内容。这样才能取得良好的面试效果。

4. 回答问题的技巧

（1）要把握重点、简洁明了、条理清楚、有理有据一般情况下回答问题要结论在先，议论在后，先将自己的中心意思表达清晰，然后再做叙述和论证。否则，长篇大论，会让人不得要领。面试时间有限，若神经有些紧张，多余的话太多，反倒会将主题冲淡或漏掉。

（2）要讲清原委，避免抽象

主试人提问总是想了解一些应试者的具体情况，切不可简单地仅以"是""否"作答。针对所提问题的不同，有的需要解释原因，有的需要说明程度。不讲原委、过于抽象地回答，往往不会给主试者留下具体的印象。

（3）确认提问内容，切忌答非所问

面试中，如果对主试人提出的问题，一时摸不着边际，以致不知从何答起或难于理解对方问题的含义时，可将问题复述一遍，并先谈自己对这一问题的理解，请教对方以确认内容。对不太明确的问题，一定要搞清楚。这样才会有的放矢，不致南辕北辙、答非所问。

（4）有个人见解，有个人特色

主试人接待应试者若干名，相同的问题问若干遍，类似的回答也要听若干遍。因此，主试人会有乏味、枯燥之感。只有具有独到的个人见地和个人特点的回答，才会引起对方的兴趣和注意。

（5）知之为知之，不知为不知

面试遇到自己不知、不懂、不会的问题时，回避闪烁、默不作声、牵强附会、不懂装懂的做法均不足取。诚恳坦率地承认自己的不足之处，反倒会赢得主试者的信任和好感。

【测一测】

心理素质测评

测评目标：人才的心理素质状况

测评说明：下列十题每题都有四个选择答案，即：1. 对；2. 接近；3. 很少；4. 否。在符合实际情况的括号内填上选择答案。

测试题：

1. 在急需做出决策的时候，你是否在想：让我再考虑考虑？（   ）

2. 你是否为自己的优柔寡断找借口：是得好好慎重考虑，怎能轻易下结论呢？（   ）

3. 你是否为避免冒犯某个或几个有实力的朋友而有意回避一些关键性的问题，甚至表现得曲意奉承呢？（   ）

4. 你已经有了很多写报告用的参考资料,但仍责令下属部门继续提供?(　　)

5. 你处理往来函件时,是否读完就扔进文件筐,不采取任何措施?(　　)

6. 你是否无论遇到什么紧急任务,都先处理琐碎的日常事务?(　　)

7. 你非得在巨大的压力下才肯承担重任吗?(　　)

8. 你是否无力抵御或预防妨碍你完成重要任务的干扰与危机?(　　)

9. 你在决定重要的行动计划时常忽视其后果吗?(　　)

10. 当你需要做出可能不得人心的决策时,是否找借口逃避而不敢面对?(　　)

测评标准:

"对"得4分;"接近"得3分;"很少"得2分;"否"得1分。

测评分析:

36~40分:心理素质较差,必须正视这一方面的不足,争取在短时间内做出改变;

26~35分:心理素质偏低,必须接受训练和长期锻炼,彻底锻炼,彻底改变拖沓、效率低的缺点;

16~25分:心理素质良好,大多数情况下具有成熟稳重和深思熟虑的表现,但有时要注意在低分的项目上加以改进;

10~15分:具有优秀的心理素质和坚韧不拔的毅力。

【做一做】

假如你明天要去参加一个面试,请给自己设计一个参加面试的方案。

【看一看】

福特的面试

美国有个"福特公司",福特是一个人,他大学毕业后,去一家汽车公司应聘。和他同应聘的三四个人都比他学历高,当前面几个人面试之后,他觉得自己没有什么希望了。但既来之,则安之。他敲门走进了董事长办公室,一进办公室,他发现门口地上有一张纸,弯腰捡了起来,发现是一张渍纸,便顺手把它扔进了废纸篓里。然后才走到董事长的办公桌前,说:"我是来应聘的福特。"事长说:"很好,很好!福特先生,你已被我们录用了。"福特惊讶地说:"董事长,我觉得前几位都比我好,你怎么把我录用了?"董事长说:"福特先生,前面三位的确学历比你高，且仪表堂堂，但是他们眼睛只能'看见'大事，而看不见小事。你的眼睛能看见小事，我认为能看见小事的人，将来自然看到大事，一个只能'看见'大事的人，他会忽略很多小事。他是不会成功的。所以，我才录用你。"福特就这样进了这个公司，这个公司不久就扬名天下，福特把这个公司改为"福特公司"，也相应改变了整个美国国民的经济状况，使美国汽车产业在世界上独占鳌头。这位福特就是今天"美国福特公司"的创造人。

单元2　求职策略

【想一想】

如果被一个单位录用，报到前应该做哪些准备呢？

【学一学】

一、面试时控制紧张情绪的方法

1. 转化控制

不要把一次应试得失看得太重，要洒脱些；同时暗示自己，其他的应试者也同样会紧张；最后要想到，此处不留人，自有留人处。

2. 冷化控制

挺直腰，身体微微前倾，四平八稳地坐在椅子上，做深呼吸；或用机械的方法自控，如咬紧嘴唇、手捏肌肤等，这样触觉刺激大脑皮层引起强烈的兴奋，对已有的情绪兴奋起到诱导作用，从而达到冷化控制的目的。

3. 缓解控制

面试前，不断地自我鼓励，心里默念："我能行，我能行……"同时可以在手掌上写下"我不紧张"的字样，这样会使你紧张的情绪得到缓解。

4. 环境控制

在面试前可预先到达应试场所，熟悉环境可增强信心，或找亲朋好友搞几次模拟面试。做好充足准备，可清除临场的紧张感。

5. 节奏控制

一是不要急着回答问题，主考官问完后，不妨稍等几秒钟再开口；二是掌握说话节奏，不能太快，万一出错会乱了阵脚，造成心理紧张，也不能太慢，太慢会让主考官听得不耐烦，既而又引起你的慌乱。

6. 泄露控制

经过以上努力，仍不能缓解紧张，最明智的办法是坦白告诉主考官，例如说："对不起，我确实有些紧张，可不可以让我先冷静一下，再回答您的问题？"通常主考官都会理解你，并因你的诚实、真诚产生良好的印象。而你也因为讲了出来，觉得舒服多了，因而紧张程度大大减轻。

二、如何控制求职的不良情绪

一个人过分情绪化的心理是不成熟的表现，大学生在求职时能够管理好自己的情绪可以为你提供更多的成功机会。在走向就业和职业成功的道路上，往往最大的敌人并不是缺少机会或是资历浅薄，而是缺乏对自己情绪的控制能力。愤怒时不能遏制怒火，使周围的合作者望而却步；消沉时放纵自己的萎靡，把许多稍纵即逝的机会白白浪费。因此，大学生在平时要注意克服不良情绪，不良情绪包括：恐惧、仇恨、愤怒、嫉妒、抑郁、紧张等。

为了提高大学生的心理健康水平，保证求职择业的顺利进行，学校不仅应当积极排除毕业生择业期间可能出现的种种心理障碍，而且还应及早进行心理锻炼和思想教育，促使他们在校学习期间就努力形成正确、健康的择业心态。

1. 正视现实

现实的是客观的，既有利于自己的一面，也有不利于自己的一面。应该看到我国目前生产力还比较落后，社会为大学生提供的工作岗位不可能使人人满意。供需形势也不平衡，边远地区、艰苦行业、基层和第一线急需人才。另外，我国毕业生就业市场还不规范，不公平竞争依然存在。这些都是客观现实，大学生应该面对这些现实，一切从实际出发，正视现实，既不抱幻想，也不逃避现实。

正视现实还包括正视自身，一个不能正确认识自己的人，不可能把主观愿望和客观现实有机地结合起来。正视自身，包括对自己的思想表现、专业学习状况、各种能力、身心素质等有一个客观的认识。对自己有充分的认识，有助于将主观愿望与客观实际结合起来，确定恰当的就业目标。

2. 敢于竞争

毕业和就业制度的改革，为毕业生和用人单位提供了"双向选择"的机会，使大学生能够根据国家赋予自己的权利，结合自己的专业、爱好、性格、特长、愿望等挑选工作岗位，可以通过适当的途径和方式展示自己、推荐自己。大学生应该珍惜这个机遇，敢于竞争，努力实现自己的抱负。敢于竞争，首先要有竞争意识。大学生应该有青年人的朝气和锐气，要敢想、敢说、敢干、有敢为天下先的精神，不能唯唯诺诺、胆小怕事。敢于竞争，就要从实际出发，充分考虑到自己的专业、性格、气质、爱好等,扬长避短,发挥特长。敢于竞争,要靠真才实学,而不能靠纸上谈兵,更不能互相拆台或互相嫉妒。竞争应是在互学、互勉、共同进步中展开。

3. 不怕挫折

求职择业的竞争,失败在所难免。有了充分的思想准备,尤其是做好遭受挫折的思想准备,才会成为竞争中的强者。

遇到挫折,要认真分析失败的原因,是主观努力不够,还是客观条件不具备?认真分析,才能心中有数,更好地调节心理。在1997年某学院组织的"双向选择"中,一名品学兼优的女毕业生屡遭失败,她伤心地哭了,但她并没有就此罢休,而是越挫越勇,终于如愿以偿。

4. 放眼未来

社会为大学生择业提供了"双向选择"的机会,多数大学生可以通过"双向选择"获得较满意的职业。

要看到不管怎样,择业是自己生活的起点,全身心地投入,才能使自己成长、发展、充实,从而实现人生的目的,实现服务于社会的目的。

要认识到基层是锻炼人的最好地方。我国的现状是大城市、大机关、科研单位、高校人满为患、人浮于事;基层却是人才匮乏。基层为大学生施展才华提供了有利条件。大学生要想成才,没有什么捷径可走,只有立足基层,才能有所作为。

要看到边远地区与发达地区的差距正在缩小,边远地区采取了很多吸引人才和有利于人才成长的措施。有理想、有抱负的青年大学生,应该怀着一腔热血,到祖国最需要的地方去建功立业、奉献青春。

要看到我国人事制度正在发生较大改革。随着市场经济的不断发展,人事制度也正在适应这一要求,越来越开放,人才流动的机会将会越来越多。首次择业未成功或未能如愿,还可以有第二次、第三次甚至更多的择业机会,人才市场将会为毕业生提供更为广阔的择业前景。

三、交谈技巧

交谈是通过语言完成人际间沟通的方式,讲究交谈的艺术,对于交谈的融洽、高效、成功具有重要作用。

(一)善于寻找话题

"万事开头难",与招聘者寒暄过后的第一句交谈最不容易,因此,常出现可怕的冷场现象。但开头又十分重要，"良好的开端等于成功的一半"，这句话用到求职交谈上再恰当不过。选择好的话题是深入交谈的基础，是纵情畅谈的开端。所谓好话题，就是双方感兴趣、能激发对方谈话欲望的话题。

那么，怎样寻找话题呢？如果场合适宜，说几句"今天天气真好"之类的话当然可以，但若不论时间、地点、场合一味地谈论天气，未免滑稽。最好还是结合所处的环境，就地取材，引出话题。首先要弄清楚，招聘者是不是把你的名字搞清楚了，有没有把你当成另外的应聘者。可以婉转地问他，收到你的履历表或推荐材料没有。如果没有收到或材料没有在招聘者身边，你可以立即补上一份。

从走进招聘者的办公室开始，就要留心办公室的总体布置，这有助于了解对方，找到双方感兴趣的话题。如果看到墙上挂有描绘体育活动的内容的画片，可以推想，你们是否对体育活动有共同的爱好？另外，周围有无纪念品？桌上摆的书，有没有你也读过的？四周还有什么特别之处？室内有无风格独特的家具？任何能引起双方共同兴趣，或能成为双方共同话题的东西，都可作为面谈开始的话题。这样的开场白并非实质性的交谈，主要是融洽气氛，为正式交谈打下基础。当然，有经验的求职者有时在"闲谈"中也能达到推销自己的目的。

话题的选择还可根据对方所从事的工作、就业等方面引出。一般来说，一个人感兴趣的东西，多是他知识储备的精华部分，可以有效地激发他的谈话欲望。有时对招聘者的情况不熟悉，受时间和环境限制又不便了解和思考，遇到这种情况可以试试下述几个寻找话题的方法：

中心开花式：面对多个招聘者时，可选择大家都关心的热点事件为题，围绕人们的注意中心引出许多议论。这些都是大家想谈、爱谈又能谈的，人人有话，说个没完，形成中心开花。

投石问路法：巧妙地借此时、此地的某些材料、事件为题，借以引出问题，进行交谈，进一步了解对方的兴趣。

循趣入题法：问明对方的兴趣，或了解对方最近正在从事的活动，循趣生发，顺利地引入话题。

当然，话题的选择还要看对象。对不同的对象所选择的话题和所使用的言语口吻也应有所不同。

（二）善于控制话题

求职面谈，既不同于个人独处时的自言自语，也不同于当众演讲，而在于相互间的呼应。求职者为达到说服对方、推销自己的目的，必须积极参与交谈，注意对话方式，适时调控面谈的进程。

1. 语言含蓄、机智，谈话要富于幽默感
2. 注意谈话的语气、声调和速度
3. 尊重对方
4. 注意对方的反应
5. 应答要诀

（1）把握重点、言简意赅
（2）确认提问内容，切忌答非所问
（3）有独到见解，别具风格
（4）要知之为知之，不知为不知

（三）善于转移话题

恰当地提出话题，主动地控制话题，是交谈成功的重要条件。但在某种情况下，也需要巧妙地转移话题。

1. 转移话题时机

在两种情况下需要转移话题。一是所谈内容与自己求职无关，而对方却谈兴正浓；二是察觉到对方不愿听下去的暗示。

也有的专家指出，只要在面谈过程中不影响求职效果，尽管对方谈的离题太远，也不必转移话题。

2. 转移话题技巧

无论哪种情况，转移话题都要遵从自然、邻近、及时和超越的原则。所谓自然，就是借助一点遮掩，分散对方的注意力，使其注意中心发生转移，自然而然地离开原来的话题，进入新的话题。所谓邻近，是指在原话题邻近的范围内选择新的话题，转移不要太大；及时，则是指抓住转移话题的机会，一般是在一个问题刚提出来还未展开时就机敏地把话题岔开；而超越则是要求新话题比原话题更具吸引力。

比如，对方谈话离题太远，不利于推销自己，遇到这种情况，也不必硬着头皮听下去，更不能自顾自地谈自己的问题，而要通过巧妙的方式把话题转移到有利于推销自我的方面来。你不妨说："您说的这件事很有趣，以后一定向您请教，我想同您谈谈……"这样既中断了与你求职无关的话题，又使谈话回到推销自我的正题上来。

提问也是转移话题的一个好方法。当对方离题太远，影响实现求职目标时，就可以通过提出一个富有启发性的问题，自然地引出双方感兴趣的话题。

(四)注意倾听

绝大部分人认识到了谈话的重要性,在表达自己意愿方面很下功夫,在面谈时倾向于以自己的观点来影响对方,而忽视了听对方讲话或把听人讲话看得过于简单。其实,并不是每个人都会听别人讲话。听,并非只是简单地用耳朵就行了,必须用心去理解,并且积极地做出反应。听与说同样都是自我推销的重要手段。

据心理学家研究,人们说话的速度是每分钟120～180个英文单词,而思维的速度则是说话的4～5倍,所以对方还没说完,我们就已经知道他所要说的全部意思。这时思想就会开小差,同时会表现出心不在焉的下意识动作或神情,甚至对对方的谈话充耳不闻。因为这种原因而失掉工作,不乏其人。

可见,善于倾听,是面谈成功的又一个要诀。那么,怎样听人讲话才能达到推销自己的目的呢?

1. 耐心

有时一个普通话题,你已经知之甚多,但对方却谈兴很浓,出于尊重,应保持耐心,不能表现出不耐烦的神色,更不能东张西望、看书看报,在求职面谈过程中这一点特别重要。面谈目的是让对方了解你、信任你、接受你,而不是与对方比智力的高低或学问的深浅。所以要尽量让对方讲完,不要轻易打断或插话。如果你认为你对问题了解得更清楚,就接过话头,不顾对方的想法而发挥一通,这是不尊重对方的表现。如果确实需要插话,应先征得对方同意,用商量的口气问一声:"请等一等,让我插一句",这样可以避免对方产生认为你是在轻视他或对他的话不耐烦的误解。

2. 专心

听音乐时可以仰望天花板、用手敲击桌子或用脚尖有节奏地点击地板,但听招聘者讲话这些姿势是万万不可有的。求职者应全神贯注,始终保持饱满的精神状态,专心致志地注视着对方,以表明你对他的谈话感兴趣。在对方谈话过程中,你应不时发出表示听懂或赞同的声音。如果你一时没有听懂对方的话或有疑问,不妨提出一些富有启发性或有针对性的问题,这样不但使你的思路更明确、对问题了解得更全面,而且对方在心理上也会觉得你听得很专心,对他的话很重视,会产生"酒逢知己千杯少"的感觉,你的自我推销也因此变得更容易。

3. 细心

细心也就是要具备足够的敏感性,善于从对方的话语间找出他没有表达出的意思,即理解对方的"弦外之音"。同时了解招聘者对你的话是否真的理解,对你谈的内容是否感兴趣,并以此作为调整自己谈话内容的根据。

下面是求职者正确倾听的五种方法,做到了这五个方面,你就会成为一个优秀的"倾听者"。

一是采取适合倾听的姿势。

首先,身体要稍微向前弯曲,倾向招聘者,以缩短与谈话者的距离,表示对他的话有兴趣。其次,用各种身体语言来回答招聘者的问题,表明你的机敏性。再次,姿势要自然、放松,不要出现用手捂嘴巴、两手抱着胳膊、双手抱膝或双手在胸前交叉等姿势。这些姿势表示排斥、拒绝或显示内心紧张。

二是用眼睛帮助倾听。

眼睛是心灵的窗口,透过人的眼睛可窥测到其内心世界。人的目光是多种多样的,有严厉的,也有慈祥的;有凶狠的,也有友善的;有灼人的,也有胆怯的。眼睛究竟反映何种情感和力量,在于如何使用眼睛,在于看的时间、眼皮睁开的程度、目光斜射以及几十种细微处理眼睛动作的方法。在听招聘者谈话的过程中,如果左顾右盼,目光游移不定,就显得情绪不安。而聚精会神地睁眼注视对方,则表示对谈话内容有浓厚的兴趣。目光可以帮助维持一种联系,通过对视还可以弥补与招聘者距离过远的不足。

三是将你的关注传达给对方。

谈话者最怕自己的话得不到听话者的反应,因此,采用适当的方法表明自己在注意倾听,可以引起对方继续讲话的兴趣。常用的方法有两种:①通过面部表情来传达。例如眉梢向上升,保持微笑,做出开口吃惊的表情,或使眼色等,都可以传达你的感情。求职者的表情反应要与招聘者的神情和语调协调。当对方的话很幽默时,你的笑声会增添他的兴致;当他说到紧张时,你屏住呼吸会强化气氛。然而,表情反应要自然坦率,动辄大惊小怪地装模作样,会显得可笑无知。②使用声音来传达。这种方法比较简单,只要用简短的话语就行了。如"真有趣!""我也这样认为""您怎么看呢?""后来怎样?""真的?""嗯!""请您继续说下去!"等。无论话题怎样单调,如果你始终表现出感兴趣的态度,就会出现意想不到的结果。

四是抓住对方谈话的要点和实质。

在听的过程中经常问问自己,是不是把问题听清了、弄懂了。千万不要自作聪明,对本来没有听清楚的问题胡乱猜测。如果不是因为注意力不集中而造成的,可以请对方再复述一遍。有时招聘者提出的问题本身就不明确,你可以用婉转、诚恳的语言提出不明确的部分,比如,你可以说"对不起,这个问题我还没听清楚",对方会进一步解释的。这样既能弄清楚问题,又能给对方以虚心、诚恳的好印象。

五是反复强化。

反复想着对方说过的话,让重点深深印在脑子里。这样,不仅可以精神集中,显示你的专注之情,而且说话的技巧也能迅速提高。

听的技巧可以通过练习而获得。除了在日常生活中注意倾听外,在家里的穿衣镜面前也可训练自己听人讲话的姿势和表情。

(五)把握提问机会

面试考场上招聘者有时候会把提问的权力交给你,应聘者不必谦让,大大方方接过来即可。同面试开始时的自我介绍一样,应聘者在面试收尾时的提问也是应聘者充分掌握主动权的一次机会,因此应聘者不仅需要通过招聘者对自己问题的回答来了解一些与申请职位以及面试相关的信息,也需要借这个机会,充分发挥自己的与众不同。

那么提些什么问题呢?应聘者可以就申请职位和本次面试提一些相关问题,在表示自己对这份工作的信心的同时,不妨流露出少许犹豫——你要让招聘者知道他的回答可能会影响你最后的决定——因为你也有选择的权利。例如:"我对贵单位领导的频繁变动感到很费解,您能告诉我是什么原因吗?""以前通过您的面试的应聘者,现在是公务员了。他们工作业绩如何呢?""如果贵单位最终录用我,而且我也接受,您认为在正式上岗前,我还需要做些什么?""是不是面试中表现出色的应聘者会优先考虑录用呢?"

应聘者提问时,还应注意以下几个原则:

①提出的问题必须能引起招聘者的兴趣和注意,使他乐意回答。

②不要反复盘问一个问题,若招聘者未做明确回答,那么他也一定有如此回答的理由。

③提问应以报考单位为中心。

④不要由于怕难倒招聘者而提一些幼稚的问题。

⑤要注意提问方式。如同开放式回答问题一样,应聘者最好采取开放式提问,不要做限定式发问,给招聘者以充分发挥的余地。

⑥提的问题不宜过多。一般3~5个就差不多了,不同问题的组合也很重要。

⑦进行诱导性提问或试探性提问时,要注意招聘者的情绪。一旦招聘者表现得不耐烦,就要及时结束提问。

⑧不要提超出招聘者学识太远的问题;不要提含混不清或易引起歧义的问

题；不要提招聘者不能或不愿回答的问题；不要提可能使自己陷于不利局面的问题。

⑨提问完要明确表示自己的提问结束，并表示诚挚的谢意。

四、面试后应注意的问题

面试对于求职者来说是至关重要的，然而许多求职者通常只注意到面试前的准备和面试中的应对，对面试后该做的事情却忽略了。

其实，面试后的工作做得好坏与否往往影响到全局，甚至改变结局。对此，有关专家给出四点建议。

1. 及时退出考场

当招聘者宣布面试结束后，求职者应礼貌道谢，及时退出考场，不要再补充几句，也不要再提什么问题（如果你认为确有必要的话，可在事后写信或回访），以免影响他人。

2. 不要过早打听面试结果

在一般情况下，招聘组每天面试结束后要进行讨论和投票，然后由人事部门汇总，最后确定录用人选可能要等3~5天甚至更长的时间，求职者在这一段时间一定要耐心等候消息，切不可到处打听，更不要托人"刺探"，急于求成会适得其反。

3. 学会感谢

面试结束以后，即使对方表示不予录用，也应通过各种途径表示感谢。如果是电话相约面试的，可以再打一个电话表示感谢；如果是通过熟人得以参加面试的，可请熟人转达谢意；如果是自己事先写求职信联系面试的，可再写一封简短热情的信表达谢意。请注意，面试后表示感谢是十分重要的，因为据调查，十个求职者有九个不回感谢信，你如果没有忽略这个环节，则显得别具一格而又注重礼节，说不定会使对方改变初衷。

4. 保持联络

面试后的一段时间里最好不要到外地旅游或办事，必须外出时要向面试单位说明并提供联系方式，以免通知你面试结果时找不到你，另一方面也能表达你的诚意。

五、如何面对求职失败

科研人员曾经做过这样一个实验：往一个玻璃杯放进一只跳蚤，发现跳蚤立即跳了出来。再重复几遍，结果还是一样。根据测试，跳蚤跳的高度一般可达它身高的 400 倍左右，所以说跳蚤可以称得上是动物界的跳高冠军。

接下来实验者再次把这只跳蚤放进杯子里。不过这次是立即同时在杯上加一个玻璃盖，"嘣"的一声，跳蚤重重地撞在玻璃盖上。跳蚤十分困惑，但是它不会停下来；因为跳蚤的生活方式就是"跳"，一次次被撞，跳蚤开始变得聪明起来，它开始根据盖子的高度来调整自己所跳的高度。再一阵子以后呢，发现跳蚤再也没有撞击到这个盖子，而是在盖子下面自由地跳动。

一个小时后，实验者开始把这个盖子轻轻拿掉，跳蚤不知道盖子已经去掉了，它还是在原来的这个高度继续地跳。三个小时后，实验者发现这只跳蚤还在那里跳。

一天以后发现，这只可怜的跳蚤还在这个玻璃杯里不停地跳着——其实它已经无法跳出这个玻璃杯了。

在求职过程中，有许多人也在过着这样的"跳蚤人生"，屡屡去尝试追求成功，但是往往事与愿违，屡屡遭到失败。几次失败以后，他们便开始抱怨这个世界不公平，怀疑自己的能力，一再地降低成功的标准——即使原有的一切限制已取消。就像刚才的跳蚤，虽然玻璃盖被取掉，但它早已经被撞怕了，不敢再跳，或者已习惯了，不想再跳。人们往往因为害怕成功高度的限制，而甘愿忍受失败者的生活。

难道跳蚤真的不能跳出这个杯子吗？绝对不是。只是经过几次碰撞，它的心里面已经默认了这个杯子的高度是自己无法逾越的。

让这只跳蚤再次跳出这个玻璃杯的方法十分简单，只需拿一根小棒子突然重重地敲一下杯子；或者拿一盏酒精灯在杯底加热，当跳蚤热得受不了的时候，它就会"嘣"的一下，跳了出去。正如兵法上所说："置之死地而后生。"

1. 求职失败后可以采取的措施

大学毕业生在求职择业中，不可能一帆风顺，一路绿灯，很多时候也会遭遇各种各样的挫折，如被用人单位拒绝，遇到"红灯"等，遇到挫折，要认真分析原因，是主观努力不够，还是客观要求太高？只有认真分析，才能心中有数，以便更好地调节心理，采取相应对策，使应聘求职"柳暗花明"，获得成功。

（1）坦然面对暂时失利

初次求职出师不利，遭到用人单位的拒绝，对求职者来说，无疑是一件不愉快的事，但作为一个思想上成熟的大学生，也应将它看作是一件正常的事，事先在精神上对此必须有所准备。如今的就业，是一种双向选择，一厢情愿是不现实的。所以，大学生对初次求职失利，应抱着一颗平常心，坦然面对现实。

（2）锲而不舍，知难而上

初次求职就遇"红灯"，吃了闭门羹，受到冷遇，这无疑是对大学生求职择业的一大考验。俗话说得好："宁可一点挖井，不可随处挖坑。"如果你确实看中某个单位，不妨千方百计地去做一番努力，而不要轻易放弃。

（3）以退为进，屈尊低就

当你因为求职条件太高，碰了钉子后，就要以退为进、屈尊低就，降低自己求职标准无疑是明智的选择。

2. 消除求职失败后的心理阴影

不要因屡次被拒绝而灰心丧气，认可你的情感，但不要沉湎于其中；选择行动，而不是自怜。

上学的时候，你有没有最后一个被挑选到活动的队伍中？如果有，你会很熟悉那种等待被选和没有被选中的感觉。应聘面试会给你带来同样的心情，尤其当你求职失败时，整个过程中，你都忐忑不安，期待着有一天这份工作会属于你；然而事非所愿，你收到一封公函，说你没有被选中。其实这样的事情对一个刚准备迈出校园的大学生来讲很正常，相对于漫长的职业生涯可能遭受的挫折，这一次无足轻重，还会有很多新的机会等你去尝试。

3. 调整求职应聘策略，重新选择用人单位应聘

求职者在经历一次或数次应聘失败后，认真分析了失败的原因，从中吸取教训后，就应当尽快调整自己求职应聘的策略，提高自己成功的概率。在求职应聘时，要尽可能选择更适合自己的职位。求职者应从自身的实际出发，端正就业态度，转变择业观念，实事求是地选择适合自己的用人单位及职位报名应聘。只有这样，才可能取得求职应聘的成功，顺利实现就业愿望，在各自的就业岗位上充分发挥聪明才智。

六、报到

（一）报到的时间及材料

什么时候去报到？报到的时候需要带什么材料？这两个问题是大学生在报到的时候最关心的问题。

1. 报到的时间

按照教育部的规定，高校毕业生的报到期限为1个月，同时要以协议或报到约定为准。大学生应该遵守报到的时间，在规定的时间内去用人单位报到。

2. 报到的材料

大学生在报到的时候需携带以下材料。

（1）报到证

本专科毕业生须持《全国普通高等学校本专科毕业生就业报到证》，研究生毕业生须持《全国普通高等学校毕业研究生就业报到证》。用人单位凭报到证办理接收手续和接转档案、户籍关系的迁移手续。

（2）毕业证和学位证

自主择业的毕业生由毕业生本人携带毕业证和学位证。

（3）户籍关系

自主择业的毕业生的户籍关系，由毕业生本人在学校主管部门办理迁移手续后，自行携带，到接收单位办理转入关系的手续。

（4）档案关系

所有毕业生档案均不得由毕业生自己携带，而是由毕业生档案具体管理部门进行认真审核后，在毕业生离校后两周内，按照机要文件的要求，统一寄送到毕业生工作单位所归属的人事档案管理部门。

（二）报到时可能遇到的问题

在报到的过程中，可能出现种种意外的情况，从而影响到大学生的正常报到。大学生应该重视可能遇到的各种意外情况，积极应对。

1. 用人单位是否履行合同

大学生在报到时，要注意用人单位履行合同的情况。近些年来在大学生报到过程中出现的问题表明，有一部分用人单位在毕业生报到后，往往不能完全履行合同，侵害了大学生的权益。主要表现在以下几个方面：一是随意调换工作地点；二是降低工资水平和福利待遇；三是户籍问题不予解决；四是任意调换岗位；五是强迫缴纳押金或是扣押重要证件等霸王条款。如果遇到上述情况，大学生应该据理力争，以合同为法律依据，维护自己的合法权益。

2. 报到证遗失或损毁

如果大学生遇到了报到证遗失或损毁的情况，应及时向学校主管部门提出申请，然后由学校主管部门上报上级主管部门予以补发。

3. 毕业生报到时接收单位拒收

大学生与用人单位签约具有法律效力，双方必须严格遵守。如果用人单位发生了严重变故，如企业破产、削减编制、转产等，而无法继续接收大学生时，用人单位必须向学校出具退函，以便毕业生重新联系其他单位就业。

4. 毕业生未能按期报到

毕业生应在规定的时间内报到。如果由于不可抗拒的原因，如生病、外出遇灾未归等无法按期报到，应采取信件、电话、电报、传真等方式向接收单位说明和请假。如果逾期不报到，又未向接收单位说明和请假的，就可能出现接收单位拒绝接收的情况。

5. 毕业生因表现不好被接收单位退回

如果毕业生在报到以后，由于工作表现不好而被用人单位退回，学校将把其档案、户口等关系转回家庭所在地，按社会待业人员处理。

【测一测】

头脑反应速度测评

测评目标：头脑反应速度

测评题：

1. 假设三只猫在三分钟内，杀死三只老鼠，请问一百只猫，最多要花费多少分钟杀死三只老鼠？

2. 我的手掌中握有两枚硬币，总值六角；其中一枚不是镍币，请问这二枚硬币是哪种硬币？

3. 一个大人带着一个小孩；小孩是那个大人的儿子，大人不是小孩的爸爸。请问这两个人是什么关系？

4. 下面两种数学式的读法，你认为哪种是对的？

（1）八加八是十五。（2）八加八等于十五。

5. 男人娶他的寡妇的姐妹为妻，是否合理？

6. 一只猴子陷落一口三十尺深的枯井中。如果它每天能够向上爬三尺，再向下滑二尺，以这种速度，它何时才能到达井口？

7. 抽屉中有十双黑袜子和十双白袜子。假如你在黑暗中开抽屉，伸手拿袜子，请问至少要拿出几只袜子，才能确定拿出一双袜子？

8. 在三个苹果中，你拿走了两个，请问你得到了几个苹果？

9. 火车还有两分钟就要开了，车站与我家的距离是2千米。如果我从家里出发以每小时30千米的速度跑完第一个"1千米"。请问剩下的"1千米"路，我应该以多快的速度奔跑才能赶得上火车？

10. 有一个魔术盒子，里面装了几个鸡蛋；魔法一施展，每分钟鸡蛋的数目就增加一倍；一小时整，盒内盛满了鸡蛋。请问几分钟时盒内为半满状态？

11. 一位牧羊人有十七只羊，除了九只外，全部死光了，请问他还有几只羊？

12. 一位顾客到香烟摊上买二十元香烟，取出五十元大钞一张给摊贩，摊贩没有零钱,就拿这五十元到药店向伙计换了五张十元钞票,由其中抽出三张十元钞票交给那位顾客。不久,药店伙计举着那张五十元大钞,告诉摊贩说是伪钞,摊贩仔细检查,果然是伪钞,于是另外取出一张五十元大钞给伙计,请问摊贩总共损失了多少?

13. 池塘中许多鸭子在游泳,请问最少要多少鸭子才能排出下列阵式队形:一只鸭子前面有两只鸭子,一只鸭子后面有两只鸭子,两只鸭子当中有一只鸭子。

14. 假设一打邮票共有 12 张,请问一打一元(五角的两倍)邮票共有几张?

15. 河的东岸只有一只小船,最大载重量只有二百磅。有一位体重二百磅的先生带着两个体重都是一百磅的小孩,三人居然利用这条船,渡达西岸,请问他们采用了什么方法?

16. 十本英文书依序并列由左至右排在书架上,每本书厚一百页共一千页,一条书虫由第一本书的第一页吃到最后一页,它总共吃了几页?

17. 一位考古学家宣称:他找到了一枚标着"公元前六百四十九年"字样的银币。你相信吗?为什么?

18. 两列火车在相距100千米的同一条铁轨上,相向而行;一辆速率为每小时 60 千米,一辆为每小时 40 千米。同时有一只蜜蜂以每小时 25 千米作直线飞行,问当火车相撞时,蜜蜂飞了多远了?

19. 两辆同样容量的卡车,一辆装满了五角铜币;另一辆盛一元镍币半满,哪辆车钱较多。

测评标准:

1. 三分钟。

2. 一枚五角铜币,另一枚是一角镍币。

3. 母子。

4. 两种说法都不对!八加八等于十六。

5. 这个男人已经死了,所以不合理。

6. 第二十八天。

7. 拿三只袜子。

8. 两个。

9. 不用跑了,火车已经开了。

10. 五十九分钟时。

11. 九只羊。

12. 一包二十元的香烟及三十元。

13. 三只鸭子排成一列纵队。

14. 仍是十二张。

15. 两个小孩先划船过河，一个小孩把船划过来让大人独自划过，另一个小孩再把船划回来载人一起过去。

16. 吃了八百零二页。

17. 不相信！耶稣以后，才开始定"公元"。

18. 二十五里。

19. 装五角铜币的。

每答对1题给1分，答错题不扣分，然后计算你的总分。

测评分析：

得分在13~19分者，你的反应速度相当了得。

得分在7~12分者，你的反应速度尚可。

得分在0~6分者，你需要提高自己的反应速度了。

【做一做】

在等公交的过程中，试着和你不认识的人寻找话题而交谈。

【看一看】

原来可以"不舍也得"

一个风雨交加的夜晚，某人驾车经过一处乡村公路时，看到有三个人正在等公共汽车：一个是患了重病的老太太；一个是曾救过他一命的医生；一个是他心仪已久的女郎。而此人的车只能搭载一人。问：此人第一个应该搭载谁？

很显然，三个人之中，只有老太太与驾车人无关。剩下的两个人当中，按说，应该搭载医生，知恩必报正是我们中华民族的传统美德。无论是哪一位被测试者，大概都不会同意搭载女郎，虽然，这很可能是一场浪漫爱情的天赐机缘。

如果你是那个司机，你可能只能忍痛割爱，无法搭载女郎将是你心里最大的遗憾，你只能把这种遗憾埋藏在心里。当然，你其实也不能搭载医生，你得和医生讲清楚，请他原谅，希望他支持你搭载那个老太太，把她送到医院，让她得到及时的治疗。

一定会有很多和你受过同等教育的人做出同样的选择。

是的，关键时刻，舍小家保大家，牺牲自我成全他人，是我们一贯推崇的道德准则，许多年来，我们的思想和道德一直行走在这条轨道上。

觉得自己的选择虽有点悲壮，但很神圣，迫不及待地翻找答案。

然而答案却出乎你的意料：把钥匙交给医生，让他送老太太去医院，你自己陪心爱的女郎一起等公共汽车。

原来，做好事、报恩、和自己心爱的人在一起，竟然是可以兼顾的，只要我们找到一个切入点，崇高和世俗竟然是可以兼得的"鱼"和"熊掌"。

崇高不是作秀，并不一定要毫无意义地选择最悲壮的自我牺牲。很多时候，我们会被固有的思维模式抑制了智商，错过了"就在那里"的简单道路，与最佳的解决方案擦肩而过。

同样是选择崇高，其实也可以有更好的途径。

"不舍也得"，完美的"得"是一种智慧，更是一种对善良的褒奖。（资料来自网络）

职业素质反思：

怎样提升自己的工作态度和执行力水平？

6-1-1　自我评估　　6-1-2　自我评估　　6-2　自我反思

模块七 学会适应

知识目标：

熟悉职业角色和职场文化的概念；掌握学生角色向职业角色转换的方法；了解职业角色策略；了解企业文化的作用；掌握适应企业文化的方法。

能力目标：

具备融入职场文化的人际关系能力。

素质目标：

培养适应职业角色的意识，树立正确的职业道德与职业精神。

单元1 如何适应职业角色

【想一想】

你看过《士兵突击》这部电视剧吗？如果没看过建议了解一下剧情。许三多是怎么成长起来的？

【学一学】

一、角色与角色转换

（一）角色内涵

所谓"角色"，是指一个人的社会身份和所处的社会地位，以及遵循对应该身份和地位的行为模式和规范。在社会生活中，每个人都履行着不同的社会义务，遵循着不同的社会规范，从而扮演着不同的社会角色。

对社会角色认识得越清晰、越全面，就越能顺利地实现角色的转换，越符合社会的期望。角色认识过程既是认识自己、认识他人、认识社会的过程，也是通过自己所担任的角色，让他人和社会了解自己的过程。

（二）角色转换

社会学认为，角色转换是人们伴随着身份角色和社会位置的变化而发生的思想观念和行为模式的转换。对大学毕业生来说，角色转换就是从大学生的身份和社会位置转为社会公民（职业者）的身份和社会位置时，所发生的思想观念和行为模式的转换。任何角色的扮演都是一个过程，都要经过角色期待、角色领悟、角色实践三个阶段，而角色转换同样要经过这三个阶段。

角色期待也叫角色期望，它是指社会对某一角色的期望和要求；角色领悟是角色扮演者对其角色规范和角色要求的认识与理解；角色实践也叫角色行为，它是角色扮演者的实际活动和行为，是角色领悟的发展。如果说角色期待是一种社会意识，是一种外在的力量，那么角色领悟则是一种个人意识，是角色的内在力量，而角色实践则是由个人意识转变成个人的社会行为过程。

（三）职场适应

角色转换是一个职场适应的过程。从现实看，人与职业的匹配是相互的。职业的适应性应该从人与职业两方面看，对于个人而言，它特指人的个性特征对其所从事的职业的适应程度。对于职业活动而言，通常指某一类型的职业活动特点与人的个性特征有机统一的程度。一个人对职业的适应程度如何，主要取决于其自身的基本素质，人在适应职业的过程中，居主导地位并发挥主要作用；而职业对人的要求则是以其不断变化的工种、岗位、技能等为前提，要求人与之相适应。实际上，每个人与所从事的职业之间既有相适应的一面，又有不适应的一面，二者之间的适应是一个渐进的过程，只能在不断磨合的过程中达到和谐与统一。

二、学生角色与职业角色

（一）学生角色

大学生大多处在18~22岁这一年龄阶段，是人生中增长知识、发展智力、求学成才的关键阶段。大学生的中心任务是努力学习以专业知识为主的多方面知识，培养以专业能力为主的各种能力。因此，这是一个接受教育、储备知识、培养能力的重要阶段。另外，由于大学生以学习为主，经济上主要依靠家庭。

（二）职业角色

职业角色扮演者具有：一定社会职位和职权；相应的职业规范；一定的基础知识和业务能力；履行一定的义务，担当社会责任；经济独立。

三、学生角色向职业角色的转换

（一）毕业前夕的角色转换

毕业前夕是择业的黄金季节。毕业生通过与用人单位"双向选择"的过程，可以加强对用人单位的了解，合理地考虑自己的职业定位，进而通过签订就业协议书来确定自己的职业角色。

毕业生在与用人单位接触的过程中，能够比较全面地了解到用人单位的基本情况，切身体会到社会对自己的认可程度，并依据自身感受调整职业期望值，实事求是地定位自己的职业。这是从学生角色向职业角色转换的第一步，这为大学生的职业角色确定了一个基调，对角色的转换将产生深远的影响。

毕业生应提前奠定良好的心理基础和知识技能基础。一般来说，在校学习期间的学习环境、学习条件、时间和精力、技能的训练都是最为理想的。因此，从就业协议书签订到毕业离校这段时间，是有针对性地学习知识、培养能力进而转换角色的最佳时期。在这段时间内，除了按照学校正常教学计划完成课程的学习、顶岗实习和毕业设计外，还应该进行如下学习和训练：

1. 学习与未来工作岗位有密切联系的专业知识和专业技能

大学的课程设置总体上偏重于基础知识的学习和基本技能的培养，对涉及特定岗位上所需要的专业知识和技能不可能面面俱到。同时，通过学习和训练，还可以加深对未来职业岗位的认同，培养职业兴趣。

2. 进行非智力因素技能的训练

大学毕业生智力上的相差并不太大，而非智力方面的技能却是影响毕业生择业、就业和创业的重要因素。毕业生要敢于表现自己，克服在公众面前"害羞"和"胆怯"等人格心理方面的不良现象，这是给人留下良好印象的前提和关键；还要善于表现自己，主要是书面表达能力和口头表达能力的提高。在与人交往的过程中要诚恳而不谦卑，自尊而不自傲，不急不躁，以富含感染力的幽默语言来展示自己的能力和素质。

3. 进行必要的心理准备特别是"受挫准备"

过硬的职业技能对职业成功固然重要，充分的心理准备更是不可缺少的。一般来说，事业不会是一帆风顺的，如果心理准备不足，就会产生过激情绪，导致能力低下，在愤世嫉俗的言行中使自己的才华泯灭。因此，在校期间要充分做好心理上的"受挫准备"。在事业顺利的时候不沾沾自喜，以平常心对待工作上的平淡、无为和不被重用；在屡试屡挫的境地中屡挫屡试，不懈追求；在似乎"一文不名"的地位上奋发向上，这是事业成功者的必备素质。

（二）见习期内的角色转换

大学生参加工作后的几个月或半年为见习期，之后转为正式人员。工作后的职业环境与大学相比，都有很大区别。高校大多位于大中城市，学习和生活条件比较优越，自由支配时间比较多，节奏也比较缓和，压力较小；而众多的职业岗位不一定在城市里，有的在偏僻的山沟里，有的在茫茫的戈壁滩上，环境相当艰苦。由于工作繁忙，经常需要加班加点，属于自己的时间越来越少。从大学学习环境到职业环境的变化，往往会加剧角色冲突。为此，大学毕业生应该加强见习期内的角色学习，使角色转换顺利实现。

一般来说，大学生要在较短的时间内获得同事的认同和领导的肯定，应当从以下三个方面提高和锻炼自己。

1. 要善于运用自己的知识

在大学期间学到的理论知识，关键在用，要善于发现、创造知识应用的机会，这样才能在实践当中不断提高自己。

例如，可以利用工作机会，特别是当同事在工作中遇到麻烦时，以谦虚诚恳的态度从理论上提出自己的见解，共同商讨，共同解决问题。也可以利用业余娱乐机会，发挥自己的知识优势。在交流中让同事了解你的为人和性格，表明自己的世界观、人生观和价值观，缩短与同事间的距离，成为大家的朋友。

2. 要树立责任意识

多数人在走上工作岗位之初，一般不会被委以重任，而是先从最简单的辅助性工作做起，这也符合人才成长的基本规律。但是，有不少人凭着对工作的新鲜感和学识上的优越感，认为自己被大材小用了，对一些工作不愿意干，甚至开始闹情绪。其实，这是缺乏责任意识的表现，干任何一项工作，都要有足够的热情，更要有丰富的经验和随机应变的能力。这种经验和能力的获得并非一朝一夕之功，它需要在平时的工作中积累和训练。显然，凭借热情和情绪工作是对工作的不负责任。因此，不管工作的大小、分工的高低，大学生都要以满腔的热情、高度的事业心和责任感认真对待，圆满完成。

3. 要培养严谨务实的工作作风

大学毕业生具有较强的自尊心和自立意识，在工作上总想独当一面，取得成就。尽管很多人对待工作的态度是认真谨慎的，但在很多时候，工作中还是难免出现失误。工作失误并不可怕，可怕的是不能正确地认识失误，不能实事求是地去承认失误。如果工作中一旦出现了失误，就要认真地分析原因，总结经验教训，找准失误点；同时要敢于向领导和同事承认，开展批评和自我批评，并勇于承担责任，以获得领导和同事的理解；另外，要虚心学习、请教，总结经验教训，防止避免类似失误再次发生。

四、角色转换过程中的不适应

（一）理想与现实的冲突

大学校园里的生活相对来说是比较单纯和清静的。习惯了这种环境的大学生们，在刚刚参加工作之初，由于自身的阅历、素质、知识水平和适应能力的限制，加上社会对大学生的期望要高于一般的人，因此，难免会产生一些矛盾和不适应的现象，使得许多毕业生在工作上遇到种种困难和挑战。

大学生在学校所接受的几乎全是正面的、健康的教育，所以其世界观、人生观和价值观的形成和发展都是比较顺利的。但是，由于他们的社会阅历比较浅，所以对社会、对人生价值的认识往往表现为较理想化的倾向。因此，在现实社会中，尤其是面对社会不良现象，他们既看不惯，却又无能为力，经常感到困惑和迷茫，很难使自己理想化的观念与现实社会达成一致，因而表现出理想与现实的冲突，以及理想化的行为习惯与职业角色要求之间的矛盾。

所有的大学毕业生都希望在自己的第一份职业岗位上有所作为，立志以满腔的热情换取优异的工作成绩。但对毕业生的跟踪调查表明，大学生工作后大多对现实不满意，有的毕业生表示"特别失望"。面对一些工作单位的实际情况，诸如生活环境艰苦、人际关系复杂、经济收入微薄、工作程序单调、管理方式落后和生产试验设备陈旧等因素产生的消极负面影响，不少的毕业生由满腔热血转而大失所望，工作的积极性踪影皆无，原本美好的愿望也化为泡影。

（二）自身素质难以应对社会职业的需要

我国经济步入全球化的战略格局，对高素质综合性人才的需求就更为迫切。

因此，大学毕业生不仅要有扎实的专业知识、较强的实际操作和一定的组织管理能力，更要具有勇于开拓、锐意进取的创新精神。然而，一些大学生毕业面对社会职业的实际需要，深感自己的综合素质远远不能胜任所从事的工作：现有的知识智能结构不够丰富和合理；书本知识和实际问题相差太远，而且很难有机地结合起来。

五、适应职业角色的策略

（一）树立独立意识

学生角色的经济不独立性及社会责任的不完全性，决定了大学生对家庭、学校的依恋性。走上工作岗位后，大学生已经成为社会认可的具有独立资格的真正的社会人，在生活上要自理，尤其是在工作上要独当一面，承担一定的社会责任。

（二）树立主人翁意识

大学毕业生多数要参与生产、管理和决策等实践活动，对所在的单位和部门承担更多的社会责任和义务。一个人工作成绩的好坏，不仅和自己的前途有着密切的关系，而且与单位和部门的兴衰荣辱休戚相关。因此，大学生要牢固树立主人翁意识，以国家兴旺、民族强盛和单位发展为己任，立足本职，做好工作。

（三）树立学习意识

大学毕业已经具备了获得职业技能的基础条件，即比较扎实的基础知识和专业知识。但是社会角色的适应过程是一个自我不断学习、不断完善的循序渐进的过程。初到工作岗位，自身的知识量不一定足够大，知识结构并不一定合理，工作起来难免有些左支右绌。因此，大学生要根据职业的特点、性质、工作程序及其相互关系，虚心向有经验的技术人员、领导、师傅和同事学习，学习他们观察问题、分析问题和解决问题的方法，不断丰富自己的专业知识，提高自己的专业技能，最终达到自我完善。研究数据显示，在大学期间所掌握的知识，30%左右是在工作中能用得上的，70%左右属于备用的知识。因此，大学生在工作岗位上所用的知识大部分需要随时学习和充实。知识经济时代，知识更新和产生的步伐加快，毕业生必须不断地更新知识，开阔视野，以适应新的形势。

除了根据自身情况需要补充和学习必需的专业知识外，还应注意：尽快地从学生学习生活的模式中解脱出来，全身心地投入到工作岗位中去；面对新的环境，凭借青年人的朝气和锐气，认真训练职业技能，细致工作，尽快适应职业需要；要甘于吃苦，树立战胜困难的意志力；要开动脑筋，善于观察，勤于思考，逐步培养独立开展工作的能力，更好地承担职业角色。

（四）树立责任意识

责任精神，体现一个人的职业素质；落实责任，表现一个人的执行能力。归根到底，负责任，是一个人做事的基本原则。麦当劳创始人雷蒙·克罗克说："我总是相信，一个人的幸福由自己去创造，自己的问题由自己负责，这是一个简单的哲理。"

责任是企业的生存之本，也是个人的成功之本，对工作负责才能对自己的人生负责。然而，现实中有不少员工把薪水作为他们选择工作的标准，把工资高低作为衡量工作好坏的尺度，我们常常可以听到这样的抱怨："我们辛辛苦苦地工作，就为这点钱，要那么卖命吗？""市场经济讲究等价交换，拿多少钱，干多少活，我要对企业负责了，那不是给人家白干活了吗？"这些人往往会想反正老板给的也不多，所以只要能应付老板就万事大吉，没必要那么认真勤奋。这便是打工者的"哲学"，这种哲学在现实中无处不在，他们希望干最少的活，拿最多的钱。他们的"人生信条"是：老板给多少钱，我就干多少活，这样才不吃亏。至于对企业负责，那是老板才要考虑的问题。可事实真是如此吗？对工作负责就是对自己负责，你"敷衍"工作，工作也会"敷衍"你。实际上，做"演员"是很累的，与其把大部分时间放在精心策划的"表演"上面，还不如踏踏实实地做点事情。但凡有大成就的人，都有一个共同的特点，那就是强烈的责任感。正因为这种责任感，他们的能力不断提高，平台也不断扩大。具备担当意识和责任感的人，必然会在工作中获得更多的发展机会。在心理学中，有一个心理暗示的概念，我们平时对待工作的态度就是一种很强的心理暗示，这种心理暗示会在潜移默化中影响我们的行动，左右我们的成败。逃避责任是一种消极的心态，承担责任则是积极的心态。承担责任者的能力在责任的承担中不断增强，逃避责任者能力在逃避和推脱中日渐萎缩。所以，我们可以得出这样的结论：承担责任，弱者可以变强者，强者可以变得更强；逃避责任，强者变弱者，弱者越变越弱。

小威和孙博同时被一家汽车销售店聘为销售员，同为新人，两人的表现却大相径庭：小威每天都跟在销售前辈身后，留心记下别人的销售技巧，学习如何才能销售出更多的汽车，积极向顾客介绍各种车型，没有顾客的时候就坐在一边默记、研究不同车款的配置；而孙博则把心思放在了如何讨好领导上，掐算好时间，每当领导进门时，他都会装模作样地拿起刷子为车做清洁。他的公关技术很不错，很快就和部门领导处得跟铁哥们儿似的。一年过去了，小威潜心业务和不断学习，终于得到了回报，不仅在新人中销售业绩遥遥领先，在整个公司也名列前茅，得到了老板的特别关注，并在年底顺利被提升为销售顾问。而孙博却因为没有把公关特长用在工作上，出不了业绩，甚至好几个月业绩不达标而濒临淘汰，部门领导也因此冷淡了他，再无铁哥们儿的亲热，孙博在公司的地位岌岌可危，不久便被迫离开了。

【测一测】

人缘测评

测评说明：

1. 所谓"人缘"，即是指同领导、群众、同事、朋友的关系，那么你的人缘怎样呢？通过对下面试题的选答，相信就会有一个基本的评价。

2. 请根据实际情况，选择最符合自己特征的描述和第一印象回答，请不要作过多的思考，在符合你情况的答案前画"√"。

测评题：

1. 你最近一次交朋友，是因为：
   A. 你认为不得不结交
   B. 他们喜欢你
   C. 你发现这些朋友令人高兴、愉快

2. 当你度假时，你是否：
   A. 希望交到朋友，可是往往很难做到
   B. 喜欢独自一个人消磨时间
   C. 通常很容易就交到了朋友

3. 你已经定下一个约会，可到时你却疲惫不堪，无法赴约，你会：
   A. 不赴约了，希望对方会谅解你
   B. 去赴约，但问对方如果你早些回家的话，他是否会介意
   C. 去赴约，并且尽量显得高兴

4. 一个同事向你吐露了一件极有趣的个人问题，你常常：
   A. 连考虑都没考虑，就把这件事告诉了别人
   B. 根据情况决定是否要告诉别人

C. 为同事保密，不把这件事再告诉别人

5. 当你的同事有困难时，你发现：

    A. 他们不愿意来麻烦你

    B. 只有与你关系密切的少数朋友才来向你求助

    C. 他们愿意来找你请求帮助

6. 对于同事的优缺点，你的处置方法是：

    A. 我喜欢赞扬别人的优点，缺点则尽量回避

    B. 我相信真诚，所以对于我看不惯的缺点，我不得不指出

    C. 我既不吹捧奉承，也不求全苟同他们

7. 在你选择朋友时，你发现：

    A. 你只能同你趣味相同的人们友好相处

    B. 兴趣、爱好不相同的人偶尔也能谈谈

    C. 一般说来，你几乎能和任何人合得来

8. 对于同事们的恶作剧，你会：

    A. 感到生气并发怒

    B. 看你的心情和环境如何，也许和他们一起大笑，也许生气并发怒

    C. 和他们一起大笑

9. 对于同事间的矛盾，你喜欢：

    A. 打听、传播

    B. 不介入

    C. 设法缓和

10. 每天上班以后，对于扫地、打开水一类琐事，你的态度是：

    A. 想不到做

    B. 轮流做

    C. 主动做

测评标准：

选择 A 得到 1 分，选择 B 的得到 2 分，选择 C 的得到 3 分。

测评分析：

分数为 15 分以下：是一个不大合群的人，如果确实想把自己的人缘搞得好一点，就需要改善一下同周围人们的关系了；

分数为 15～25 分：人缘还算可以；

分数为 25 分以上：人缘很好。

【做一做】

对家庭成员或朋友中在企业中工作的人做一个调查,总结一下企业员工的角色包括哪些内容。

【看一看】

没有卑微的工作,只有卑微的工作态度

在日本民间,流传着这样一个真实动人的故事。许多年前,一个妙龄少女来到东京帝国酒店当服务员。这是她涉世之初的第一份工作,也就是说她将在这里正式步入社会,迈出她人生的第一步。因此她很激动,暗下决心:一定要好好干!她想不到,上司安排她洗厕所!并对她的工作质量要求特别高:必须把马桶抹洗得光洁如新!

她当然明白光洁如新的含义是什么,她当然知道自己不适应洗厕所这一工作,真的难以实现"光洁如新"这一高标准的质量要求。因此,她陷入了困惑、苦恼之中,也哭过鼻子。这时,她面临着人生第一步的抉择:是继续干下去,还是另谋职业?继续干下去——太难了!另谋职业——知难而退?人生之路岂有退堂鼓可打?她不甘心就这样败下阵来,因为她想起了自己初来时曾下过的决心:人生第一步一定要走好,马虎不得!

在此关键时刻,同单位一位前辈及时出现在她面前,帮她摆脱困惑、苦恼,帮她迈好这人生的第一步,更重要的是帮助她认清了人生路应该如何走。这位前辈并没有用空洞的理论去说教,只是亲自做了个样子给她看了一遍。

首先,他一遍遍地抹洗着马桶,直到抹洗得光洁如新。然后,他从马桶里盛了一杯水,一饮而尽喝了下去!竟然毫不勉强。实际行动胜过万语千言,他不用一言一语就告诉了她一个极为朴素、极为简单的真理:光洁如新,要点在于新,新则不脏。因为不会有人认为新马桶脏,因而觉得里面的水是可以喝的;反过来讲,只有马桶中的水达到可以喝的程度,才算是把马桶抹得光洁如新了。而这一点已被证明可以办得到。

同时,他送给她一个含蓄的、富有深意的微笑,送给她一束关注的、鼓励的目光。这已经够用了,因为她早已激动得从身体到灵魂都在震颤。她目瞪口呆,热泪盈眶,恍然大悟,如梦初醒!她痛下决心:就算一生洗厕所,也要做一名最出色的洗厕所人。

从此,她成为一个全新的、振奋的人;她的工作质量也达到了那位前辈的高

水平，当然她也多次喝过厕所水，为了检验自己的自信心，为了证实自己的工作质量，也为了强化自己的敬业心。从此，她很漂亮地迈好了人生的第一步，从此她踏上了成功之路，开始了她的不断走向成功的人生历程。

几十年的光阴一瞬而过，如今她已是日本政府的主要官员——邮政大臣。她的名字叫野田圣子。

这个案例说明了，没有卑微的工作，只有卑微的工作态度。

单元2　融入职场文化

【想一想】

有这样一个故事：一天，猎人带着猎狗去打猎。猎人击中一只兔子的后腿，受伤的兔子开始拼命地奔跑。猎狗在猎人的指示下也是飞奔去追赶兔子。

可是追着追着，兔子跑不见了，猎狗只好悻悻地回到猎人身边，猎人开始骂猎狗了："你真没用，连一只受伤的兔子都追不到！"猎狗听了很不服气地回道："我尽力而为了呀！"

再说兔子带伤跑回洞里，它的兄弟们都围过来惊讶地问它："那只猎狗很凶呀！你又带了伤，怎么跑得过它的？"

"它是尽力而为，我是全力以赴呀！它没追上我，最多挨一顿骂，而我若不全力地跑我就没命了呀！"

人本来是有很多潜能的，但是我们往往会对自己或对别人找借口："管它呢！我们已尽力而为了。"

事实上尽力而为是远远不够的，尤其是现在这个竞争激烈、到处充满危机的年代。

常常问问自己：我今天是尽力而为的"猎狗"，还是全力以赴的"兔子"？

【学一学】

一、企业文化

一个企业的员工，就是企业组织中的一员，一定要认识、了解企业文化，只有与企业文化融合在一起，才能在企业工作下去。

(一) 企业文化的概念

企业文化是企业为解决生存和发展的问题而树立形成的,被组织成员认为有效而共享,并共同遵循的基本信念和认知。企业文化集中体现了一个企业经营管理的核心主张,以及由此产生的组织行为。企业文化是企业在经营活动中形成的经营理念、经营目的、经营方针、价值观念、经营行为、社会责任、经营形象等的总和,是企业个性化的根本体现,它是企业生存、竞争、发展的灵魂。

(二) 企业文化的层次构成

1. 表面层的物质文化

又称为企业的"硬文化"。包括厂容、厂貌、机械设备、产品造型、外观、质量等。

2. 中间层次的制度文化

包括领导体制、人际关系以及各项规章制度和纪律等。

3. 核心层的精神文化

称为"企业软文化"。包括各种行为规范、价值观念、企业的群体意识、职工素质和优良传统等,是企业文化的核心,被称为企业精神。

(三) 企业文化的要素

迪尔和肯尼迪把企业文化整个理论系统概述为5个要素,即企业环境、价值观、榜样人物、文化仪式和文化网络。

1. 企业环境

企业环境是指企业的性质、企业的经营方向、外部环境、企业的社会形象、与外界的联系等方面,它往往决定企业的行为。

2. 价值观

价值观是指企业内成员对某个事件或某种行为好与坏、善与恶、正确与错误、是否值得仿效的一致认识。价值观是企业文化的核心,统一的价值观使企业内成员在判断自己行为时具有统一的标准,并以此来选择自己的行为。

3. 榜样人物

榜样人物是指企业文化的核心人物或企业文化的人格化,其作用在于作为一种活的样板,给企业中其他员工提供可供仿效的榜样,对企业文化的形成和强化起着极为重要的作用。

4. 文化仪式

文化仪式是指企业内的各种表彰、奖励活动、聚会以及文娱活动等,它可以把企业中发生的某些事情戏剧化和形象化，来生动地宣传和体现本企业的价值观，使企业成员通过这些生动活泼的活动来领会企业文化的内涵，使企业文化"寓教于乐"之中。

5. 文化网络

文化网络是指非正式的信息传递渠道，主要是传播文化信息。它是由某种非正式的组织和人群所组成，它所传递出的信息往往能反映出职工的愿望和心态。

（四）企业文化的作用

1. 企业文化能激发员工的使命感

不管是什么企业都有它的责任和使命，企业使命感是全体员工工作的目标和方向，是企业不断发展或前进的动力之源。

2. 企业文化能凝聚员工的归属感

企业文化的作用就是通过企业价值观的提炼和传播，让一群来自不同地方的人共同追求同一个梦想。

3. 企业文化能加强员工的责任感

企业要通过大量的资料和文件宣传员工责任感的重要性，管理人员要给全体员工灌输责任意识、危机意识和团队意识，要让大家清楚地认识企业是全体员工共同的企业。

4. 企业文化能赋予员工的荣誉感

每个人都要在自己的工作岗位、工作领域，多做贡献，多出成绩，多追求荣誉感。

5. 企业文化能实现员工的成就感

一个企业的繁荣昌盛关系到每一个公司员工的生存，企业繁荣了，员工们就会引以为豪，会更积极努力地进取，荣耀越高，成就感就越大、越明显。

（五）企业文化的主要内容

1. 经营哲学

经营哲学也称企业哲学，是一个企业特有的从事生产经营和管理活动的方法论原则。它是指导企业行为的基础。一个企业在激烈的市场竞争环境中，面临着各种矛盾和多种选择，要求企业有一个科学的方法论来指导，有一套逻辑思维的程序来决定自己的行为，这就是经营哲学。例如，国际商用机器公司的经营哲学是"尊重个人，服务顾客，精益求精"。杜邦公司的经营哲学是"以优异的化学产品提高生活素质"。

2. 价值观念

所谓价值观念，是人们基于某种功利性或道义性的追求而对人们（个人、组织）本身的存在、行为和行为结果进行评价的基本观点。可以说，人生就是为了价值的追求，价值观念决定着人生的追求行为。价值观不是人们在一时一事上的体现，而是在长期实践活动中形成的关于价值的观念体系。

企业的价值观，是指企业职工对企业存在的意义、经营目的、经营宗旨的价值评价和为之追求的整体化、特异化的群体意识，是企业全体职工共同的价值准则。只有在共同的价值准则基础上才能产生企业正确的价值目标。有了正确的价值目标才会有奋力追求价值目标的行为，企业才有希望。因此，企业价值观决定着职工行为的取向，关系企业的生死存亡。只顾企业自身经济效益的价值观，就会偏离社会主义方向，不仅会损害国家和人民的利益，还会影响企业形象；只顾眼前利益的价值观，就会急功近利，搞短期行为，使企业失去后劲，导致灭亡。

3. 企业精神

企业精神是指企业基于自身特定的性质、任务、宗旨、时代要求和发展方向，并经过精心培养而形成的企业成员群体的精神风貌。

企业精神要通过企业全体职工有意识的实践活动体现出来。因此，它又是企业职工观念意识和进取心理的外化。

企业精神是企业文化的核心，在整个企业文化中占支配的地位。企业精神以价值观念为基础，以价值目标为动力，对企业经营哲学、管理制度、道德风尚、团体意识和企业形象起着决定性的作用。可以说，企业精神是企业的灵魂。

企业精神通常用一些既富于哲理又简洁明快的语言予以表达，便于职工铭记在心，时刻用于激励自己；也便于对外宣传，容易在人们脑海里形成印象，从而在社会上形成个性鲜明的企业形象。如王府井百货大楼的"一团火"精神，就是用大楼人的"光"和"热"去照亮、温暖每一颗心，其实质就是奉献服务；西单商场的"求实、奋进"精神，体现了以"求实"为核心的价值观念和真诚守信、开拓奋进的经营作风。

4. 企业道德

企业道德是指调整该企业与其他企业之间、企业与顾客之间、企业内部职工之间关系的行为规范的总和。它是从伦理关系的角度，以善与恶、公与私、荣与辱、诚实与虚伪等道德范畴为标准来评价和规范企业。

企业道德与法律规范和制度规范不同，不具有那样的强制性和约束力，但具有积极的示范效应和强烈的感染力，当被人们认可和接受后具有自我约束的力量。因此，它具有更广泛的适应性，是约束企业和职工行为的重要手段。中国老字号同仁堂药店之所以三百多年长盛不衰，是在于它把中华民族优秀的传统美德融于企业的生产经营过程之中，形成了具有行业特色的职业道德，即"济世养身、精益求精、童叟无欺、一视同仁"。

5. 团体意识

团体即组织，团体意识是指组织成员的集体观念。团体意识是企业内部凝聚力形成的重要心理因素。企业团体意识的形成使企业的每个职工把自己的工作和行为都看成是实现企业目标的一个组成部分，使他们对自己作为企业的成员而感到自豪，对企业的成就产生荣誉感，从而把企业看成是自己利益的共同体和归宿。因此，他们就会为实现企业的目标而努力奋斗，自觉地克服与实现企业目标不一致的行为。

6. 企业形象

企业形象是企业通过外部特征和经营实力表现出来的，被消费者和公众所认同的企业总体印象。由外部特征表现出来的企业的形象称表层形象，如招牌、门面、徽标、广告、商标、服饰、营业环境等，这些都给人以直观的感觉，容易形成印象；通过经营实力表现出来的形象称深层形象，它是企业内部要素的集中体现，如人员素质、生产经营能力、管理水平、资本实力、产品质量等。表层形象是以深层形象为基础，没有深层形象这个基础，表层形象就是虚假的，也不能长久地保持。流通企业由于主要是经营商品和提供服务，与顾客接触较多，所以表层形象显得格外重要，但这绝不是说深层形象可以放在次要的位置。北京西单商场以"诚实待人、诚心感人、诚信送人、诚恳让人"来树立全心全意为顾客服务的企业形象，而这种服务是建立在优美的购物环境、可靠的商品质量、实实在在的价格基础上的，即以强大的物质基础和经营实力作为优质服务的保证，达到表层形象和深层形象的结合，赢得了广大顾客的信任。

企业形象还包括企业形象的视觉识别系统，比如 VIS 系统，是企业对外宣传的视觉标识，是社会对这个企业的视觉认知的导入渠道之一，也是该企业进入现代化管理的标志内容。

7. 企业制度

企业制度是在生产经营实践活动中所形成的，对人的行为带有强制性，并能保障一定权利的各种规定。从企业文化的层次结构看，企业制度属中间层次，它是精神文化的表现形式，是物质文化实现的保证。企业制度作为职工行为规范的模式，使个人的活动得以合理进行，内外人际关系得以协调，员工的共同利益受到保护，从而使企业有序地组织起来为实现企业目标而努力。

8. 文化结构

企业文化结构是指企业文化系统内各要素之间的时空顺序、主次地位与结合方式，企业文化结构就是企业文化的构成、形式、层次、内容、类型等的比例关系和位置关系。它表明各个要素如何链接，形成企业文化的整体模式。即企业物质文化、企业行为文化、企业制度文化、企业精神文化形态。

9. 企业使命

所谓企业使命是指企业在社会经济发展中所应担当的角色和责任，是指企业的根本性质和存在的理由，说明企业的经营领域、经营思想，为企业目标的确立与战略的制定提供依据。企业使命要说明企业在全社会经济领域中所经营的活动范围和层次，具体地表述企业在社会经济活动中的身份或角色。它包括的内容为企业的经营哲学、企业的宗旨和企业的形象。

如我国 19 世纪 40 年代，天津东亚毛纺厂《东亚铭》是该企业企业文化的真实写照。

宋棐卿，中国近代民族实业者，创建了天津东亚毛纺厂。其抵羊牌毛线过去家喻户晓，在企业管理上独树一帜。

天津东亚毛纺厂的大楼上写着"己所不欲，勿施于人""你愿人怎样待你，你就怎样待人"的大字，以此作为东亚的厂训。宋棐卿为东亚毛纺厂制定了《东亚铭》，根据《东亚铭》的原则编写了东亚精神，出版了内部刊物《东亚声》，作为职工训练的主要教材。每天上课前，经理们召集职工学习。

《东亚铭》中记述了东亚毛纺厂的价值观：

（1）主义

人无高尚之主义，即无生活之意义；事无高尚之主义，即无存在之价值；团体无高尚之主义，即无发展之能力；国家无高尚之主义，即无强盛之道理。

（2）公司之主义

我们要以生产辅助社会之进步。我们要使游资游才得到互助合作。我们要实行劳资互惠。我们要为一般平民谋求福利。

（3）做事

人若不做事，生之何益！人若只做自私之事，生之何益！人若不为大众做事，生之何益！人若只为名利做事，生之何益！若无事做，要我做什么？若无艰难之事做，要我做什么？若不服务社会，要我做什么？若不效忠国家，要我做什么？

（4）为人

能做事者必不怨天尤人；怨天尤人者必不能做事；真人才必不谄上骄下；谄上骄下者必非真人才。

（5）人格

不忠于己者焉忠于人；不忠于夫妇者焉忠于友；不忠于亲族者焉忠于社会；不忠于家者焉忠于国；公而忘私者我们要师法；先公后私者我们要征集；先私后公者我们要规劝；有私无公者我们要力戒。

(6) 尽责

事成而又不获罪于人者为理想之人才；事成不得已而获罪于人者为有用之人才；事不成而仅图不获罪于人者为无用之人；事不成而又获罪于人者为危险之人；不待命令而自动工作者为中坚分子；等待命令而即工作者为忠实分子；接到命令而懒于工作者为无用分子；有令不做反讥做者为是非分子。

(7) 功绩

有功而不以为功者谓之真功；有功而以为有功者谓之夸功；无功而以为有功者谓之争功；无功而谤他人之有功者谓之嫉功。

(8) 过失

从心无过圣贤也；闻过则改君子也；闻过不改庸人也；闻过则怨小人也。

二、职场文化

(一) 职场文化的含义

职场文化其实是一种自发的、动态的、非引导性的，衍生于企业文化但又游离于企业文化的个人价值观与世界观的共性体现。它介于企业内部与外部之间，同时也介于精神层面与物质层面之间。

每一个企业都有自己独特的风格，不同的环境造就不同的职场文化：欧美企业重视个性，所以轻松的人性化管理细节随处可见；日韩企业等级制度分明，人人要学会谦逊礼貌。而中国在21世纪初所公认的职场文化则又显得很独特，分为"狼"文化与"羊"文化。

(二) 中国的职场文化

1. "狼"文化

"狼"文化（职场"狼"文化）其实是在中国市场的激烈竞争下产生的，这种职场文化曾经是很多企业所倡导的职场文化，即像狼群一样敏锐地把握住每个机会对猎物进行不屈不挠的群体进攻。

本身这种文化作为企业文化来说也是无可厚非的，希望自己的企业员工都具有狼一样的精神。但是事实上很多企业只是一味地强调企业员工应该像"狼"一样，而忽略了"狼"同时也是残忍的，也是讲究家族之分的。当他们缺乏食物的时候，狼群也会毫不犹豫地把老弱的狼给集体吃掉。因此"残酷无情、你死我活、独断专行、无视人性"等特点也随之成为很多企业的职场文化。

结果自然不言而喻，内部人与人之间都成了一头孤独饥饿的"狼"与另一头孤独饥饿的"狼"之间的关系，或者一头受伤的"狼"与一群饥饿的"狼"之间的关系。

2. "羊"文化

"羊"文化（职场"羊"文化）则是当"狼"文化频频出事后，所倡导的一种温情、贴心式的文化。好处当然就是像我们媒体所提倡的"家"文化一样。通过对人性价值的重视，使得员工对于企业有种归属感，对于同事有种包容与关怀的"家人"般情感，同时对于自身的工作有种自发的使命感与责任感。

这种职场文化所引导的是一种"四为"思想，即"公司为家""工作为生活""同事为家人""老板为自己"。

三、如何尽快适应企业文化与职场文化

（一）尽快融入团队

大学生过惯了相对单纯、清静、被动的校园生活，投身社会走上工作岗位后，一接触实际，常常会感觉到自身与社会之间存在着一些矛盾，工作当中有许多的困难。这些矛盾和困难导致了大学生对社会和工作的不适应。在这些矛盾和困难面前，是面对现实、不怕挫折、积极适应，还是逃避现实、一蹶不振、消极退缩？这是大学生踏上工作岗位后首先应该思考的一个问题。

一份新的工作，一种新的经历，一个新的环境。当你刚刚走出校门，踏入社会的时候，展现在你面前的是一个几乎完全陌生的环境。这时，如果你能客观地审时度势，尽快地完成从大学生到工作人员的角色转换，顺利地渡过这个转换的适应期，得心应手地展开工作当然最好。

（二）建立良好的人际关系

1. 尊重他人

尊重是每个人都有的心理需要。尊重包括尊重自己和尊重他人。尊重自己就是在各种场合自重自爱，维护自己的人格。尊重他人就是尊重他人的人格、习惯与价值，承认人际交往双方的平等地位。尊重是相互的，只有尊重他人的人，才能得到他人的尊重，也才谈得上自尊。毕业生到了新单位，尽管每个人秉性各异，爱好不同，但每个人都是自己的老师，因为他们有丰富的工作经验和娴熟的

业务技能。因此，要像尊重老师那样尊重他们，尊重他们的劳动和劳动成果，尊重他们的人格和感情，尊重他们的习惯和价值。对人的尊重，不以财富的多少、年龄的大小、分工的不同而有所区别。不嘲笑歧视他人，不以己之长比他人之短，谦虚待人。如果自满自大，轻视他人，就会损伤他人的自尊心，造成人际关系的疏远。尊重他人，同时也尊重自己，才容易建立和谐的人际关系。

2. 平等待人

人们在职务、能力、才学、气质、性格诸方面的差别是客观存在的，但人们在人格地位上是平等的。在工作单位，应当以平等的态度对待每一个同事。不要以职务的高低、权力的大小来决定对待他人的态度；不要亲近一部分人，故意疏远另一部分人；不要认为某人对自己有用就打得火热，某人暂时无用就避而远之；不要见了领导就低三下四，满脸堆笑，见了群众就"置之不理，冷若冰霜"；不要卷入是非，拉帮结派搞小团体，而应该注意对领导和同事一视同仁，尽力与所有同事发展平等互助的友好关系。

3. 诚实守信

诚实就是真心实意，实事求是，表里如一，不三心二意，口是心非，不当面一套，背后一套。诚实是做人的基本要求，也是建立良好的人际关系的重要条件。守信，就是恪守信用，言行一致，说到做到，不做语言上的巨人，行动上的侏儒。在人际交往中，只有诚实守信，才能相互理解、接纳、信任，在感情上引起共鸣，使交往得到巩固和发展。即使发生了一些误会和矛盾，只要诚实守信，彼此真诚意善，误解也会烟消云散，矛盾也能冰雪消融，最终互相谅解，和好如初。

4. 律己宽人

律己，就是要严格要求自己，以各种道德规范和行为准则严格约束自己。宽人，就是宽以待人，宽厚包容。在现实交往中，确立了平等友好的人际关系，但仍然存在着矛盾和许多不和谐的地方。"金无足赤，人无完人"，我们正确地对待自己和他人，坚持以严格的规范要求自己，以宽容的态度对待别人，就一定能建立和谐的人际关系。不利于团结的话不说，不利于团结的事不做，不挑拨是非，不猜疑嫉妒，堂堂正正做人，踏踏实实干事。当自己受到委屈或误解时，要胸怀宽广，克制自己的情绪，冷静处理。当工作出现失误或过错时，更要勇于剖析自己，承担责任。别人做错了事或产生一些失误，要善意地指出，多给些帮助、关心，少一些指责。

（三）争取处理好与领导和同事之间的关系

职场工作关系主要是与领导和同事之间的关系。任何一个职业人，在工作单位与同事相处的时间往往比他与家人在一起的时间还要长，而领导直接管理和评价下属人员的工作，对下属的职业发展和职位升迁有一定程度的裁决权，所以处理好与领导和同事之间的关系是十分重要的。

1. 要处理好与领导的关系

与领导相处，不要单单为"套近乎""留好印象"而与之交往，要以建立正常的工作关系为目的。对领导既要尊重坦诚、实事求是，又要不亢不卑、交往得当。对领导庸俗的巴结奉承，一味地讨好献媚，不但有损于人格，而且会引起同事的反感和讨厌；但对领导敬而远之、我行我素，或冷眼相对、傲慢无礼，甚至顶撞不尊、锋芒毕露都是不应有的态度。在任何时候，都要想到将工作干好，在工作方面与领导形成"共识"，学会适应领导，保持与领导同步。工作中注意正确领会领导的意图，对领导安排的工作兢兢业业，积极肯干，努力完成，这样也就具备了与领导建立良好关系的基本条件。

此外，还要注意维护领导的权威，不在背后贬低领导，不当众指责领导，愿意接受领导的批评指正，对他的工作只能补台不能拆台。对同一单位领导，不要有亲疏远近之分，都应当尊重。巴结一个，疏远其他，不仅会显出自己的势利轻薄，有时会给自己长期的工作和生活造成麻烦。

2. 要处理好与同事之间的关系

同事之间，是天然的合作者，又是客观的竞争者。这种微妙的关系，必然产生既渴望合作又警觉竞争的复杂心理。要处理好这种关系，首先要以诚相待，互相支持；其次要严于律己，宽以待人，学人之长，补己之短；再次在竞争中学先进、帮后进，领先时不骄傲自满，落后时不灰心气馁，一如既往，积极进取。

毕业生在与同事相处中，要坦诚承认自己的不足，以期得到帮助。在日常工作中要注意培养自己与同事之间的感情，尽量去适应同事们，把自己看成他们中的一员，与他们保持步调一致，多听取和接受他人的意见，时间久了，你就能获得他人的接纳和支持，相处就会融洽起来。同事之间难免发生一些纠葛、摩擦，甚至冲突，对此要冷静而友善地处理，要敢于承认错误，承担责任，接受批评，切忌尖酸刻薄，背后损人。同事在工作、生活中遇到困难，应给予同情、关心和行动上的帮助，以促进同事间友好关系的形成。

3. 要注意方法和技巧，把握好语言的分寸和处世的尺度

要在交流中学习经验，提高自己的心理素质，培养自己的观察力、思维力和语言表达能力，掌握一些技巧，使自己不断走向成熟。

四、理智面对冷遇

部分大学毕业生走上社会后遭到冷遇，是经常发生的现象。要从冷遇的困境中挣脱出来,就要学会清醒分析,正确对待。

当受到冷遇时,首先要从主观上找原因。一般来说,主要有以下几方面的原因。

①自以为满腹经纶,好高骛远,小事不愿做,大事做不来,领导难以安排合适的工作。

②对工作挑肥拣瘦,拈轻怕重,这山看着那山高。

③工作责任心不强,马虎了事,不能完成领导交给的任务。

④自以为看破红尘,少年老成,对时事妄加评论,造成不良影响。

⑤过于看重个人得失,不思奉献,"有利可图就干,无利可图就算"。

⑥没有摆正个人与集体、事业与家庭的关系。上岗不久,即"卿卿我我""花前月下",忙于为自己营造安乐窝。

大学毕业生只要认真地剖析自己的言行,就一定能找出受冷遇的症结所在。不管是哪一种原因,如果遭到冷遇,首先都应从自身找原因,既不能怨天尤人,诅咒命运,更不能悲观失望,自暴自弃,要通过自身的努力,尽快使矛盾化解,使冷遇消除。可以通过以下3个途径消除或避免冷遇:

1. 谦虚好学

应该说大学生确实比一般人掌握较多的知识,但远不是知识的全部,只不过是沧海一粟。现代社会知识爆炸,日新月异,据专家估计,大学所学的知识在毕业时有70%已经过时,只有30%还有用,加上你懂得的,不等于别人不懂;别人懂得的,不一定你都懂;更何况大学生在校学习的都是些理论知识,对工作单位来说只不过是个新手。所以,要虚心地向别人学习,绝不能自以为是,瞧不起别人。

2. 踏实肯干

大学生到了工作岗位后,除了虚心学习以外,还要有实干精神。用人单位录用你,是为了解决工作、生产、科研中的实际问题,不是拿你做"花瓶"摆设。只要能苦干、实干、脚踏实地干番成绩出来,领导、同事一定会投以赞许的目光,冷遇自然会消失得无影无踪。

3. 豁达大度

大学生走上工作岗位后,由于经验不足等原因,工作中遇到挫折和冷遇是在所难免的,有时不一定是自己的原因造成的,但无论如何对待冷遇一定要沉着冷静,要豁达大度,多从自身找原因,认真总结经验教训,只有这样才有利于问题的解决,否则,只能使问题复杂化。

五、正确看待挫折

心理学家认为：挫折是个人从事有目的的活动时，由于受到障碍和干扰，其需要不能得到满足时一种消极的情绪状态。受挫后会出现紧张、焦虑、苦闷的心理状态，导致心理失去平衡。

就业时，大学毕业生怀着一腔憧憬和美好设想，想在工作中有一番作为，但现实往往与理想有较大差距。不论从事何种工作，遭受挫折总是在所难免的。如果不能及时调整心态，正视挫折，便容易产生失落、消极情绪。有的人遭受挫折后，自责心理严重，垂头丧气，郁郁寡欢；有的人受挫后，不从主观找原因，反而把责任推卸给他人，为自己开脱辩解；有的人则将怨气发泄到别人身上，也不正确分析原因，总结教训，结果又重蹈覆辙；还有的人遭受挫折后万念俱灰、不能自拔。这些都是十分错误的。

正确看待挫折应做到以下几点：

1. 采取积极的心理自我防卫，谋求心理平衡

比如将内心愤懑的消极情绪转化为发愤图强、力争上进的积极情绪，"化悲痛为力量"，使心理得到升华；或"重振雄风"，加倍努力工作，去实现目标；或改换工作方法另行尝试；或进行补偿，以期达到"失之东隅，收之桑榆"的效果。此外，解脱挫折感的方法还有很多种，如宣泄法、认识法、理性情绪法、心理咨询等。

2. 正确认识工作的成败

一帆风顺固然可喜，遇到挫折也不要灰心，也许这一次挫折就是下一次成功的开始。只要看准目标，扎扎实实，一步一个脚印地走下去，就会成功。到那时，再回头来看走过的路，挫折失败也许是人生的财富。俗话说："谁笑到最后，谁笑得最好。"

3. 勇于面对问题

遭受挫折并不可怕，怕的是不敢面对现实中的问题。战胜挫折的关键是把自己定位于解决问题而不是问题的一分子。有关专家建议在遭受挫折后，反问自己四个问题：①问题到底是什么？我足够了解吗？②问题的原因是什么？反思根源。③可能的解决方案有哪些？④什么是最佳解决方案？坚持以上四问，并努力去解决它们，就能真正"笑到最后"。

与周围的同事或领导和谐相处，与大家轻松愉快地交谈，是一个具备升职潜力的人必需的特质。只有与你周围的人保持良好关系，乐观开朗地待人处事，才能得到领导赏识、同事拥护，也才有更多晋升机会。

六、虚心接受批评

以什么样的态度对待批评，反映着一个人的修养和思想道德水平，也对他的人际关系和工作绩效产生一定的影响。不同的人面对批评有着截然不同的态度。有的人勇于承认自己的错误，并诚恳地接受批评、总结教训并及时加以改正；有的人受到批评则丧失信心，萎靡不振，甚至自暴自弃；还有的人"老虎屁股摸不得"，一听到批评便怒火中烧，使领导和同事"敬而远之"。无疑后两种态度是不可取的。对刚刚参加工作的大学毕业生来说，单位的领导一般不会轻易对你提出批评意见，如果批评了你，大多是因为你的错误比较明显。"有则改之，无则加勉""只要你说得对，我就照你说的办"，应该是对待批评的基本态度。而笑纳批评则是对初涉职场的大学生一个更高的要求。对待批评，如何能够微笑面对，虚心接受，要有正确的方法，才能收到好的效果。

1. 静静聆听

尽可能地让批评者把意见表达完，如果听完了还不清楚错误所在，最好再问"你能说得更具体一点吗？"以帮助你找出受批评的原因，分析批评是否有道理。

2. 坦然接受

如果是自己错了，勇敢地说一句："是我错了，谢谢你的批评，我接受你的意见，今后注意改正。"这是最好的办法。

3. 推迟回答

如果批评者自恃有理，态度蛮横，那不妨说一句："你让我再想一想，明天再谈好吗？"这样可以控制自己的情感，以免引起冲突。

4. 婉言解释

如果批评者对事实原委了解不够，批评没有道理或纯属误会，你可以做些解释，以便让对方了解事实真相。"你误会了，事情是这样的……"语言委婉一些，语气平和一些，对双方都有好处，尤其是对你自己。

总之，对善意的批评，不能反击。如果反击肯定会造成尴尬的局面，伤害感情；也不能找借口推脱责任，或默不作声。这两种态度似乎是"消极抵抗"，而且也不利于批评者指出你的错误所在。无论你采取什么方法，都要认真诚恳，心平气和。语言上你接受了批评，接下来还要有实际行动。如果批评者没有道理，你也不应该"耿耿于怀"，更不应"借机报复"。须知当面给你提意见多半是为了你好，希望你进步，即使是一场误会，谈开了也就没事了，挟嫌报复只会损害自己的人格。

七、积极消除隔阂

每个人在日常与人交往中都可能同他人产生隔阂。所以，如何消除隔阂，促进人际关系的不断发展，是每个大学毕业生都会遇到的问题。

人与人之间产生隔阂的原因是多种多样的。隔阂产生的原因不同，消除隔阂的方法也应有所不同。概括地说，产生隔阂的原因主要有三种：

①由于交往双方不愿或很少暴露真实的自我，从而引起双方对彼此交往的诚意产生怀疑而造成隔阂；

②交往双方因在某件事上误会而造成的隔阂；

③因一方损害了对方的利益，或伤害了对方的人格、感情而产生隔阂。

当你与他人有隔阂的时候，应冷静分析，找出原因，然后对症下药。

如果是因为双方互相缺乏了解产生的隔阂，就应该坦诚相处，以心换心。在人与人交往的过程中，我们应该相信好人占大多数。你向对方暴露自己内心世界和真实的自我，不会对你造成任何损害。只要我们抛弃"遇人只说三分话，未可全抛一片心"的旧观念，与人真诚相处，经常交流思想感情，就一定能消除第一种原因引起的隔阂。

如果是由于双方误会造成隔阂，就应该以你的宽容大度进行善意的解释，消除误会。由于每个人的性格脾气、文化修养、价值观念等存在一定的差异，其观察问题、认识问题、处理问题的方法也各不相同。因此，在交际过程中出现一些误会是难免的。对此我们应该给予充分的理解，如果是你误会了别人，要耐心听取别人的解释，以消除误会，当真相大白之后，双方的误会与隔阂自会云消雾散。

如果是由于自己的不慎损害了对方的利益，要向对方诚恳道歉，请求原谅。每个人都有自身的人格尊严和自身利益，不容他人损害。在与人交往的过程中，如果你伤害或损害了对方的人格和利益，将会引起对方的不满，甚至出现矛盾冲突。这种情况如不及时正确地处理，两人轻则产生隔阂，重则产生积怨。出现这种情况，不管责任是否完全在你，也不论有意还是无意，你都应该真心实意、诚恳地向对方道歉，以求谅解。"精诚所至，金石为开。"只要你表现出足够的诚意和耐心，双方定会化干戈为玉帛，消除隔阂。

八、努力钻研业务

对于涉世不深、经验不足的大学毕业生来说，工作中出现某些差错和失误是难免的。但这并不意味着就可以理所当然地出现差错或失误。在实际工作中还是应该尽可能地避免差错，或减少到最低限度。

要避免工作中出现差错和失误，首先，要在现任职业岗位上钻研业务，履行职责，很好地完成任务。学历、知识不等于能力，只有把知识应用于实践，它才可能转化为能力，理论知识和业务实践不断的结合才会尽快地提高你的业务能力。

其次，要加强薄弱环节。正如每个人都有自己的优点和长处一样，每个人也都有自己的缺点和不足。而缺点和不足往往是造成工作失误的主要根源。因此在具体的工作中要注意弥补自己的缺点和不足。

再次，还要注意培养良好的职业品德，树立正确的职业理想和职业价值观，具有忠于职守、敬业乐业、献身事业的精神，坚持严肃认真、实事求是的劳动态度，保持一丝不苟、精益求精的工作作风，尊重他人，团结协作，牢记为人民服务的宗旨。这些品德不仅是做好工作、为自己开拓未来道路的需要，而且是能够处理好各种人际关系的必要条件，是取得群众认可和领导赏识的基本依据。

一位培训师出了一道题：总经理想在次日上午九点开一个会议，要求秘书通知到所有的参会人员，秘书自己也要参加会议。下面是1~9段秘书的不同做法。

一段秘书的做法：在小黑板上写一个开会的通知，写完后，她开始准备相关会议用品，并参加会议。

二段秘书的做法：发出通知后，再次确认，确保每个人都被及时通知到。

三段秘书的做法：发出通知，落实到人后，第二天在会前30分钟再次提醒大家，对临时有急事不能参加会议的人，立即向总经理汇报，保证总经理在会前知悉缺席情况。

四段秘书的做法：发通知，落实到人，会前通知后，去试一试开会要用的设备是否正常，并在会议室门上贴上小条：此会议室明天几点到几点有会议，以防别人占用。

五段秘书的做法：发通知，落实到人，会前通知，也测试了设备。做完这些后，她还去了解了会议的内容，之后她准备了相关资料，打印后发给与会成员。

六段秘书的做法：发通知，落实到人，会前通知，测试了设备，也提供相关会议资料，还在会议过程中详细做好会议记录（在得到允许的情况下，做一个录音备份）。

七段秘书的做法：前面的工作都做好后，她在会后整理好会议记录交给总经理，并把整理好的资料发给与会人员，目的是督促大家把会议的内容落实下去。

八段秘书的做法：额外做的工作是"定责任"，即将会议上确定的各项任务，一对一地落实到相关责任人，然后经当事人确认后，形成书面备忘录，交给总经理与当事人一人一份，并定期跟踪各项任务的完成情况，并及时汇报总经理。

九段秘书的做法：会把八段秘书的工作编写成流程，让其他秘书及之后的秘书都能达到八段秘书的水平。

【测一测】

事业成功指数测评

测评目标：事业成功指数

测评说明：每道题有三个答案，根据实际情况选择一个适合自己的答案。

测评题：

1. 对于团体的工作抱着：

   A. 热心参加的态度

   B. 漠不关心的态度

   C. 十分厌烦

2. 对工作的态度是：

   A. 做待遇低但价值高的工作

   B. 工作只不过是为了解决生活

   C. 只做报酬高的工作，不在意工作有无意义

3. 当逐渐变老时，你会：

   A. 积累更多的知识和技能

   B. 内心感到恐惧与不安

   C. 毫无感觉，不予理会

4. 对交朋友感觉：

   A. 十分重要

   B. 不必重视

   C. 友谊无价值

5. 对报刊的看法：

   A. 常阅读，了解大事，学习知识

   B. 可有可无，只是茶余饭后的消遣

   C. 不予注意

6. 对于服装的态度：

   A. 端正、整齐，不必奢华

   B. 不必讲究

C. 对服饰十分讲究

7. 孤独寂寞时：

   A. 去找朋友或找些事情来做

   B. 独自散步或去看戏

   C. 胡思乱想打发时间

8. 自己有缺点的时候：

   A. 敢认自己的缺点，尽量设法改正

   B. 不予理会，也不自我检讨

   C. 即使有人指出，也尽量否认

9. 对于生活开支：

   A. 精打细算，量入为出，有储蓄

   B. 只要不欠债就行

   C. 没有什么计划

10. 遇到困难时：

    A. 找出产生困难的原因，并当作是一次经验和教训

    B. 内心不安，设法找人帮忙

    C. 独自悲哀，感到消极，对前途无望

11. 别人批评你时，你会：

    A. 冷静地考虑别人的意见，对的就接受

    B. 不作任何反应

    C. 对别人的批评一概表示不满，并且与人争吵

12. 对男女关系的看法：

    A. 与异性朋友来往，不存邪念

    B. 男女之间应保持相当距离

    C. 男女关系很平常，可以很随便

13. 当别人遇到困难时

    A. 能帮助就去帮，否则就退之

    B. 不问理由，尽力去助人

    C. 采取袖手旁观的态度

14. 对事物的"新""旧"看法：

    A. 不必分新旧，要看价值如何

    B. 一视同仁

    C. 接受新的事物，旧的弃之

15. 你对生活的安排是采取：

　　A. 拟定具体的工作和学习目标

　　B. 让别人为自己安排，或模仿他人计划

　　C. 过一天算一天，不做什么安排

测评标准：

A记5分，B记2分，C记0分，得分相加，统计总分。

测评分析：

60分以上，优。对于生活和事业有崇高理想，能面对现实，遇见困难挫折，能设法克服。

40～59分，一般。对生活有一定想法，基本上能正视现实，对大部分困难和挫折能设法克服，但有时会产生悲观消极的念头。

39分以下，低。对各种问题认识不清，并抱有错误观念，对克服困难缺乏信心。需锻炼自己，才能创造美好的前途。

【做一做】

请对下列案例进行讨论，阐述你的观点。

小杨和小王一同到一个公司实习，小杨认真学习；小王打牌、陪女朋友，把公司交给的任务交给小杨来做。"不要这么费劲，多傻啊！你看你，工作这么努力，公司谁看得到啊？还惹来闲言碎语，说你动机不纯。"小王经常这样说小杨。

实习期结束，公司给小杨的鉴定成绩是及格，小王却是良好。小杨想不通，找到以前的老师诉苦，老师讲了个案例：

一个公司招了2个员工，布置了三项工作，精明的人挑了简单的工作，傻的人干了2项复杂的工作，发工资时，两人都发了500元，哪个傻？

【看一看】

90后"裸辞族"越跳越难

"裸辞"，指的是还没找好下家就辞职，不考虑后路。

在老人们的传统观念中，找工作这事一定要"骑驴找马"，除非找到了下家，否则一定不能贸然辞掉眼下的工作，以免工作间断，造成收入"断顿儿"，同时还会影响工龄和社保的接续。但这些传统的老观念到了追求自我和个性、充满叛逆感的90后眼里，根本不足以成为阻挡他们打破现状、追求工作的新鲜感和幸福感的理由，选择裸辞的年轻小白领正在逐年增加。

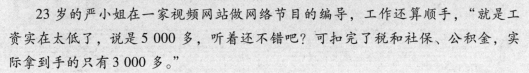

23岁的严小姐在一家视频网站做网络节目的编导，工作还算顺手，"就是工资实在太低了，说是5 000多，听着还不错吧？可扣完了税和社保、公积金，实际拿到手的只有3 000多。"

过年前，严小姐就毅然决然地递交了辞职报告，潇洒地回家过年了，想要过完年回来另谋高就。不过当天在招聘会上转了一圈，她却说自己有些后悔那个冲动的决定了。"好像没有我想的得那么容易。"严小姐说，招聘视频编辑的岗位倒是不少，但给出的薪资待遇普遍不高，多数都是三四千元，还不如她之前的工资高。

不仅收入"断顿儿"了，更让她担心的还是自己的社保接续问题。"裸辞"的结果就是，如果她没有及时找到下家的话，她的税费和社保就将中断一段时间，以前中断了税费和社保可能影响还不大，但眼下将直接造成她的连续缴费时间不足5年，将来购房、摇号的资格将大受影响！

国家职业指导师蒋爱丽认为，"裸辞"其实源于大学生对自己的职业缺少规划，他们找工作时最关注的不是行业的发展前景和自身价值能否得到最大的发挥，而是一味追求薪水、福利等外在因素。而很多人"裸辞"以后会发现，跳槽并不是那么简单，寻找下一份工作的难度要远比想象的大得多，越跳越差、追悔莫及是一种非常常见的现象。

蒋爱丽建议，不要轻易做出辞职的决定，如果没有找好出路就应该更加谨慎。

（资料来源：《北京晚报》2014.2.11 代丽丽）

职业素质反思：

你的包容意识状态如何？

7-1-1 自我评估

7-1-2 自我评估

7-2 自我反思

模块八　做好规划

知识目标：

了解职业及职业生涯的含义；掌握职业生涯的时期；理解职业生涯规划并掌握职业生涯规划的种类与步骤；了解职业选择的理论；熟悉职业生涯规划的方法。

能力目标：

可以依据自身情况设计自我职业生涯规划书。

素质目标：

培养正确的职业发展观念，树立做一名具备德智体美劳全面发展的社会主义建设者和接班人的信心与决心。

单元1　认知职业生涯规划

【想一想】

她该为职业做些什么准备？

陈婷是一名大三的女生，明年就面临找工作的问题了。她的专业是电子信息工程。据身边的人和上几届学长来说，他们的工作还是挺好找的。可是陈婷现在也不是很确定。她成绩一般，大一的时候成绩在班里很靠后，大二、大三经过努力，成绩差不多排到了班级中等。但是没有参加过任何电子类竞赛，大学期间也没有承担班委或者参加什么活动的经历。总体来说，如果让她写简历，在奖励、经验、活动这些方面她真的都不知道该写些什么。她这个暑假是不是应争取找到一个好的企事业单位的实习机会来为自己增添点亮色？她现在是不是要多注意自己心仪的职位了呢？像她这种专业的女孩一般都从事什么工作呢？

【学一学】

一、职业的含义

所谓"职业"，是指利用专门的知识技能参与社会分工、为社会创造物质财富和精神财富的，从中获得合理报酬、满足物质生活需要和精神生活需求的社会劳动。

"职业"一词是由"职"与"业"二字构成。所谓"职"，包含了社会职责、天职、权利与义务；所谓"业"，包含了从事业务、事业、事情、独特性工作。有的学者则用"职是责任、业是业务"来反映"职业"一词的内涵。美国学者舒尔兹（Schultz）认为，职业是一个人为了不断取得个人收入而连续从事的、具有市场价值的特殊活动，是为同时实现社会联系和自我价值而进行的持续的活动。

职业的出现是人类社会分工的结果，随着社会不断的发展，社会分工越来越细化，根据不同的社会需求形成了不同的职业类别。

二、职业生涯的含义

职业生涯包括人的一生中所有与工作、职业相联系的行为和活动，以及相关的态度、价值观、愿望等连续性经历的过程。

职业生涯至少包含五个方面的含义：

（1）职业生涯主要由行为活动、态度与价值观两方面构成。要充分了解一个人的职业生涯必须从主观（即职业态度、职业价值观）和客观（职业行为活动）两方面理解：表示职业生涯客观特征的概念是"外职业生涯"，指一个人在工作时期进行的各种活动和表现的各种举止行为的连续体；"内职业生涯"则表示职业生涯的主观特征，涉及一个人的价值观、态度、需要、动机、气质、能力、发展取向等。

（2）职业生涯是一个动态概念。不仅表示工作时间的长短，也包括了职业发展、变更的经历和过程。

（3）职业生涯是一种过程，是一生中所有与职业相关的连续活动或经历。它并不仅仅是指步入社会开始工作才意味着职业生涯的开始，其实也包括了从事工作前的职业准备阶段，如职业能力的获得、职业兴趣的培养、职业选择和定位、职业资格证书的获得等。

（4）职业生涯只是表示一个人一生中在各种职业岗位上所度过的整个经历，并不包含有成功或失败的含义，也没有进步快慢的含义。

（5）职业生涯受多方面因素影响，如本人对终生职业生涯的设想与计划、组织的需要与人事计划、社会客观环境、教育成长环境、个人发展需求等。

三、职业生涯的划分

美国职业生涯指导专家卡耐基将人生每10年作为职业生涯的划分周期。他的观点是：20岁至30岁是变化期；30岁至40岁是充实期；40岁至50岁是成熟期；50岁至60岁是秋暮期。

在我国，业内认为人的职业生涯可以分为六个时期：

（一）职业准备期

一般从十五六岁开始直到面临就业时止。这一时期是指个体在形成了较为明确的职业意向后，在职业的心理、知识、技能方面做好准备，并等待就业机会。每个择业者在职业准备期都会有一个偏于理想的规划，要实现这个理想的职业，就必须做好充分的准备工作，以便能够顺利地进入职业角色。

（二）职业选择期

一般集中在十七八岁到30岁。人们在这一时期，需要根据社会需要和自己的能力、愿望来选择职业。俗话说："好的开始是成功的一半。"做好职业选择是非常重要的；该时期的主要时间特征是从学校走向社会，由学生变成了员工，在身份上发生了变化。这个阶段，人生面临成家立业的压力，好的起点对人生的发展很重要。尤其是立业问题，是人生事业发展的一个起点，起步如何，直接关系到今后的成败。一个人应该如何起步呢？可以参照以下步骤：

1. 选择职业。职业选择成功与否，直接关系到一生的发展。职业的选择是该时期的一项重要任务，也是人生的一件大事。

2. 确定目标。在确定职业目标之前，首先要确定好人生目标，在人生整体规划中包含合理的职业规划。

3. 树立良好的形象。积极向上的人生态度、大方得体的言谈举止等良好个人形象将有助于实现理想的职业目标。

4. 坚持学习。这一时期是人生发展的起始阶段，这一阶段的学习对今后的发展至关重要，故能否坚持学习，对一个人未来的发展有着重要的作用及影响。

（三）职业适应期（成年初期）

人们走上职业岗位之后，开始个人职业能力的实际检验。在这一时期，许多人能在一两年时间内顺利适应某一种职业（适应期或长或短）或难以适应又重新选择。这一时期要完成从一个择业者到一个职业工作者的角色转换，需要尽快适应新的角色、新的工作环境、工作方式、人际关系等。

（四）职业稳定期（成年、壮年期）

一般在30岁到50岁，这一时期占据人的职业生活的绝大部分，是职业生涯中最好的时期，是成就事业、获得社会地位的关键时期，是职业生涯的主要组成部分。该阶段的主要任务有以下几点：

1. 调整职业，修订目标。
2. 努力展现自己的才能，扩大自己的影响力。
3. 处理好家庭与事业的关系。

（五）职业后期

一般为50岁到60岁，这个时期是事业的收获和人生的享受季节，但由于人的生理条件改变，人的职业能力会发生缓慢的、不可避免的减退，其职业生涯处于维持状态。在这个时期，也是人生的一个重要阶段，要使该阶段生活得充实有意义，须做好以下几点：

1. 事业成功者，应克服自满情绪，继续前进。
2. 注意锻炼身体，保持身体健康。
3. 继续充电。
4. 注意自己的外表及形象。

（六）职业结束期

60岁之后为职业结束期，由于年老体衰而结束职业生涯，开始适应退休生活。到了这个年龄，都面临着告别几十年的工作岗位，准备进入退休生活的这一事实。在这个时期，要充分享受职业生涯带来的成果，需要做到以下几点：

1. 调整心态，增加活力。
2. 总结经验，继续前进。
3. 规划晚年，再展蓝图。

综上所述，一个人从职业准备期开始到职业结束期之后就是整个职业生涯。

由于每一个个体受到不同家庭、民族、社会等环境因素的影响,接受的教育不同,会导致思想、观念、素质和价值观等方面的差异。因而,人的职业生涯经历的各个阶段一样,但具体内容是大不相同的。

四、职业生涯规划

(一)职业生涯规划的含义

职业生涯规划,亦称为"职业生涯设计"。职业生涯规划则是指个体在对影响自己职业生涯的内外因素(主、客观因素)进行分析和评估的基础上,确定奋斗目标,进行职业定位,选择实现自身目标的职业,编制相应的工作、教育或培训的行动步骤,并对每一步骤的顺序、方向和时间做出合理的安排。职业生涯规划主要包含四个因素:"干什么""何处干""怎么干""以什么样的心态干"的问题,可以概括为"四定":定位、定点、定向、定心。

定位,就是确定自己在职场中的位置。在职业生涯中,定位过低会导致个体的自我价值无法实现最大化,定位过高则容易因无法轻易实现而对自己的职业生涯失望。尤其是大学生更需要准确地把握初入职场的位置,不能眼高手低,要根据自己的实际水平,在初次择业时对职位、薪资、工作内容等做好判断和把握。

定点,就是确定职业发展的地点。工作地点的选择是职业生涯规划的一项重要内容。国内各地的经济发展状况和前景都有不同,城乡差距、东西部差距都非常大。最近的一项调查研究显示,国内80%的大学应届毕业生在就业地点的选择上偏重中东部等经济发达地区,其实这些地区职位争夺竞争激烈,外地生源还要面临环境、观念、语言、文化等差异带来的困难,而且发展与晋升的空间与机会并不见得比去发展中地区更好。所以,"定点"是要慎重考虑的。

定向,就是确定职业发展的方向。职业方向与职业目标有所不同,职业目标是自己拟定的期望达到的一个理想,而职业方向是为达到目标而选择的一种路径。如果职业方向定位错误,则会偏离职业目标,即使做出修正也需要花费更多的时间和精力。对大学应届毕业生来说,职业定向需要冷静的头脑和十足的勇气,根据自身的兴趣、理想、专业去选择职业方向。

定心,就是在职业生涯规划中要稳定自己的心态。人在职业生涯中必然会有高低起伏,成功与挫折总是结伴而行,个人的职业生涯也不例外。在职业理想与目标的实现过程中,难免也会有磕磕碰碰和意想不到的困难。对大学应届生来说,需要保持一种平常心态,敢于直视就业过程中的困难和问题,不以物喜,不以己悲,始终坚定地按照自己的正确职业生涯规划去实现理想。

（二）职业生涯规划的种类

按照职业生涯的时间维度来分，职业生涯规划可以划分为短期规划、中期规划、长期规划和人生规划 4 种类型。

1. 短期规划。一般指 2 年以内的规划，以近期目标的实现为重，规划近期应完成的任务。如两年内应掌握哪些业务知识、专业知识等。

2. 中期规划。一般指 2～5 年内的职业目标和任务，如规划经过一段工作时间后具备业务部门经理的能力，并可规划从大型公司部门经理到小公司做总经理等，是最常用到的一种职业生涯规划。

3. 长期规划。指 5～10 年的规划，做出对职业生涯长期的规划，以及为实现此职业目标应采取的具体措施。如规划 30 岁时成为一家中型公司的部门经理，规划 40 岁时成为一家跨国公司的副总经理等。

4. 人生规划。指整个职业生涯的规划，时间包括了整个职业生涯的时间跨度，设定整个人生的发展目标和阶梯。如规划成为一个有数亿资产的公司董事。

个人职业生涯规划从短期到中期，再到长期，直至整个人生规划，呈现阶梯式的发展路径。但在实际规划时，由于环境和个人自身的变化难以把握，在做中长期职业生涯规划时需要慎重考虑各种因素，而时间跨度太短的规划意义又不大，所以，一般人们把个人职业规划的重点放在 2～5 年内的中期规划，这样既便于根据实际情况设定可实现的职业目标，又便于随时根据现实的反馈对职业目标进行修正或调整。

（三）职业生涯规划的基本步骤

成功的人生需要正确规划，你今天站在哪里并不重要，但是你下一步迈向哪里却很重要。职业生涯规划的目的绝不只是协助一个人找到一份让别人羡慕的工作，达到和实现个人目标，更重要的是帮助个体真正了解自己，进一步详细估量内、外环境的优势和局限，在知己知彼的情形下，设计出符合个体实际情形的、合理且可行的职业生涯发展方向，为自己筹划未来的事业大计，确定一生奋斗的职业生涯目标。个人职业生涯规划的内容虽因人而异，但在制定时需要考虑的要素却是基本相同的。职业生涯规划基本上可以分为自我评估、职业生涯机会评估、职业生涯目标的确定与职业路线选择、职业生涯策略、职业生涯的反馈与修正等五个阶段，这些阶段是一个周而复始的连续过程。

1. 自我评估

有效的职业生涯规划应该从自我评估、自我剖析开始。自我评估的目的是认识自己、了解自己。只有认识了自己，才能对自己的职业生涯做出正确的志向选择，才能选定适合自己发展的职业生涯路线，也才能对自己的职业生涯目标做出最佳选择。自我评估包括对自己的性格、兴趣、特长、学识、技能、思维、道德水准以及社会中的自我等进行客观全面的评价。当然自我评估还要求自我认识和他人评价相结合。通过自我评估可以认识自身的条件，进行比较准确的自我评价，以便根据自身特点设计自己的职业志向和目标。

2. 职业生涯机会评估

所谓职业生涯机会评估，主要是分析内、外环境因素对自己职业生涯发展的影响。人是社会的人，任何一个人都不可能离群独居，都必须生活在一定的环境之中，特别是要生活在一个特定的组织环境之中。通过职业生涯机会的评估，为自己找出一种发展潜力大、在未来若干年中有较高社会需求的职业，对未来的职业发展将产生重要的影响。环境评估主要是评估各种环境因素对自己职业生涯发展的影响，主要分析社会环境、组织环境和行业环境。所以，在制定个人的职业生涯规划时，应注意环境的特点、发展变化情况、自己与环境的关系、环境对自己有利与不利的影响因素等。每一个人都处在一定的环境之中，离开这一环境便无法生存与成长。只有把自身因素和社会条件做最大限度的契合，才能在现实中趋利避害，使职业生涯规划更具实际意义，以便更好地进行职业目标的确定与职业路线的选择。

3. 职业生涯目标的确定与职业路线选择

职业生涯目标的确定，是职业生涯规划的核心。一个人事业的成败，很大程度上取决于有无正确适当的目标。没有目标如同驶入大海的孤舟，四野茫茫，没有方向，不知道自己走向何方。只有树立了目标，才能明确奋斗方向。目标犹如海洋中的灯塔，引导你避开险礁暗石，走向成功。有效的职业生涯规划需要切实可行的目标，以便排除不必要的犹豫和干扰，全心致力于目标的实现。在目标设定上，应根据主客观条件来设计，目标不可过高或过低，还要把长远目标和短期目标结合起来，通过不断实现短期目标来最终实现长远目标。注意生涯目标要具体明确、高低适度、留有余地，并与组织目标相一致。

职业生涯路线是指一个人选定职业后从什么方向上实现自己的职业目标，并沿着职业生涯路线实现自己的人生目标。职业生涯路线选择是人生发展的重要环节之一，在进行职业生涯路线选择时，可以从三个方面考虑：一是个人希望向哪一条路线发展，主要考虑自己的价值、理想、成就动机，确定自己的目标取向；二是个人适合向哪一条路线发展，主要考虑自己的性格、特长、经历、学历等客观条件，确定自己的能力取向；三是个人能够向哪一条路线发展，主要考虑自身所处的社会环境、政治与经济环境、组织环境等,确定自己的机会取向,即是走行政管理路线,向行政方面发展,还是走专业技术路线,向业务方面发展等。职业生涯路线选择的重点是对职业生涯选择要素进行系统分析,在对上述三方面的要素进行分析的基础上,确定自己的职业生涯路线。由此可见,职业生涯路线的选择,也是职业生涯发展能否成功的重要步骤之一。大学生对职业的选择,一方面要从社会需要出发,另一方面也要考虑自身的实际情况,扬长避短,只有这样才能做到人尽其才,才尽其用。选择职业生涯路线应把握四条原则:择己所爱、择己所能、择世所需,并在保证了前三个原则的基础上,追求就业收益的最大化,也就是择己所利。

4. 职业生涯策略

在确定了职业生涯目标和选择了职业路线后,要实现职业生涯目标还必须有相应的职业生涯策略做保证。没有达成目标的行动,就不能达成目标,也就谈不上事业的成功。职业生涯策略是指为争取职业生涯目标的实现采取的各种行动和措施。职业生涯策略一般都是具体的、可行性较强的。职业生涯目标实现的内容不仅包括个人在工作中的表现及业绩,而且还包括超出现实工作之外的一些前瞻性的准备。此外,职业生涯策略还包括为平衡职业目标与其他目标(如生活目标、家庭目标)等而做出的种种努力,通过这些努力实现个人在工作中的良好表现与业绩。职业生涯策略要明确、具体,以便定期检查落实的情况。这就需要制订一套周密的行动计划,并辅以考核措施,以确保目标的实现。这里所指的行动主要是指落实目标的具体措施,主要包括教育、培训、实践等方面的措施。例如,在职业素质方面,计划学习哪些知识、掌握哪些技能、开发哪些潜能等。

5. 职业生涯的反馈与修正

反馈与修正是指在实现职业生涯目标的过程中,根据实际情况自觉地总结经验教训,修正对自我的认知和定位,弄清自己喜爱并适合从事什么职业。在职业生涯规划时,由于对自身及外界环境都不十分了解,最初确定的职业生涯目标往往都是比较模糊或抽象的,有时甚至是错误的。经过一段时间的工作以后,有意识地回顾自己的言行得失,可以检验自己的职业定位与职业方向是否合适。这样在实施职业生涯规划的过程中自觉地总结经验教训,评估职业生涯规划,员工可以修正对自我的认知,通过反馈与修正,可以极大地增强员工实现职业目标的信心。修订的内容主要包括职业的重新选择、职业生涯目标的修正、职业生涯路线的选择、实施策略计划的变更等。俗话说,"计划赶不上变化",尤其在现代职业领域,变化是永恒的主题。影响职业生涯规划的因素有的是可以预测的,而有些则难以预料。成功的职业生涯规划需要时时审视内外环境的变化,不断对自己的设计进行评估和修订,并调整自己的前进步伐。所以由于影响职业生涯规划的因素很多,对职业生涯规划的反馈与修正也很必要。

【测一测】

你适合什么样的工作环境

你最适合的工作环境是什么样的呢?想知道的话,快来测试一下吧!

题目:

你正身陷逆境,有位朋友来好心相劝。可是,他/她的话不但没有起到安慰你的作用,反而让你非常反感。朋友究竟对你说了什么会这样呢?

A. 身处逆境的不止你一个人,大家都一样啊。

B. 胜败乃兵家常事,别灰心。

C. 你还需要再加把劲儿,加油吧!

D. 好可怜啊,我真同情你,心里肯定不好受吧。

想知道答案吗?测试结果如下:

答案A:身处逆境的不止你一个人,大家都一样啊。

富有创造性,尊重员工个性的环境最适合你。你希望自己的个性以及创造力能够得到别人的认可。因此,听到"大家都一样"这样的话时,你会觉得"自己的能力没有得到别人的肯定"。这样的你,适合在那些尊重个性与创造力,尊重个人见解的环境中工作,如出版、广告等富有创造性的行业或者经营装饰品行业等。

答案B:胜败乃兵家常事,别灰心。

肯定工作业绩的营业部门最适合你。你希望自己的工作成果得到他人的认可与赞赏,你不想面对失败。安慰的话最伤害你的自尊心。完成某项任务,创造某项成果时,你希望能够得到肯定,因此,你适合在营业、销售、保险、外勤以及看重个人形象的美容行业工作。

答案C:你还需要再加把劲儿,加油吧!

对员工的勤奋努力给予充分肯定的工作环境最适合你。你已经在埋头苦干拼命工作了,如果还听到别人让你"再加把劲儿"的话,就会抱怨"我还要怎样努力呢"。这样的你,适合进入那些能够对你的工作给予客观评价,对你的勤奋给予充分肯定的单位,比如:政府机关、银行、学校、清正廉洁的公司等。

答案D:好可怜啊,我真同情你,心里肯定不好受吧。

适合从事能够自己做决定的自由职业。你一直很要强,不想在别人面前暴露自己的弱点。听到"令人同情"之类的话时，你觉得这是对你的侮辱。这样的你，适合从事那些可以自己做决定、自己负责的工作或者是自由职业。行业方面没有什么限制，只要能得到相应回报的工作，就能激发你的干劲儿。

【做一做】

职业生涯规划的14个步骤

这是一个重要的练习，它能让你勇敢地去梦想，去了解自己。当我们不知我们要什么时，我们如何去要？所以，这个职业生涯规划的练习，是让我们去了解自己想要的，以及要如何去要。建议找一个时间，静静地坐下来，拿起你的纸与笔，一步一步来做。也许，你没有一次做完所有的步骤，没有关系，第二天再找一个时间，继续你未完的内心历程。建议，在一周内完成这个练习。然后经常拿起来看看，你会慢慢发现：你的眼光开始变得敏锐起来，你能在生活、工作、人际关系中快速地发现有助于自己目标实现的因素，并引为己用。几周内，你的内心会越来越稳定而有方向感，别人会开始注意到你的改变。几个月内，你会发现自己的一些目标在一步一步变成现实。你在无形中，走到一个令自己与他人惊讶的高度。

步骤1. 先开始编织美梦，包括你想拥有的，你想做的，你想成为的，你想体验的。现在，请坐下来，拿一张纸和一支笔，动手写下你的心愿。在你写的时候，不必管那些目标该用什么方式去达成，就是尽量写。直到你觉得没有什么可以写的时候，你可以看看下面几个问题并回答它们，这些问题会引导你去了解自己内心深处的渴求，这会花上一些时间，但你现在的努力，将是为下一步丰盛的收获打下基础。

（1）在你生活中，你认为哪五件事情最有价值？
（2）在你的生活中，有哪三个最重要的目标？
（3）假如你只有六个月的生命，你会如何地运用这六个月？
（4）假如你立刻成为百万富翁，在哪些事情上，你的做法会和今天不一样？
（5）有哪些事是你一直想做，但却不敢尝试去做的？
（6）在生活中，有哪些活动，你觉得最重要？
（7）假如你确定自己不会失败（拥有充足的时间、资源、能力等），你会敢于梦想哪一件事情？

回答完这些问题后，把你所列出的所有目标分成六类：

1. 健康
2. 修养/知识
3. 爱情/家庭
4. 事业/财富
5. 朋友
6. 社会

步骤 2. 审视你所写的，预期希望达成的时限。你希望何时达成呢？有实现时限的才可能叫目标，没时限的只能叫梦想。

步骤 3. 选出在这一年里对你最重要的四（也可以增加到六个）个目标。从你所列出的目标里选择你最愿意投入的、最令你雀跃欲试的、最能令你满足的四件事，并把他们写下来。现在我建议你明确地、扼要地、肯定地写下你实现它们的真正理由，告诉你自己能实现目标的把握和它们对你的重要性。如果你做事知道如何找出充分的理由，那你就无所不能，因为追求目标的动机比目标本身更能激励我们。

步骤 4. 核对你所列的四个目标，是否与形成结果的五大规则相符。

（1）用肯定的语气来预期你的结果，说出你希望的而非不希望的；

（2）结果要尽可能具体，还要明确制定出完成的期限与项目；

（3）事情完成时你要能知道完成了；

（4）要能抓住主动权，而非任人左右；

（5）是否对社会有利。

步骤 5. 列出你已经拥有的各种重要的资源。当你进行一个计划，就得知道该使用哪些工具。列出一张你所拥有资源的清单，里面包括自己的个性、朋友、财物、教育背景、时限、能力及其他。这份清单越详尽越好。

步骤 6. 当你做完这一切，请你回顾过去，有哪些你所列的资源会运用得很纯熟。回顾过去，找出你认为最成功的两三次经验，仔细想想是做了什么特别的事，才造成事业、健康、财务、人际关系方面的成功，请记下这个特别的原因。

步骤 7. 当你做完前面的步骤后，现在请你写下要达成目标本身所具有的条件。

步骤 8. 写下你不能马上达成目标的原因。首先你得从剖析自己的个性开始，是什么原因妨碍你的前进？要达成目标，你得采取什么做法呢？如果你不确定，可以想想有哪位成功者值得你去学习？你得从最终的成就倒推，往你目前的地位一步步列出所需的做法。就你在第七条中找出的资料作为你设计未来计划的参考。

步骤9. 现在请你针对自己那四个重要目标，订出实现它们的每一步骤。别忘了，从你的目标往回倒推制定步骤，并且自问，我第一步该如何做，才会成功？是什么妨碍了我，我该如何改变自己呢？一定要记得你的计划得包含今天你可以做的，千万不要好高骛远。

步骤10. 为自己找一些值得效法的模范。从你周围或从名人当中找出三五位在你目标领域中有杰出成就的人，简单地写下他们成功的特质和事迹。在做完这件事后，请你合上眼睛想一想，仿佛他们每一个人都会提供你一些能达成目标的建议，记下他们每一位建议的方法，如同他们与你私谈一样。

步骤11. 使目标多样化且有整体意义。

步骤12. 为自己创造一个适当的环境。

步骤13. 经常反省所做的结果。

步骤14. 列一张表，写下过去曾是你目标而目前已实现的一些事。你要从其中看看自己学到了些什么，这期间有哪些值得感谢的人，你有哪些特别的成就。有许多人常常只看到未来，却不知珍惜和善用已经拥有的。所以我要告诉你，成功的要素之一就是要存一颗感恩的心，时时对自己的现状心存感激。

【看一看】

诸葛亮的职业选择策划

东汉末年，群雄逐鹿，人杰辈出！与绝大多数怀才不遇者的思维定式相反：长期隐居南阳草庐的诸葛亮一出山就投靠了当时最为势单力薄的刘备集团并终生为其奔走效力。在为刘备集团做出杰出贡献的基础上，诸葛亮实现了个人事业的成功——这归根结底取决于诸葛亮近乎圆满的职业选择策划！

首先，诸葛亮的个人职业发展定位非常清晰。他自幼胸怀大志，始终以春秋战国时期两位著名的最高参谋管仲、乐毅为个人楷模，立誓要成为他所处时代中杰出的"谋略大师"，为光复汉室贡献力量；同时，诸葛亮也非常清楚：他自己长期积累的才干已具备了实现职业目标的可能！

其次，从应聘对象选择上看，诸葛亮也独具慧眼：曹操已经统一了半个中国，实力雄厚，最有资格挑战全国统治权；孙权只求偏安自保；而势力最为弱小的刘备集团却具备快速成长，与曹操、孙权三足鼎立乃至在此基础上一统天下的可能性。原因在于：第一，刘备始终坚持光复汉室的理想并在全国赢得了相当一批支持者——这与诸葛亮的个人价值观相吻合；第二，刘备品性坚韧顽强，敢于与任何强大的敌人对抗；第三，刘备待人宽厚谦和，团队凝聚力超强；第四，刘备是汉朝皇族后裔，具备名正言顺继承"大统"的资格——以上条件恰恰是刘备增值潜力最大的资源且其他诸侯很难模仿、替代。此外，还有一个非常重要的原因：到赤壁之战前夕时，曹操和孙权两大集团都已人才济济、颇具规模，诸葛亮若去投奔，最多也只能成为一名"中层管理人员"；而刘备集团当时主要由一些武将构成，高级参谋人才奇缺，诸葛亮完全有可能被破格提拔进入最高领导层！

再次，在应聘准备和应聘实施方面，诸葛亮更是做得登峰造极！在个人推销方面，诸葛亮通过躬耕陇亩给外界留下踏实肯干的印象；同时，他还自作了一篇《梁父吟》，含蓄地表明心志；此外，诸葛亮在与外人言谈中每每自比管仲、乐毅，一方面宣传了个人的卓越才华，另一方面也表明了他对"和谐双赢"的君臣关系的向往——诸葛亮个人才能和求职意向等重要信息最终通过各种渠道传递到了刘备那里。在应聘临场发挥方面，诸葛亮在完全私密性的"隆中对"时，通过逻辑严谨的精彩表述充分展现了个人对国内军事、政治形势以及刘备集团未来发展战略的全面深入思考，令刘备对这个27岁的年轻人大为叹服！此后，刘备始终待诸葛亮为上宾，全部重大决策都要与其共同协商探讨，甚至在临终之时还有托孤让位之举；诸葛亮也始终对刘备忠诚一心，鞠躬尽瘁！深厚的君臣情谊是刘备集团后来事业蓬勃发展，最终与曹操、孙权三足鼎立的重要因素，并传为千古佳话！

诸葛亮是昔日乱世中的一个孤儿，若非正确的职业选择助力，很可能就淹没在历史的尘埃之中，永不为人所知！但积极进取且颇有心计的诸葛亮通过在职业选择上的完美谋划，彻底改变了自己的命运。

单元2　学会职业生涯规划

【想一想】

你觉得从事会计工作和从事市场营销工作的人在性格特征上有何不同？

【学一学】

一、职业选择理论

（一）帕森斯的人职匹配理论

帕森斯的人职匹配理论又称帕森斯的特质因素理论，特质因素论是最早的职业辅导理论，1909年美国波士顿大学教授弗兰克·帕森斯（Frank Parsons）在其《选择一个职业》一书中提出了人与职业相匹配是职业选择的焦点的观点。他认为，个人都有自己独特的人格模式，每种人格模式的个人都有其相适应的职业类型。所谓"特质"，是指个人的人格特征，包括能力倾向、兴趣、价值观和人格等，这些都可以通过心理测量工具来加以评量。所谓"因素"，是指在工作上要取得成功所必须具备的条件或资格，这可以通过对工作的分析而了解。

帕森斯特质因素理论具有较强的可操作性，被人们广为采用，近百年来经久不衰。其具体步骤如下：

第一步是探究个人，即评价求职者的生理和心理特点（特质）。通过心理测量及其他测评手段，获得有关求职者的身体状况、能力倾向、兴趣爱好、气质与性格等方面的个人资料。这些测验包括：

1. 成就测验：用以了解一个人究竟学会了多少东西，又哪些是对工作有价值的。

2. 能力测验：测试个人的最佳状态，并展现他在多大程度上能胜任某项工作。

3. 人格测验：测试个人未来最适合担任哪类工作，并可能实现多大的发展程度。

而后，通过会谈、调查等方法获得有关求职者的家庭背景、学业成绩、工作经历等情况，并对这些资料进行评价。

第二步是分析各种职业对人的要求（因素），并向求职者提供有关的职业信息，如职业描述、工作条件、薪水等。它包括：

①职业的性质、工资待遇、工作条件以及晋升的可能性；

②求职的最低条件，诸如学历要求、所需的专业训练、身体要求、年龄、各种能力以及其他心理特点的要求；

③为准备就业而设置的教育课程计划，以及提供这种训练的教育机构、学习年限、入学资格和费用等；

④就业机会。

第三步是人—职匹配，即整合个人和工作领域的信息，这是特性因素理论的核心。在职业指导过程中，他提出了职业设计的三要素模式：其一，清楚地了解自己，包括性格、能力、兴趣、自身局限和其他特质等资料，以便做到特性匹配，即不同的人适合不同的"活"；其二，了解各种职业必备的条件及所需的知识，在不同工作岗位上所占有的优势、不足和补偿、机会、前途，以便做到因素匹配，即要知道某类的活适合什么样的人；其三，上述两者的平衡，即指导人员在了解求职者的特性和职业的各项指标的基础上，帮助求职者进行比较分析，以便选择一种适合其个人特点又有可能得到并能取得成功的职业。

（二）佛隆的择业动机理论

美国心理学家佛隆（Victor H. Vroom）通过对个体择业行为的研究认为，个体行为动机的强度取决于效价的大小和期望值的高低，动机强度与效价及期望值成正比。1964年在《工作和激励》一书中，他提出了解释员工行为激发程度的期望理论。期望理论的公式：

$$F = V \times E$$

公式中，员工个体行为动机（F）的强度取决于效价大小（V）和期望值（E）的高低。效价越大，期望值越高，员工行为动机越强烈，就是说为达到一定目标，他将付出极大努力。如果效价为零乃至负值，表明目标实现对个人毫无意义。在这种情况下，目标实现的可能性再大，个人也不会产生追逐目标的动机，不会为此付出任何积极性、付出任何的努力。如果目标实现的概率为零，那么无论目标实现意义多么重大，个人同样不会产生追求目标的动机。

佛隆将这一期望理论用来解释个人的职业选择行为，具体化为择业动机理论。该理论的应用，即个人如何进行职业选择，分两步走。

第一步，确定择业动机。用公式表示为：择业动机 = 职业效价 × 职业概率。

式中，择业动机表明择业者对目标职业的追求程度，或者对某项职业选择意向的大小。

职业效价是指择业者对某项职业价值的评价，取决于：

（1）择业者的职业价值观；

（2）择业者对某项具体职业要求如兴趣、劳动条件、工资、职业声望等的评估。即：职业效价 = 职业价值观 × 职业要素评估。

职业概率是指择业者获得某项职业可能性的大小，通常主要决定于4个条件：

①某项职业的需求量。在其他条件一定的情况下，职业概率同职业需求量呈正相关。

②择业者的竞争能力，即择业者自身工作能力和求职就业能力，竞争力越强，获得职业的可能性越大。

③竞争系数是指谋求同一种职业的劳动者人数的多少。在其他条件一定的情况下，竞争系数越大，职业概率越小。

④其他随机因素。

因此，职业概率=职业需求量×竞争能力×竞争系数×随机性。

择业动机公式表明，对择业者来讲，某项职业的效价越高，获取该项职业的可能性越大，择业者选择该项职业的意向或者倾向越大；反之，某项职业对择业者而言其效价越低，获得此项职业的可能性越小，择业者选择这项职业的倾向也就越小。

（三）霍兰德的职业兴趣理论

约翰·霍兰德（John Holland）是美国约翰霍普金斯大学心理学教授，美国著名的职业指导专家。他于1959年提出了具有广泛社会影响的职业兴趣理论。认为人的人格类型、兴趣与职业密切相关，兴趣是人们活动的巨大动力，凡是具有职业兴趣的职业，都可以提高人们的积极性，促使人们积极地、愉快地从事该职业，且职业兴趣与人格之间存在很高的相关性。Holland认为人格可分为现实型、研究型、艺术型、社会型、企业型和常规型六种类型。

1. 现实型

共同特点：愿意使用工具从事操作性工作，动手能力强，做事手脚灵活，动作协调。偏好于具体任务，不善言辞，做事保守，较为谦虚。缺乏社交能力，通常喜欢独立做事。

典型职业：喜欢使用工具、机器，需要基本操作技能的工作。对要求具备机械方面才能、体力或从事与物件、机器、工具、运动器材、植物、动物相关的职业有兴趣，并具备相应能力。如：技术性职业（计算机硬件人员、摄影师、制图员、机械装配工）、技能性职业（木匠、厨师、技工、修理工、农民、一般劳动）。

2. 研究型

共同特点：思想家而非实干家，抽象思维能力强，求知欲强，肯动脑，善思考，不愿动手。喜欢独立的和富有创造性的工作。知识渊博，有学识才能，不善于领导他人。考虑问题理性，做事喜欢精确，喜欢逻辑分析和推理，不断探讨未知的领域。

典型职业：喜欢智力的、抽象的、分析的、独立的定向任务，要求具备智力或分析才能，并将其用于观察、估测、衡量、形成理论、最终解决问题的工作，并具备相应的能力。如科学研究人员、教师、工程师、电脑编程人员、医生、系统分析员。

3. 艺术型

共同特点：有创造力，乐于创造新颖、与众不同的成果，渴望表现自己的个性，实现自身的价值。做事理想化，追求完美，不重实际。具有一定的艺术才能和个性。善于表达、怀旧、心态较为复杂。

典型职业：喜欢的工作要求具备艺术修养、创造力、表达能力和直觉，并将其用于语言、行为、声音、颜色和形式的审美、思索和感受，具备相应的能力。不善于事务性工作。如艺术方面（演员、导演、艺术设计师、雕刻家、建筑师、摄影家、广告制作人）、音乐方面（歌唱家、作曲家、乐队指挥）、文学方面（小说家、诗人、剧作家）。

4. 社会型

共同特点：喜欢与人交往、不断结交新的朋友、善言谈、愿意教导别人。关心社会问题、渴望发挥自己的社会作用。寻求广泛的人际关系，比较看重社会义务和社会道德。

典型职业：喜欢要求与人打交道的工作，能够不断结交新的朋友，从事提供信息、启迪、帮助、培训、开发或治疗等事务，并具备相应能力。如：教育工作者（教师、教育行政人员）、社会工作者（咨询人员、公关人员）。

5. 企业型

共同特点：追求权力、权威和物质财富，具有领导才能。喜欢竞争、敢冒风险、有野心、抱负。为人务实，习惯以利益得失、权力、地位、金钱等来衡量做事的价值，做事有较强的目的性。

典型职业：喜欢要求具备经营、管理、劝服、监督和领导才能，以实现机构、政治、社会及经济目标的工作，并具备相应的能力。如项目经理、销售人员、营销管理人员、政府官员、企业领导、法官、律师。

6. 常规型

共同特点：尊重权威和规章制度，喜欢按计划办事，细心、有条理，习惯接受他人的指挥和领导，自己不谋求领导职务。喜欢关注实际和细节情况，通常较为谨慎和保守，缺乏创造性，不喜欢冒险和竞争，富有自我牺牲精神。

典型职业：喜欢要求注意细节、精确度、有系统有条理，具有记录、归档、据特定要求或程序组织数据和文字信息的职业，并具备相应能力。如：秘书、办公室人员、记事员、会计、行政助理、图书馆管理员、出纳员、打字员、投资分析员。

然而，大多数人都并非只有一种人格倾向（比如，一个人的人格倾向中很可能是同时包含着社会型、现实型和研究型这三种）。霍兰德认为，这些倾向越相似，相容性越强，则一个人在选择职业时所面临的内在冲突和犹豫就会越少。

员工的工作满意度与流动倾向性，取决于个体的人格特点与职业环境的匹配程度。当人格和职业相匹配时，会产生最高的满意度和最低的流动率。例如，社会型的个体应该从事社会型的工作，社会型的工作对现实型的人则可能不合适。这一模型的关键在于：（1）个体之间在人格方面存在着本质差异；（2）个体具有不同的类型；（3）当工作环境与人格类型协调一致时，会产生更高的工作满意度和更低的离职可能性。

二、学会职业生涯规划

（一）职业生涯规划书——五步法

对于许多大学毕业生来说，职业生涯规划也许是一个比较模糊的概念，但只要你对自己有一个基本认识，同时掌握一定的方法，你也能对自己进行职业生涯规划、为自己的职业生涯发展画一个蓝图。许多职业咨询机构和心理学家进行职业咨询和职业规划时常常采用五步法模式，即关于五个"What"的归零思考的模式：从问自己是谁开始，然后顺着一路问下去，共有五个问题：（1）What are you？（2）What do you want？（3）What can you do？（4）What can support you？（5）What can you be in the end？回答了这五个问题，找到它们的最高共同点，你就有了自己的职业生涯规划。下面做详细介绍。

（1）What are you？"我是谁？"应该对自己进行一次深刻的反思，有一个比较清醒的认识，优点和缺点都应该一一列出来。在这一问题中主要是找出你的人生坐标！你的"核心竞争力"！拿自己的长处和别人竞争！

（2）What do you want？"我想干什么？"对自己职业发展的一个心理趋向的检查。每个人在不同阶段的兴趣和目标并不完全一致，有时甚至是完全对立的。但随着年龄和经历的增长而逐渐固定，并最终锁定自己的终生目标。

（3）What can you do？"我能干什么？"则是对自己能力与潜力的全面总结，一个人职业的定位最根本的还要归结于他的能力，而他职业发展空间的大小则取决于自己的潜力。对于一个人潜力的了解应该从几个方面着手去认识，如对事的兴趣、做事的韧力、临事的判断力以及知识结构是否全面、是否及时更新等。

（4）What can support you？"环境支持或允许我干什么？"这种环境支持在客观方面包括本地的各种状态比如经济发展、人事政策、企业制度、职业空间等；人为主观方面包括同事关系、领导态度、亲戚关系等，两方面的因素应该综合起来看。有时我们在做职业选择时常常忽视主观方面的东西，没有将一切有利于自己发展的因素调动起来，从而影响了自己的职业切入点。而在国外通过同事、熟人的引荐找到工作是最正常也是最容易的。当然我们应该知道这和一些不正常的"走后门"等歪门邪道有着本质的区别。这种区别就是这里的环境支持是建立在自己的能力之上的。

（5）What can you be in the end？"自己最终的职业目标是什么？"明晰了前面的四个问题，就会从各个问题中找到对实现有关职业目标有利和不利的条件，列出不利条件最少的、自己想做而且又能够做的职业目标，那么自然就有了一个清楚明了的框架。

（二）职业生涯规划书——三段式分析法

三段式分析法的模式包括自我分析、目标确定、实施策略。其中：自我分析是对自己的优势、劣势进行分析，以认识自己；目标确定是根据自己的条件确定职业目标；实施策略是制定为达成职业目标的行动措施。

例如，王锋是一名体育专业的大学生，他对未来充满自信，他给自己做了一份职业生涯规划书。

1. 自我分析

（1）优势分析

通过校园网大学生在线"职业规划测评"，我初步了解认识了自己。我爱好体育运动，喜欢唱歌、绘画，善于同别人交流沟通，属于比较活泼的人。我小时候对体育、音乐、美术都十分感兴趣，并接受过专门的基础训练。我有扎实的专业知识和运动技能。我的运动技术专项是篮球，已获得二级运动员证书。我将用4年时间钻研体育理论，并认真参加教学实习，提高自身的知识水平和教学实践能力，进一步提高与学生交流的能力，具备做教师的基本素质。

（2）劣势分析

英语的听、读、写、译的能力较差，难以适应教师这一职业对外语的要求；写作科研能力较为欠缺；不善于在会议上或公众面前发言，演讲能力欠缺，这对教学是不利的。

2. 目标确定

我的职业发展目标：在大学或中学当一名体育教师。

3. 实施策略

（1）每天确保学习英语2个小时，记忆10个英语单词、2个句型，练习听力和口语。争取在大四上学期通过英语四级考试。

（2）学好大学语文课程，努力提高写作能力，坚持每节课记课堂笔记和每个学期写一篇学习心得短文，并请教师指导。

（3）为了提高和锻炼自己的口才，抓住班会、集会、演讲会、课堂发言等机会积极主动发言，并请要好的同学点评，只要自己有信心，只要坚持实际锻炼，不利于做教师的劣势一定能消除。

（4）在大三下学期，获得普通话二级乙等合格证书。

（5）在大四上学期，努力获得篮球一级运动技术等级证书，获得教师资格证书。毕业后，无论是当中学教师或大学教师，提高学历是必需的，所以，争取在毕业生后两年左右考取体育运动训练学的研究生，以适应教师的岗位要求。

三段式分析法简练、明了，适合于比较理性的人。初学者可以多多练习。

（三）《大学生职业生涯规划设计书》参考模板

总论（引言）

一、自我认知

可以通过《职业倾向测评报告》对自己进行全方位、多角度的分析。

1. 职业兴趣——喜欢做什么

在我的测评报告中，职业兴趣前三项是××型（×分）、××型（×分）和××型（×分）。我的具体情况是……

2. 职业能力——能够干什么

我的测评报告结果显示，××能力得分较高（×分），××能力得分较低（×分）。我的具体情况是……

3. 职业性格——适合干什么

我的测评报告结果显示……我的具体情况是……

4. 职业价值观——最看重什么

我的测评报告结果显示前三项是××取向（×分）、××取向（×分）和××取向（×分）。我的具体情况是……

自我分析小结

二、职业认知

参考测评报告建议，我对影响职业选择的相关外部环境进行了较为系统的分析。

1. 家庭环境分析

经济状况、家人期望、家族文化等对本人的影响。

2. 学校环境分析

学校特色、专业学习、实践经验等。

3. 社会环境分析

就业形势、就业政策、竞争对手等。

4. 目标行业分析

××行业现状及发展趋势，人职匹配情况。

5. 目标职业分析

××职业的工作内容、工作要求、发展前景，人岗匹配分析。

6. 目标单位分析

××单位的发展前景、组织机构等。

职业生涯条件分析小结

三、决策与应对

1. 职业目标的定位

综合第一部分（自我分析）及第二部分（职业生涯条件分析）的主要内容运用职业生涯决策平衡表确定职业目标。

结论：

职业目标——将来从事（××行业的）××职业。

职业发展策略——进入××类型的组织（到××地区发展）。

职业发展路径——走专家路线（管理路线等）。

对本人职业定位进行SWOT分析（见表8-1）：

表8-1 SWOT分析表

内部环境因素	优势因素（S）：	弱势因素（W）：
外部环境因素	机会因素（O）：	威胁因素（T）：
分析		

根据SWOT分析结果确定行动计划。

3. 职业目标的分解与组合

把职业目标分成三个规划期，即：近期规划、中期规划和远期规划，并对各个规划期及其要实现的目标进行分解（见表8-2）。

表 8-2 职业生涯规划总表

计划名称	时间跨度	总目标	分目标	计划内容	策略和措施	备注
短期计划（大学计划）	20××—20××年	如大学毕业时要达到……	如：大一要达到……大二要达到……或在××方面要达到	如专业学习、职业技能培养、职业素质提升、职业实践计划等	如大一以适应大学生活为主，大二以专业学习和掌握职业技能为主……，或为了实现××目标我要……	大学生职业规划的重点
中期计划（毕业后五年计划）	20××—20××年	如毕业后第五年时要达到……	如毕业后第一年要……第二年要……或在××方面要达到……	如职场适应、三脉积累（知脉、人脉、金脉）、岗位转换及升迁等	……	大学生职业规划的重点
长期计划（毕业后十年或以上计划）	20××—20××年	如退休时要达到……	如毕业后第十年要……第二十年要……	如事业发展，工作、生活关系，健康，心灵成长，子女教育，慈善等	……	方向性规划

具体路径：××员——初级××——中级××——高级××。

四、自我监控

职业生涯规划是一个动态的过程，必须根据实施结果的情况以及变化情况进行及时的评估与修正。

1. 评估的内容

职业目标评估：是否需要重新选择职业？（假如一直……那么我将……）
职业路径评估：是否需要调整发展方向？（当出现……的时候，我就……）
实施策略评估：是否需要改变行动策略？（如果……我就……）
其他因素评估：身体、家庭、经济状况以及机遇、意外情况的及时评估。

2. 评估的时间

在一般情况下，定期（半年或一年）评估规划。当出现特殊情况时，要随时评估并进行相应的调整。

3. 规划调整的原则

因时而动、随机应变。

结束语

【测一测】

测试你未来的最佳求职方向

找准了自己的求职方向,也能为未来的事业发展打下良好的基础。你想知道自己最适合从事什么样的职业吗?可以通过下面的测试来分析一下。

1. 你一般喜欢通过哪种方式找工作?

    A. 浏览招聘网站——得2分

    B. 去人才市场——得2分

    C. 访问报刊上的招聘信息——得1分

2. 你通过邮件向招聘公司投了简历,可迟迟没有给你回应,你会怎么做?

    A. 再投一次简历——得2分

    B. 直接打电话向对方咨询——得3分

    C. 估计没聘上,就此作罢——得1分

3. 你同时被三家公司邀请参加面试,可受时间的限制,你只能去一家,你会选择:

    A. 薪酬较高,但要转两趟车才能到的那家——得3分

    B. 薪酬一般,离家有30分钟车程的那家——得2分

    C. 薪酬较低,但步行便可到达那家——得1分

4. 假如你去应聘,可人事主管告知与你应聘同一职位的人很多,建议你选择同等待遇的其他职位,你会:

    A. 坚持应聘——得3分

    B. 选择其他职位——得1分

    C. 回家重新找工作——得2分

5. 公司要求面试者每人做一个简单的活动策划,再决定录用与否,就在大家进行策划时,你无意间发现旁边一位应聘者和你的方案大同小异,此时你会:

    A. 重新做一个完全不同的——得1分

    B. 争取在细节上超过对方——得3分

    C. 比他早一点交出方案——得2分

6. 你被辞退离开公司的第二天,想起自己的一个有纪念意义的物件,落在了以前的办公桌的抽屉里,你会:

    A. 找时间去公司拿——得3分

    B. 算了,不要了——得1分

C. 拜托以前的同事拿给你——得 2 分

7. 你找了很久都没有找到新工作，这时，以前的老板突然打电话让你重回岗位，你会：

A. 爽快答应——得 1 分

B. 好马不吃回头草——得 3 分

C. 如果加薪就回去——得 2 分

8. 你接了一份晚上工作的兼职，可公司突然要求晚上加班，你要怎么办？

A. 一切以正职优先——得 1 分

B. 哪里钱多就去哪里——得 3 分

C. 有加班费就会加班——得 2 分

9. 如果有了份不错的工作，你还会选择做兼职吗？

A. 会——得 3 分

B. 不会——得 1 分

C. 看情况——得 2 分

10. 下面哪种情况最可能让你提出辞职？

A. 待遇不佳——得 3 分

B. 与上级主管不和——得 1 分

C. 对工作感到厌烦——得 2 分

你测试的最后得分：

A. 30～24 分

B. 23～21 分

C. 20～17 分

D. 16～10 分

测试结果参考：

A. 30～24 分：营销类

你的个性很具有开创性，行动力第一，富有冲劲，不畏艰险。这种鲜明的特质，最适合成为开路先锋。营销类的工作没有规律和旧制的依循，最需要的就是一股脑的干劲，尤其是新产品的推广和新市场的拓展。越富有挑战性就越刺激，你对此就越能展现饱满的战斗力。占领市场的成败不是产品，而是开拓市场的人，你很容易成为开拓市场的先驱者！

B. 23～21 分：设计类

迎头赶进，破旧立新是你的人生主题。求新求变的精神，正好可以在设计相关的行业一展所长。设计这一行业需要的是个性、特色，正好能给你提供绝佳的发展空间。你只要把握好自己的优势,掌控好设计原理,在设计时进行大胆的创新、改造,发展前途将不可限量。

C. 20~17 分:文职类

你是位非常感性的人,你对世界充满幻想,满怀情感地观察生活,能够从小小的事物中体味人生百味,能写出独具慧眼的人生感悟。而与文字打交道的人需要有一颗细腻的心观察世界,写出独特的人生见解。你天生有浪漫的情怀,有一颗敏感的心,这类行业正好能给你自由发挥的空间。

D. 16~10 分:讲师类

你热情如火、能言善辩,总能把自身的这股热力传播给周遭的人。看来你非常适合做一名教师,用饱满的情绪渲染气氛来感染听众,带动听众的积极性。在执教的范畴内,你尽可以毫无顾忌地释放自己的能量,让身边所处的环境,所接受你观念洗礼的人,朝着你意愿中规划的目标去发展、改变。

【做一做】

请你在分析自身条件和社会环境的基础上设计一份自我职业生涯规划书。

【看一看】

第 11 次敲门

接到瑞德公司面试通知那天,克里弗德精心打扮了一番,然后准时走进了瑞德公司人力资源部。等秘书小姐通报完后,克里弗德静了静心,来到经理办公室门前,轻轻地敲了两下门。"是克里弗德先生吗?"屋里传出问询声。"经理先生,你好!我是克里弗德。"克里弗德慢慢地推开门。"抱歉!克里弗德先生,你能再敲一次门吗?"端坐在沙发转椅上的经理悠闲地注视着克里弗德,表情有些冷淡。经理先生的话令克里弗德多少有些疑惑,但他并未多想,关上门,重新敲了两下,然后推门走进去。"不!克里弗德先生,这次没有第一次好,你能再来一次吗?"经理示意他出去重来。克里弗德重新来过,又一次踏进房间。"先生,这样可以了吗?"……"这样说话不好!"克里弗德又一次走进去。"我是克里弗德,见到你很高兴,经理先生!""请别这样!"经理依然淡淡道,"还得再来一次。"……"这次差不多了,如果你能再来一次会更好,你能再试一次吗?"当克里弗德第 10 次退出来时,他内心的喜悦和憧憬已消失殆尽,开始有些恼火,心想,这哪是招聘面试呀,分明是在刁难戏弄人。克里弗德生气地转身离开,可刚走了几步又停了下来。不行,我不能就这样离开,即使瑞德公司不打算录用我，也得听到他们当面对我说。于是，克里弗德稍稍地舒了一口气，第 11 次敲响了门。这次他得到的不是拒绝，而是热情欢迎的掌声。克里弗德没有想到，这第 11 次敲门，叩开的竟是一扇成功之门。原来，瑞德公司此次打算招聘的是一名市场调查员。而一名优秀的市场调查员，不仅要具备学识素养，更要具备耐心和毅力等心理素质，也就是要具备沉静、温顺之类的性格特征。这 11 次敲门和问候就是在考察一个人的性格和心理素质。

职业素质反思：

你对质量与效率认知与践行程度如何？

 8-1-1 自我评估　　 8-1-2 自我评估　　 8-2 自我反思

参考文献

[1] 程小冬，杨国锋，马静．梦想起航——大学生职业生涯规划［M］．北京：中共中央党校出版社，2018．

[2] 本书编委会．大学生就业与创业指导［M］．北京：首都师范大学出版社，2018．

[3] 陈金山．大学生就业指导与职业生涯规划［M］．武汉：武汉大学出版社，2016．

[4] 王伯庆．2018中国高职高专生就业报告［M］．北京：社会科学文献出版社，2018．

[5] 余图军，史成安，沈沛汝．大学生职业发展与就业指导［M］．北京：首都师范大学出版社，2019．

[6] 王贤芳，陈建坤．求职面面观——六堂大学生就业指导必修课［M］．上海：上海交通大学出版社，2017．

[7] 康凌宇，田军．大学生职业发展与就业指导实务［M］．西安：西北农林科技大学出版社，2018．

[8] 北京斯坦威管理咨询有限公司组编．实用人才素质与能力测评［M］．北京：企业管理出版社，2003．

[9] 麦可思研究院．《大学生求职决胜宝典》［M］．北京：清华大学出版社，2012．

[10] 覃彪喜．《读大学，究竟读什么》［M］．广州：南方日报出版社，2008．

[11] 夏志清．为企业工作就是为自己工作［M］．北京：人民邮电出版社，2007．

[12] 柴福洪，陈年友．高等职业教育名词研究［M］．北京：高等教育出版社，2012．